W0233561

Zu der Buchreihe «Kulturgeschichte der Naturwissenschaften und der Technik»

Naturwissenschaftliche und technische Gegenstände sind nicht eindeutig, sondern vieldeutig. Ihre humanen, sozial- und geistesgeschichtlichen Beziehungen zeigen sich nicht in Funktionsbeschreibungen. Ebenso sagt die rein fachliche Darstellung der Geschichte von Naturwissenschaft und Technik nichts aus über deren gesellschaftliche, wirtschaftliche und allgemein geistesgeschichtliche Voraussetzungen und über die sich ergebenden Konsequenzen. Demgegenüber versucht die gemeinsam vom Deutschen Museum und dem Rowohlt Taschenbuch Verlag herausgegebene neue Buchreihe ‹Kulturgeschichte der Naturwissenschaften und der Technik› auch jene Bezüge, welche die Fachgebiete übergreifen, zu beschreiben und durch Bilder zu veranschaulichen.

Die Bände richten sich an Lehrer und Ausbilder, doch sind sie so gestaltet, daß jeder interessierte Laie sie verstehen kann. Es zeigt sich, daß der Weg durch die Geschichte nicht eine zusätzliche Erschwerung des Lehr- und Lernstoffes bedeutet, sondern das Verständnis der modernen Naturwissenschaften und der Technik erleichtert.

Der Autor:
Günther Garbrecht wurde am 10. Januar 1925 in Bücken (Schleswig-Holstein) geboren. Er studierte von 1946 bis 1949 Bauingenieurwesen an der Technischen Hochschule Karlsruhe und war dann bis 1954 wissenschaftlicher Mitarbeiter im Theodor-Rehbock-Flußbaulaboratorium der gleichen Hochschule. Seine Dissertation Wasserabfluß in gekrümmten Flußstrecken (1952) wurde mit Auszeichnung bewertet. Nach Beratertätigkeiten bei der Technischen Universität Istanbul (1954–1957) und der staatlichen türkischen Wasserbauverwaltung in Ankara (1957–1960) war Günther Garbrecht von 1960 bis 1969 als Professor für Wasserbau an der Middle East Technical Unversity (Ankara) tätig. Einer Gastprofessur an der University of Zambia in Lusaka folgte dann 1971 die Berufung als Ordinarius für Wasserwirtschaft, Wasserbau und Kulturtechnik sowie als Direktor des Leichtweiß-Instituts für Wasserbau an die Technische Universität Braunschweig. 1981 wurde ihm das Ehrendoktorat der Middle East Technical University verliehen. Die Ergebnisse der wissenschaftlichen Arbeiten von Günther Garbrecht haben in mehr als 80 Veröffentlichungen in in- und ausländischen Fachzeitschriften ihren Ausdruck gefunden.

Günther Garbrecht

Wasser

Vorrat, Bedarf und Nutzung
in Geschichte und Gegenwart

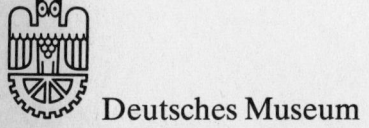

Deutsches Museum

Rowohlt

Die Buchreihe zur Kulturgeschichte der Naturwissenschaften und der Technik entstand im Rahmen zweier Projekte am Deutschen Museum, die vom Bundesminister für Bildung und Wissenschaft und der Stiftung Volkswagenwerk finanziell unterstützt wurden. Verantwortlich für die Konzeption der Reihe: Bert Heinrich, Friedrich Klemm †, Michael Matthes, Jürgen Teichmann.
Die Interpretation der Fakten gibt die Meinung des Autors, nicht die des Deutschen Museums wieder.
Redaktion im Deutschen Museum: Bert Heinrich
Bildredaktion: Ludvik Vesely
Bildrechte: Albrecht Hoffmann
Redaktionsassistentin: Edeltraut Hörndl

Diese Veröffentlichung wurde mit Mitteln des Bundesministers für Bildung und Wissenschaft gefördert.

Originalausgabe
Veröffentlicht im Rowohlt Taschenbuch Verlag GmbH, Reinbek bei Hamburg, Dezember 1985
Umschlagentwurf: Werner Rebhuhn
(Gr. Bild: Voringsfoss im Bjoreïa-Tal, Norwegen; Foto B. Heinrich, München. Kl. Bild: Bogenstaumauer Zayandeh bei Esfahan, Iran; Foto N. Schnitter, Zürich)
Redaktion: Jürgen Volbeding
Layout: Edith Lackmann
Copyright © 1985 by Rowohlt Taschenbuch Verlag GmbH, Reinbek bei Hamburg
Satz Times (Linotron 202)
Gesamtherstellung Clausen & Bosse, Leck
Printed in Germany
1480-ISBN 3 499 17724 2

Inhalt

Vorbemerkung

Seit frühester Zeit hatte sich der Mensch in zweifacher Hinsicht mit dem Wasser auseinanderzusetzen: Er hatte einerseits das lebensnotwendige Wasser bereitzustellen (Hauswirtschaft, Landwirtschaft), und er hatte sich auf der anderen Seite gegen Wasser in seiner zerstörerischen Form (Hochwasser) zu schützen. So gehören Einrichtungen zur Wassernutzung und Bauten zum Schutz gegen das Wasser zu den ältesten technischen Großanlagen der Menschheit.

Ausgedehnte Hochwasserschutzmaßnahmen und Bewässerungssysteme waren die Grundlagen der ersten geschichtlichen Hochkulturen in den Tälern des Nils, des Euphrat–Tigris, des Indus und des Hoang-Hos. Die großen Städte des Altertums hatten eine hervorragende Wasserversorgung, meist verbunden mit bemerkenswerten Abwassersystemen. Seit rund 5000 Jahren wird auch Flußschiffahrt betrieben, und künstliche Schiffahrtskanäle werden angelegt. Wie in den ersten Anfängen der Geschichte des seßhaften Menschen, so ist auch heute die wasserwirtschaftliche Infrastruktur eine der wesentlichsten Grundlagen der Zivilisation.

Die reiche Geschichte der Erforschung und der Nutzung des natürlichen Wasserpotentials und ihrer mannigfaltigen Verflechtungen mit der allgemeinen kulturgeschichtlichen und politischen Entwicklung ist noch nicht geschrieben worden. Es gibt viele Bücher über die Geschichte der Künste, der Architektur, der Philosophie, der Medizin, um nur einige Bereiche zu nennen, aber es gibt vergleichsweise wenige Bücher und Veröffentlichungen über die Geschichte des Wasserwesens, sieht man von Publikationen über Einzelaspekte ab. Ingenieure, und zwar insbesondere Wasserbauingenieure, haben zwar oft Geschichte gemacht, sie haben es aber unterlassen, sie zu schreiben.

In dieser Arbeit ist der Versuch gemacht worden, das Entstehen und die Entwicklung der Wissenschaften vom Wasser und der Hydrotechnik über die Jahrtausende der menschlichen Geschichte hinweg zu umreißen. Der beschränkte zur Verfügung stehende Raum erlaubte es dabei nicht, die umfassende Bedeutung des Wassers für das Entstehen und den Bestand der Zivilisationen in all ihren Aspekten darzustellen. Es wurde vielmehr versucht, die engen Verflechtungen zwischen Mensch und Wasser, zwischen Kultur und Technik im wesentlichen an Hand von herausragenden Beispielen geschichtlicher Wassernutzungsprojekte und von wegbereitenden Leistungen großer Wissenschaftler und Ingenieure nachzuzeichnen. Der knappe Platz erzwang auch eine Beschränkung auf den abendländischen/nahöstlichen Kulturraum, obwohl auch aus China und

Südamerika historische Wasserbauten bekannt sind, die den mittelmeerischen Anlagen nicht nachstehen.

Vorbemerkungen werden immer erst dann geschrieben, wenn die Arbeiten am Buch abgeschlossen sind und wenn der Verfasser sich rückblickend die Frage stellt, ob und in welchem Umfang denn nun das erreicht worden ist, was als ideale Zielvorstellung am Anfang der Arbeit stand. Im vorliegenden Fall kann sich der Autor sicherlich eifriges Bemühen attestieren, möchte aber im nachhinein und aus kritischer Distanz heraus einige Bedenken nicht verhehlen. Zuviel faszinierende Einzelheiten sind dem Platzmangel zum Opfer gefallen, und an zu vielen Stellen mußten komplexe Zusammenhänge radikal generalisiert und vereinfacht werden. Der auf Fachdiskussionen programmierte Wissenschaftler geriet immer wieder in Konflikt mit dem Autor, dem die Aufgabe gestellt war, Ausbilder, Lehrer, Studenten und interessierte Laien anzusprechen. Der Zwang schließlich zur Auswahl des Materials aus vielen Einzelveröffentlichungen und aus eigenen Arbeiten (die man zwangsläufig geneigt ist überzubewerten) mag zum Setzen von Schwerpunkten geführt haben, die auch anders bewertet werden können. Inwieweit diese Skepsis berechtigt ist bzw. in welchem Umfang es trotzdem gelungen ist, die faszinierende Geschichte der Auseinandersetzung des Menschen mit dem Wasser nachzuzeichnen, muß dem Urteil der Leser überlassen bleiben.

Ich möchte mich aufrichtig bei all denen bedanken, die maßgebend zur Entstehung dieses Buches beigetragen haben, insbesondere bei Herrn Dr.-Ing. B. Haber, Herrn Yavuz Baykal und Frau Traute Nippert.

An dieser Stelle werden in Vorworten von hydro-historischen Abhandlungen gewöhnlich fernöstliche oder abendländische Philosophen zitiert. Ich möchte dieser Tradition folgen mit einer Feststellung, die nach Aristoteles auf Thales von Milet, einen der Sieben Weisen des griechischen Altertums, zurückgeht:

«Wasser ist der Urgrund aller Dinge»

Zeittafel

~um, etwa (für zeitliche Unbestimmtheiten)

Zeit	Entwicklung im Bereich des Wasserbaus	Zeit	Allgemeinhistorische, gesell-schaftliche und technische Daten
v. Chr.		**v. Chr.**	
vor 5000	Nutzung des Wassers zur Haus- und Brauchwasserversorgung, Nutzung der Gewässer als Transportweg, zur Fischerei und zur Erholung	~5000	Beginn der Jungsteinzeit in Europa
~4000	Ende der Periode erhöhten Niederschlags im Mittelmeerraum, Rückzug der Menschen in die Flußtäler, Entstehung der ‹Wasserbaukulturen› in Mesopotamien, Ägypten, Indien und China	~4750	Frühester Städtebau in Mesopotamien
3500–3000	Rohre und offene Halbschalen aus gebranntem Ton im Euphrat-Tal (Wasserversorgung der Stadt Habuba Kabira)	~3700	Sintflutartige Überschwemmungskatastrophe in Mesopotamien
~3200	Talsperre Jawa (Jordanien) zur Trinkwasserspeicherung		
3100–2500	Erste Aufzeichnungen von Nilhochwasserständen (Palermo-Steine)		
~3000	Nilometer bei Memphis	~3000	Erste Stadtstaaten in Sumer
	Quellfassungen und Abwasseranlagen im Indus-Tal		König Menes vereinigt Ober- und Unterägypten (Altes Reich bis 2190 v. Chr.)
	Umleitungsbauwerk Khosheish im Nil zum Schutz der Hauptstadt Memphis (König Menes)		
	Behörde für Bewässerung und Landregistrierung in Ägypten		
3000–2000	In den Stadtstaaten von Sumer und Akkad (Mesopotamien) werden etwa 30000 km^2 Ackerland bewässert		
~2600	Bau der Talsperre Sadd-el-Kafara in Ägypten (Hochwasserschutz)	~2600	Pyramiden von Gizeh

9

Zeit	Entwicklung im Bereich des Wasserbaus	Zeit	Allgemeinhistorische, gesellschaftliche und technische Daten
~2500	Brunnen, Abwasseranlagen und Regenwasserzisternen in den Städten Ägyptens und Mesopotamiens		
	Wasserleitungsrohre aus gebranntem Ton in Mohenjo Daro (Indus-Tal)		
ab 2500	Verwendung halbmechanischer (manueller) Einrichtungen zum Heben von Wasser (Shadouf)		
~2400	Schiffahrtskanal am 1. Nilkatarakt		
		~2350– 2150	Akkad-Zeit in Mesopotamien
~2300	Leitungsrohre aus Kupferblech im Totentempel des Königs Sahure bei Abusir		
	Bewässerung von Reisfeldern am Jangtsekiang und im Tal des Hwangho (u. a. Bau von Bewässerungskanälen)		
~2200	Binnenschiffahrt in China		
		~2100– 1400	Minoisches Reich auf der Insel Kreta
		2040– 1710	Mittleres Reich in Ägypten
~2000	Nilpegel auf der Insel Elephantine		
	Bau des Palastes von Knossos (Kreta), Rohre für Wasserversorgung, Regenwasserspeicher, Abwasseranlagen		
ab 2000	Einfache Wasseruhren in Mesopotamien und Ägypten		
1875	Erneuerung des Schiffahrtskanals am 1. Katarakt durch Sesostris III.		
		1830– 1530	Hammurabi-Dynastie in Mesopotamien
~1800	Wasserstandsmarken (Hochwasser) bei Semna (Nil, 2. Katarakt) Melioration der Fayum-Senke in Ägypten durch Amenemhet III. (Möris-See)	~1800	Beginn der Bronzezeit in Europa

Zeit	Entwicklung im Bereich des Wasserbaus	Zeit	Allgemeinhistorische, gesellschaftliche und technische Daten
	Nilometer auf Elephantine (Amenemhet III.)		
~1700	Hammurabi schafft den ersten Gesetzeskodex, u. a. Gesetze im Zusammenhang mit Bewässerung und Hochwasserschutz	1700– 1200	Hethitisches Großreich in Kleinasien
	Erste Wasserräder zum Heben von Wasser (Antrieb durch Menschen oder Tiere)		
		~1600– 1200	Mykenische Kultur
		1580– 1085	Neues Reich in Ägypten
~1500	Hethitisches Quellheiligtum Eflatun Pinari (Mittelanatolien)		
1500 –1300	Talsperren (Dämme) im Hethiterreich		
~1400	Wasserauslaufuhren in Karnak (Oberägypten)	1400– 600	Assyrisches Reich in Mesopotamien
	Melioration der Kopais-Ebene (Böotien) durch die Minyer		
~1250	Wasserversorgung von Mykene aus der Perseiaquelle		
1100	In China erstes Handbuch über den Wasserbau (Chou Li)		
1055	Abwasserleitungen in Jerusalem		
~1000	Erste Wehre und Staudämme in Indien	~1000	Blütezeit des jüdischen Königtums (David und Salomon)
	Phönizier segeln bis nach Britannien		
		900– 500	Einwanderung der Etrusker nach Italien
~850	Mitteleuropa der Hallstattzeit, Regenwassersammler und Regenwasserspeicher	850– 600	Königreich Urartu im östlichen Kleinasien
~800	Wasserversorgung von Tuşpa (Urartu) durch König Menua (56 km langer Überleitungskanal)	~800	Homer: Ilias, Odyssee
	Wasserstandsmarken an der Kaimauer des Karnaktempels (Luxor / Ägypten)		

Zeit	Entwicklung im Bereich des Wasserbaus	Zeit	Allgemeinhistorische, gesellschaftliche und technische Daten
ab 800	Verwendung von Behälterketten zum Heben von Wasser (Antrieb durch Menschen oder Tiere)		
~750	Bau von Bewässerungsanlagen bei Damaskus	750–540	Griechische Kolonisation
	Bau des Marib-Dammes (Sadd-el-Arim) im Königreich Saba		
710	Erster schriftlicher Hinweis auf Kanate (Assyrien)		
701	Bau des Hezekiah-Tunnels (Quelle Gihon) zur Wasserversorgung Jerusalems		
~700	Überregionales Wasserversorgungssystem für Ninive		
	Urartäische Talsperren im Gebiet des Van-Sees		
	Thera (Griechenland), Bau von Zisternen zur Wasserspeicherung		
650	Der Königsfluß und der Lo-Fluß (China) werden von Prinz Ch'in durch einen Kanal verbunden		
		625–539	Chaldäer-Reich in Mesopotamien
624–546	Thales von Milet, erste Gedanken zum Kreislauf des Wassers		
610	Phönizier umschiffen Afrika auf Veranlassung des Königs Necho II. (nach Herodot)		
~600	Gärten der Semiramis, wahrscheinlich von Nebukadnezar für seine medische Gattin Nitokris gebaut		
	Solon, erste griechische Wassergesetze		
	Bau einer Wasserleitung vom Hymettus nach Athen (Peisistratos) und der Quellwasserleitung in Megara		
	Necho II., vergeblicher Versuch, einen Kanal vom Nil zum Roten Meer zu bauen		
570–475	Xenophanes von Kolophon, erste Theorie eines atmosphärischen Wasserkreislaufs		

Zeit	Entwicklung im Bereich des Wasserbaus	Zeit	Allgemeinhistorische, gesell-schaftliche und technische Daten
		550	Peleponnesischer Bund
540–523	Bau des Hafens von Samos unter Polykrates		
530	Eupalinos-Tunnel zur Wasserver-sorgung von Samos unter Polykra-tes		
		525–404	Ägypten unter persischer Herrschaft
		505–539	Perser erobern Kleinasien
~500	Darius I., Verbindung des Nils mit dem Roten Meer durch einen Ka-nal im Wadi Tumilat	500–479	Perserkriege
	Wasserversorgung der Oase Gharb durch Kanate		
480	Errichtung einer Schiffsbrücke über den Hellespont und Bau des Akanthus-Kanals durch Xerxes	480	Schlacht bei Salamis
469–426	Bau der Hafenanlagen von Piräus		
450	Entwässerung der Sümpfe von Selinunt	450	Blütezeit Athens unter Perikles
		431–404	Peleponnesischer Krieg
427–347	Platon (Wasserkreislauf, Erosion, Sedimentation)		
~400	Si-Men-Pao läßt den Ho-Ni-Be-zirk zwischen dem Gelben Fluß und dem Chang-Fluß entwässern		
396	Anstich des Albanersees durch einen 1800 m langen Tunnel		
385–322	Aristoteles (Meteorologica)		
350	Bau des Kriegshafens von Athen		
		336–323	Alexander der Große
~330	Bau des Alexander-Kanals in der Kopais-Ebene durch Krates		

Zeit	Entwicklung im Bereich des Wasserbaus	Zeit	Allgemeinhistorische, gesellschaftliche und technische Daten
		323– 280	Diadochenkämpfe
320	180 m tiefer Brunnen in der Sahara		
~315	Entwässerung der Sümpfe bei Eritria (auf Euböa)		
312	Bau der Aqua Appia (Rom)		
307	Aquädukt von Antiochia (Syrien)		
300	Ausbau der Kanalisation von Rom	~300	Mittelitalien unter römischer Herrschaft
		299– 272	Bau des ‹Pharos›-Leuchtturmes von Alexandria
289	Absenkung des Velinussees und Entwässerung der Ebene von Raete		
287– 212	Archimedes: Physiker, Mathematiker, Techniker, Ingenieur, Grundlagen der Hydrostatik, Auftrieb und Stabilität des Schwimmens		
285– 246	Ktesibius: doppelt wirkende Wasserpumpen, Wasserorgeln, Wasseruhren		
272– 269	Bau der Agna Anio Vetus in Rom		
		264– 241	Erster Punischer Krieg
~260	Hölzerne Rohrleitungen und holzverschalte Brunnen in Nord- und Mitteleuropa		
260	Aquädukt von Shustar (Persien)		
	Neuerschließung von 2700 ha Bewässerungsland im Fayum durch Cleon		
~250	Philon: Schaufelrad zur Nutzung der Wasserkraft		
~225	Bau der ersten Wasserleitungen von Pergamon unter Attalos I.		
	Griechische Autoren erwähnen bronzene Wasserhähne, Verteiler und Mehrweghähne		

14

Zeit	Entwicklung im Bereich des Wasserbaus	Zeit	Allgemeinhistorische, gesellschaftliche und technische Daten
225	Kanalverbindung zwischen den Flüssen Ch'i und Huai durch Shih-Hsung-Ti (China)		
		218–201	Zweiter Punischer Krieg
		216	Schlacht bei Cannae
~180	Madradag-Leitung für die Wasserversorgung von Pergamon (einschl. einer 3 km langen Hochdruckleitung) unter Eumenes II.	~180	Zeus-Altar von Pergamon
ab 166	Ausbau der Wasserversorgung von Jerusalem (u. a. Salomonische Teiche)		
		146	Römer zerstören Karthago
144–140	Bau der Aqua Marcia in Rom		
134	Aquädukt mit einer Druckleitung (Bleirohre) durch L. Betilienus in Alatri (Italien)		
127–125	Bau der Aqua Tepula in Rom		
115	Verbindungskanäle zwischen den Flußbecken Sikiang und Jangtsekiang, Wei und Hwangho sowie Han und Jangtsekiang		
		113–11	Ansturm der Kimbern und Teutonen auf das Römische Reich
109	Trockenlegung der Niederungen von Placentia zwischen Parma und dem Po durch M. Aemilius Scaurus		
104–102	Bau des Rhône-Marseille-Kanals (Fossa Marina) auf Veranlassung von Gaius Marius		
~100	Nutzung der Wasserkraft zum Betrieb von Mühlen		
1. Jh.	Marcus Vitruvius Pollio: De Architectura Libri Decem		
		82–79	Diktatur Sullas

Zeit	Entwicklung im Bereich des Wasserbaus	Zeit	Allgemeinhistorische, gesellschaftliche und technische Daten
63	Strabon (Historiker und Geograph); gest. 20 n. Chr.		
		60	Beginn des 1. Triumvirats
		58–51	Caesar erobert Gallien
50	Pläne Caesars zur Trockenlegung des Fuciner Sees und der Pontinischen Sümpfe		
		44	Tod Caesars
		43	Beginn des 2. Triumvirats
35	Agrippa veranlaßt den Bau des Hafens von Bajä		
35–33	Bau der Aqua Julia in Rom		
34	Marcus Vipsanius Agrippa wird erster ständiger Curator Aquarum in Rom		
		31	Ende der römischen Republik. Oktavian (später Augustus) alleiniger Herrscher im Römischen Reich
		30	Ägypten wird römische Provinz
		27	Kaiser Augustus
21–19	Bau der Aqua Virgo in Rom		
~18	Bau des Pont du Gard zur Wasserversorgung von Nîmes		
11	Errichtung eines ständigen Rates der Curatores Aquarum in Rom		
10–2	Bau der Aqua Alsietina in Rom		
10	Kanäle und Deiche in Holland, Verbindung von Rhein und Yssel		
3	Lucius Annaeus Seneca (Quaestiones naturales); gest. 65 n. Chr.		

Zeit	Entwicklung im Bereich des Wasserbaus	Zeit	Allgemeinhistorische, gesellschaftliche und technische Daten
n. Chr.		**n. Chr.**	
1. Jh.	Heron von Alexandria (Erfinder und Konstrukteur)		
	Bau der Vorgebirgsleitung nach Köln		
		9	Schlacht im Teutoburger Wald
11	Bau des Äquadukts von Schedia nach Alexandria (40 km, Flumen Augusti) durch Augustus		
24– 79	Gaius Publius Plinius Secundus (Naturalis Historia)		
38– 52	Bau der Aqua Claudia und der Aqua Anio Novus in Rom		
41– 52	Absenkung des Fuciner Sees durch Claudius		
42	Bau des Leuchtturms von Ostia und eines neuen Hafens an der Tibermündung durch Claudius		
~45	Bau eines 37 km langen Kanals zwischen dem Rhein und der Maas durch Corbulo		
60	Versuch eines Durchstichs der Landenge von Korinth durch Nero		
		64	Brand Roms
		98– 117	Größte Ausdehnung des Römischen Reichs unter Trajan
97– 103	Sextus Julius Frontinus: Curator Aquarum in Rom		
~100	Bau der ersten römischen Bogenmauer (Vallon de Baume, Provence)		
~110	Bau des hexagonalen inneren Hafens von Ostia durch Trajan		
	Aquädukt von Segovia (Spanien)		
109– 117	Bau der Aqua Trajana in Rom		

Zeit	Entwicklung im Bereich des Wasserbaus	Zeit	Allgemeinhistorische, gesell-schaftliche und technische Daten
115	Reinigung und Wiedereröffnung des Entwässerungstunnels am Fuciner See		
2. Jh.	Römische Talsperren Proserpina und Cornalvo in Spanien (Wasserversorgung Merida)		
123	Bau des neuen Aquädukts in Karthago (Zoghouan)		
~125	Bau von Aquädukten in Arles, Korinth, Antiochia, Sarmizegethusa, Dyrrachium, Gabii und Cingulum durch Hadrian		
226	Bau der Aqua Alexandrina in Rom		
276– 282	Trockenlegung der sirmischen Ebene (bei Belgrad)		
		284– 305	Diokletian. Neue Reichsordnung
		306– 337	Konstantin der Große. Christentum wird Staatsreligion
		375	Hunneneinfall in Europa
		395	Theodosius der Große. Reichsteilung in West- und Ostrom
4. Jh.	Wassermühlen von Barbegal		
537	Bau der ersten Schiffsmühle (Rom) unter Belisar		
~600	Baubeginn des 1000 km langen chinesischen Kaiserkanals zwischen Hwangho und Jangtsekiang Erste Wassermühlen in Frankreich		
		622	Flucht Mohammeds von Mekka nach Medina (Beginn der islamischen Zeitrechnung)
		715	Größte Ausdehnung des Omaijadenreiches von Spanien über Nordafrika bis zum Indus
718	Erste Wassermühlen in Böhmen		
719	Errichtung des Nilpegels auf der Insel Rhoda (Kairo)		

Zeit	Entwicklung im Bereich des Wasserbaus	Zeit	Allgemeinhistorische, gesellschaftliche und technische Daten
		768–814	Karl der Große
776	Papst Hadrian I. läßt mehrere Aquädukte wiederherstellen (Trajana, Marcia, Claudia, Virgo)		
793	Karl der Große versucht den Bau eines Kanals (Fossa Carolina) zwischen Rhein- und Donaugebiet	800	Kaiserkrönung Karls des Großen
		955	Schlacht auf dem Lechfeld (Ungarneinfall)
		962	Kaiserkrönung Ottos I.
966	Ältester Rheinzoll bei Oberwesel		
~1000	Mohammed Karaji (Grundwasser)		
		1066	Entstehung des Jadebusens (Sturmflut)
		1075–1122	Investiturstreit
1077	Regulierung des Arno in Florenz	1096–1099	1. Kreuzzug
1100	Anfänge des Sielbaus in Oldenburg		
1100–1200	Bau von Deichen und Entwässerungsanlagen im Oder- und Weichselgebiet durch den Deutschen Ritterorden		
1125–1130	Durch Gezeitenströme betriebene Mühlen in England		
~1150	Regelung des gemeinschaftlichen Deichbaus in Ostfriesland und Bildung von Entwässerungsverbänden in den Niederlanden (Hoogheemraadschappen)		
1150	Zisterzienser verwenden Abwässer zur Wiesenbewässerung in Mailand		
		1152–1190	Friedrich I. (Barbarossa)

Zeit	Entwicklung im Bereich des Wasserbaus	Zeit	Allgemeinhistorische, gesellschaftliche und technische Daten
1158	Das Wasserregal Friedrichs I.		
~1250	Bau der Wasserversorgung ‹auf Kosten der Bürger› in Dublin		
1256	Nachhaltige Zerstörung der wasserwirtschaftlichen Anlagen Mesopotamiens durch die Mongolen		
		1273– 1291	Rudolf von Habsburg
		1277	Der Dollart und die Zuidersee entstehen (Sturmfluten)
		1291	Eroberung Akkons durch die Mameluken
14. Jh.	Wittinger Teich- und Kanalbauten (Böhmen)	14. Jh.	Frankreich wird Vormacht Europas
		1311	Älteste Seekarte von Pietro Vesconte
1325	Bau der ersten Kammerschleuse in Deutschland		
1349	Wasserrohre aus Fichten- und Kiefernholz in Deutschland		
		1378– 1417	Abendländisches Schisma (Gegenpäpste in Avignon und Rom)
1393– 1398	Stecknitz-Kanal zwischen Lübeck und Elbe (erster europäischer Kanal mit Scheitelhaltung)		
		1414– 1418	Konzil von Konstanz
1441	Verwendung von Regenmessern in Korea		
		1445	Gutenberg erfindet den Buchdruck mit beweglichen Lettern
~1450	Einführung von Wasserrohren aus Gußeisen in Deutschland und England		
1450– 1468	Zentralisierung der Entwässerungspolitik in den Niederlanden		

Zeit	Entwicklung im Bereich des Wasserbaus	Zeit	Allgemeinhistorische, gesell- schaftliche und technische Daten
1452– 1519	Leonardo da Vinci (Ingenieur, Wissenschaftler, Künstler), Beginn des Zeitalters der Naturwissenschaften		
		1453	Eroberung Konstantinopels durch die Türken
		1492	Entdeckung Amerikas durch Kolumbus
1495	Bau des ältesten englischen Trokkendocks in Portsmouth		
~1500	Suleyman der Große stellt die Aquädukte des Valens und Justinian in Konstantinopel wieder her und baut eine weitere Wasserleitung		
1510– 1590	Bernard Palissy (hydrologischer Kreislauf)		
		1511	Der Jadebusen erhält durch eine Sturmflut seine heutige Größe
		1517	Thesenanschlag Luthers
		1524– 1525	Bauernkrieg
1525	Alster-Trave-Kanal		
1530– 1590	Benedetti (hydrostatische Kräfte)		
1549	Agricolas Grundwasserlehre		
1553	Vorschrift zur Anlage von Abortgruben in Paris		
		1555	Augsburger Religionsfrieden
1562	Älteste Nachricht vom Gebrauch der Taucherglocke in Europa	1562– 1598	Hugenottenkriege in Frankreich
1564– 1642	Galileo Galilei (Kraftwirkung strömender Flüssigkeiten)		
1565	Erste öffentliche Wasserversorgung Wiens (Hernalser Wasserleitung)		
	Staudamm von Zellerfeld (Harz)		

Zeit	Entwicklung im Bereich des Wasserbaus	Zeit	Allgemeinhistorische, gesell- schaftliche und technische Daten
1569	Steinerne Kammerschleusen in der Saale		
1575– 1577	Bau des Eider-Kanals		
1577– 1644	Benedetto Castelli (Abflußbe- stimmung und Kontinuität)		
1579	Talsperre von Alicante (Spanien)		
1582	Erstes Wasserradpumpwerk in London		
		1588	Untergang der spanischen Armada vor England
1591	Erste Vorschläge zur Abwasser- klärung in London		
1608– 1647	Evangelista Toricelli (Abfluß aus Behältern)		
1609	Johann Kepler (Erklärung von Ebbe und Flut)		
1611– 1680	Pierre Perrault (hydrologischer Kreislauf)		
		1618– 1648	Dreißigjähriger Krieg
1619	Gilge-Deime-Kanal (Memel– Pregel)		
1620	Finow-Kanal (Oder–Havel)		
1620– 1684	Edme Mariotte (Bewegung des Wassers und anderer Flüssigkei- ten)		
1623– 1662	Blaise Pascal (Theorie der Hydrostatik)		
		1624– 1661	Ausbildung des Absolutismus in Frankreich
		1628– 1688	Ausbildung der konstitutionellen Monarchie in England
		1634	Zerstörung von Nordstrand durch eine Sturmflut
1642– 1727	Isaac Newton (grundlegende Bewegungssätze)		

Zeit	Entwicklung im Bereich des Wasserbaus	Zeit	Allgemeinhistorische, gesell- schaftliche und technische Daten
1650	Älteste Wildbachverbauung in Tirol		
1655– 1710	Domenico Guglielmi (gleichför- miger und ungleichförmiger Abfluß)		
1656– 1742	Edmund Halley (atmosphärischer Teil der Wasserzirkulation)		
1660	Erste Wasserklosetts in Frank- reich und England		
1661	Christopher Wrens Regenmesser	1661– 1715	Ludwig XIV. König von Frankreich
1667– 1681	Bau des 240 km langen Canal du Midi (Frankreich)		
1668	Friedrich-Wilhelm-Kanal (Oder–Spree)		
		1683	Türken vor Wien
		1688	‹Glorious Revolution› in England
1689	Erfindung der Zentrifugalpumpe durch Papin	1689– 1725	Zar Peter der Große
1700– 1782	Daniel Bernoulli (Satz von der Erhaltung der Energie)		
		1701– 1714	Spanischer Erbfolgekrieg
1707– 1783	Leonhard Euler (Bewegungsglei- chungen für reibungsfreie Flüssig- keiten)		
1712	Heinrich Zollmann, älteste Ge- wässer- und Stromgebietskarte		
1713	Gezeitenmühle bei Dünkirchen		
1714	Bau des Oderteiches (Harz)		
1717	Erste Dämme am Mississippi bei New Orleans		
1717– 1783	Jean le Rond d'Alembert (Dyna- mik, Bewegung von Flüssigkei- ten, Flüssigkeitswiderstand)		
1727	Beginn regelmäßiger Wasser- standsmessungen an der Elbe bei Magdeburg		

Zeit	Entwicklung im Bereich des Wasserbaus	Zeit	Allgemeinhistorische, gesell-schaftliche und technische Daten
1736	Joseph Louis Lagrange (Theorie der Flüssigkeitsbewegung)		
		1740–1786	Friedrich II. (der Große) König von Preußen
1743–1746	Plauer Kanal (Elbe–Havel)		
1744	Bromberger Kanal (Brahe–Netze bzw. Weichsel–Oder)		
1747–1753	Oderbruch melioriert		
		1749–1832	Johann Wolfgang von Goethe
1750	Erstes Reaktionswasserrad (Turbine): Segnerisches Wasserrad		
	Hydrographische Karte Deutschlands von Joh. Babt. Howani		
		1756–1763	Siebenjähriger Krieg
1763	Schlesische Ufer-, Ward- und Hegungsordnung		
1764	Anfänge der Wasserbauverwaltung am Rhein		
1764–1766	Masurischer Seenkanal		
		1769	Dampfmaschinenpatent von James Watt
1770	Beginn regelmäßiger Wasserstandsmessungen am Rhein bei Emmerich	1770–1827	Ludwig van Beethoven
		1776	Unabhängigkeitserklärung der USA
1778	Trockenlegungsarbeiten an den Pontinischen Sümpfen		
	Beginn regelmäßiger Wasserstandsmessungen an der Oder bei Küstrin		
1784–1833	Rhein-Rhône-Kanal		
1785	Talsperre von Elche (Spanien) Urbarmachung des Warthe- und Netzebruches		

Zeit	Entwicklung im Bereich des Wasserbaus	Zeit	Allgemeinhistorische, gesellschaftliche und technische Daten
		1789	Ausbruch der Französischen Revolution
1790	Franklins Karte des Golfstroms		
1797	de Saint Venant (allgemeine Strömungsgleichungen für reale Flüssigkeiten)		
1798	Napoleon I. veranlaßt Vorarbeiten zum Bau des Suezkanals		
1804–1825	Regelung des Oberrheins durch Tulla	1804	Kaiserkrönung Napoleons I.
	Gerstner (Theorie der Wellen)		
		1813–1814	Befreiungskriege
1815–1892	James Francis (Francis-Turbine)		
1816–1890	Ausbau der Weser		
1819–1900	Ausbau der Oder		
1820	Stromkarte der sächsischen Elbe		
1821–1905	Ausbau der Elbe		
1829–1908	Lester Allen Pelton (Pelton-Turbine)		
1830–1890	Ausbau der Donau		
		1834	Deutscher Zollverein
1835–1892	Ausbau der Weichsel		
1836	Beginn der Bauarbeiten für einen Kanal zwischen Main und Donau (Ludwigs-Kanal)		
1839–1840	Hagen und Poiseuille (Gleichungen über den Abfluß durch Kapillaren)		
1842–1912	Osborne Reynolds (Erweiterung der Navier-Stokes-Gleichungen für turbulente Bewegungen)		

25

Zeit	Entwicklung im Bereich des Wasserbaus	Zeit	Allgemeinhistorische, gesell-schaftliche und technische Daten
1848	Erste zentrale Wasserversorgung Deutschlands in Hamburg	1848	Deutsche Nationalversammlung in Frankfurt
1851	Erste hydrographische, topographische und sedimentologische Messungen am Mississippi durch Humphrey und Abbot		
	Erste Veröffentlichung von Regenkarten durch Blodgett		
1853–1856	Zentrale Wasserversorgung in Berlin		
		1854–1856	Krimkrieg
1856	Erste regelmäßige Grundwassermessungen von Pettenkofer in München		
	Darcy (Filtergesetze)		
1859–1869	Bau des Suez-Kanals		
		1861–1865	Amerikanischer Sezessionskrieg
1870–1873	Erste Frankfurter Quellwasserleitung	1870–1871	Deutsch-französischer Krieg
1870–1875	Donauregulierung bei Wien		
1871–1951	Moritz Weber (Weiterentwicklung der modernen Strömungslehre)	1871	Gründung des Deutschen Reichs
1872	Zentrale Wasserversorgung in Köln		
1873	Erste Wiener Hochquell-Leitung		
	Erste Nutzung von elektrischem Strom aus Wasserkraft (Beleuchtung des Schlosses Linderhof, Bayern)		
	Kanalisation in Berlin		
1875–1953	Ludwig Prandtl (Grenzschichttheorie)		
1876–1934	Victor Kaplan (Propellerturbine mit verstellbaren Schaufeln)		

Zeit	Entwicklung im Bereich des Wasserbaus	Zeit	Allgemeinhistorische, gesell- schaftliche und technische Daten
1878– 1898	Regulierung des Mississippi	1878	Berliner Kongreß
		1879– 1955	Albert Einstein (Relativitätstheorie)
1881	Lesseps beginnt den Bau des Panamakanals		
	Theodor von Karman (Weiterent- wicklung der modernen Strö- mungslehre)		
1882	Erneute Trockenlegung des Koais-Sees in Böotien, Griechen- land		
		1886	Automobile von Benz und Daimler
1887	Nord-Ostsee-Kanal		
1895	Erstes Klärbecken in Deutschland (Frankfurt a. M.)		
		1890	Bismarcks Entlassung
1891	Inbetriebnahme der ersten deut- schen Trinkwassertalsperre bei Remscheid		
1892	Biologische Abwasser-Reini- gungsverfahren in England		
1898– 1902	Bau der Assuan-Staumauer (h = 21,5 m, Speichervolumen 1 Mrd. m^3)		
1898– 1903	Erste permanente Wasserbau- laboratorien in Dresden (Engels), Karlsruhe (Rehbock) und Berlin (Krey)		
1899	Gründung des Ruhrtalsperrenver- eins		
1900	Gründung des Permanenten In- ternationalen Verbandes für Schiffahrtskongresse (PIANC)		
		1903	Erster Motorflug der Gebrüder Wright
1904	Gründung der Emschergenossen- schaft	1904– 1905	Russisch-japanischer Krieg

Zeit	Entwicklung im Bereich des Wasserbaus	Zeit	Allgemeinhistorische, gesellschaftliche und technische Daten
1904–1914	Bau des Panamakanals		
1905	Baubeginn des Mittellandkanals (Rhein–Elbe)		
1907–1912	Erste Erhöhung der Assuan-Staumauer (h = 26,5 m, Speichervolumen 2,5 Mrd. m^3)		
1908–1914	Bau der Edertalsperre (h = 48 m, Speichervolumen 202 Mio. m^3)		
1908–1913	Bau der Möhnetalsperre (h = 40 m, Speichervolumen 135 Mio. m^3)		
		1912–1913	Balkankrieg
1913	Preußisches Wassergesetz		
	Gründung des Ruhrverbandes		
		1914–1918	Erster Weltkrieg
		1917	Revolution in Rußland
		1919	Gründung des Völkerbundes
1920	Beginn der Neckarkanalisierung		
1921	Gründung der Rhein-Main-Donau AG		
1922	Gründung des Internationalen Verbandes für wissenschaftliche Hydrologie (IAHS)	1922	Mussolini übernimmt Macht in Italien
1923	Baubeginn zur Trockenlegung der Zuidersee		
1924	Erste Weltkraftkonferenz in London	1924	Tod Lenins
1927–1930	Bau des Schiffshebewerkes Niederfinow		
1928	Gründung der Internationalen Kommission für große Talsperren (ICOLD) in Paris		
1929–1930	Zweite Erhöhung der Assuanstaumauer (h = 35,5 m, Speichervolumen 5 Mrd. m^3)		

Zeit	Entwicklung im Bereich des Wasserbaus	Zeit	Allgemeinhistorische, gesellschaftliche und technische Daten
1933	Eröffnung des Ostsee-Eismeerkanals (UdSSR)	1933	Hitler wird Reichskanzler
1935	Gründung des Internationalen Verbandes für wasserbauliche Forschung (IAHR)		
		1936–1938	Spanischer Bürgerkrieg
		1939–1945	Zweiter Weltkrieg
		1945	Gründung der Vereinten Nationen
		1949	Gründung der Bundesrepublik Deutschland
1950	Gründung der Internationalen Kommission für Be- und Entwässerung (ICID)		
1953	Flutkatastrophe in den Niederlanden		
1957	Gesetz zur Ordnung des Wasserhaushalts (WHG) in der Bundesrepublik Deutschland	1957	Erster Erdsatellit (Sputnik I) Gründung der Europäischen Wirtschaftsgemeinschaft
1958–1964	Ausbau der Mosel (Schiffahrt, Wasserkrafterzeugung) zwischen Trier und Koblenz		
1960–1970	Bau des Assuan-Hochdammes ($h = 110\,m$, Speichervolumen $164\,Mrd.\,m^3$)		
1962	Fertigstellung der Talsperre Grande Dixence, Schweiz ($h = 285\,m$, höchste Staumauer der Welt) Flutkatastrophe an der deutschen Nordseeküste		
1966	Inbetriebnahme des ersten Gezeitenkraftwerkes (Rance, Frankreich)		

Zeit	Entwicklung im Bereich des Wasserbaus	Zeit	Allgemeinhistorische, gesellschaftliche und technische Daten
		1969	Landung der ersten Menschen auf dem Mond
1976	Abwasserabgabengesetz in der Bundesrepublik Deutschland		
1979	Versuchskraftwerk zur Nutzung der Wellenenergie in Japan		
1985	Roguntalsperre (UdSSR) im Bau (h = 335 m, höchster Staudamm der Welt)		
	Pläne zur großmaßstäblichen Wasserüberleitung aus den nach Norden fließenden Strömen Sibiriens in den Süden (Kasachstan) der UdSSR		

I Allgemeines

1. Einleitung

Die Klima- und Landschaftsräume der Erde sind durch einen jeweils charakteristischen, sehr empfindlichen natürlichen Wasserhaushalt (Wasserregime) geprägt. Wasser erst ermöglicht Leben, absolute Trockenheit schließt organische Prozesse aus. Es gibt kaum äußere Eingriffe in die Natur, die ganz ohne Einwirkungen auf den Wasserhaushalt der Umgebung blieben, wie umgekehrt der natürliche Wasserkreislauf bei nahezu allen Vorgängen in der belebten und unbelebten Natur eine wesentliche Rolle spielt.

Die Beziehungen zwischen dem Menschen und dem Wasser sind eingebettet in das Spannungsfeld zwischen dem Wasserdargebot der Natur und dem Wasserbedarf der Gesellschaft. Das Wasserdargebot ist auf der Erdoberfläche regional sehr unterschiedlich verteilt und unterliegt darüber hinaus starken jahreszeitlichen Schwankungen. Es wird durch natürliche Gesetzmäßigkeiten beherrscht, die mit dem Arbeits- und Lebensrhythmus des Menschen und seinem politisch, wirtschaftlich oder verkehrsmä-

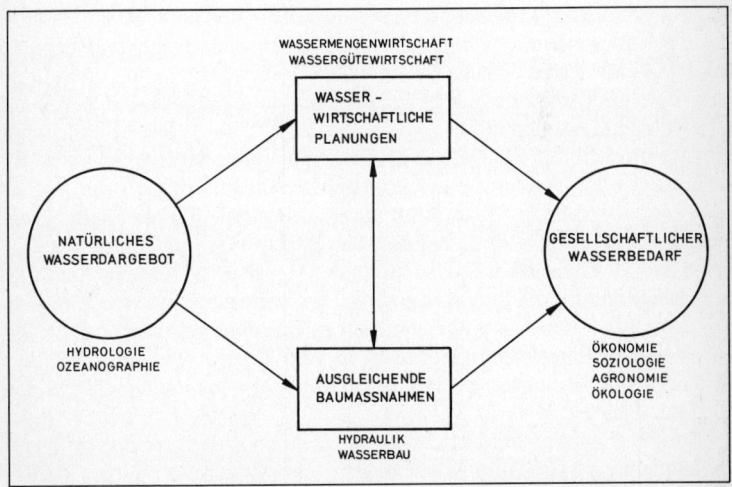

1: Ausgleich von Dargebot und Bedarf über wasserwirtschaftliche Planungen und wasserbauliche Maßnahmen.

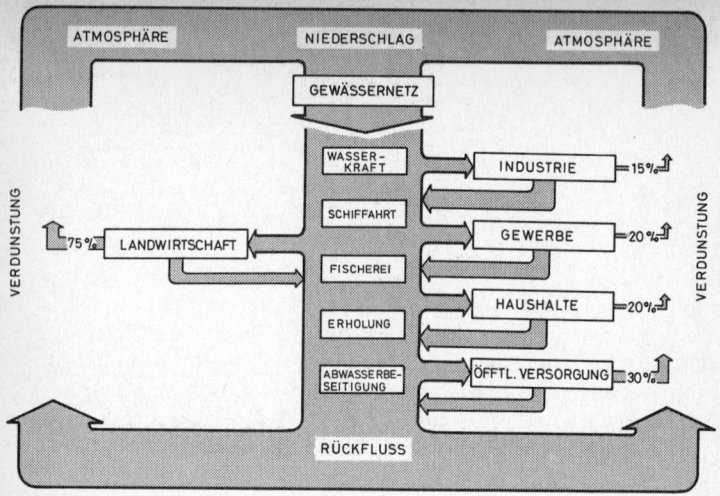

2: Die Nutzungen des Wassers.

ßig bestimmten Siedlungsverhalten nur in Ausnahmefällen übereinstimmen. Damit ergeben sich zwangsläufig Diskrepanzen zwischen den Realitäten der Natur und den Ansprüchen der Gesellschaft. Ein Ausgleich ist hier nur durch wasserwirtschaftliche Eingriffe in den natürlichen Wasserhaushalt möglich, die wiederum technische Einrichtungen zum Fassen, Heben, Leiten und Speichern des Wassers erfordern. Abb. 1 zeigt die prinzipiellen Zusammenhänge und die beteiligten grundlegenden wissenschaftlichen Disziplinen.

Es gibt wohl nur wenige andere Elemente in der natürlichen Umwelt, an die der Mensch so große und so vielfältige Anforderungen stellt, wie an das Wasser (Abb. 2). Wasserkraftwerke, Schiffahrt, Fischerei und Erholungsgebiete nutzen die Gewässer, die gleichzeitig auch Aufnahmemedien für Abwässer sind. Die Kommunen (Haushalte, Gewerbe, öffentliche Versorgung), die Industrie und die Landwirtschaft nutzen das Wasser als Stoff. Sie leiten es aus dem natürlichen Gewässernetz ab und geben es nach der Nutzung (dem Gebrauch) in verminderter Menge (abzüglich Verbrauch = Verdunstung) und in verringerter Qualität in die Flüsse, Seen und Meere zurück.

Eine rückblickende Betrachtung zeigt, daß nur der großmaßstäbliche Kühlwasserbedarf als Folge der industriellen Revolution jünger als 100 Jahre ist. Alle anderen Nutzungen blicken auf eine fünftausendjährige oder längere Geschichte zurück (Abb. 3). So erstaunlich diese Tatsache

1	HAUSHALTE (TRINK-UND BRAUCHWASSER)		
2	FISCHEREI		
3	ERHOLUNG		
4	SCHIFFAHRT		
5	LANDWIRTSCHAFT (BEWÄSS., VIEHPROD.)	6000 ~ 4000 v. Chr.	
6	KOMMUNEN (ÖFFENTLICHE VERSORG.)	~ 3000 v. Chr.	
7	ABWASSERBESEITIGUNG	~ 3000 v. Chr.	
8	WASSERKRAFT	~ 3000 v. Chr.	
9	GEWERBE , INDUSTRIE	~ 3000 v. Chr.	
10	KÜHLWASSER		~ 1900 n. Chr.

3: Geschichtliche Entwicklung der Wassernutzung.

auf den ersten Blick ist, so zeigt sie doch nur, wie eng die Geschichte und die technisch-kulturelle Entwicklung der Zivilisation mit dem Wasser und seiner Nutzung verwoben sind.

Es gibt eine Reihe von Maßstäben, an denen der Entwicklungsstand eines Staates oder Volkes gemessen werden kann. Einer davon ist sicherlich der Grad, in dem es der Gesellschaft gelungen ist, sich das Wasser in seinen vielfältigen Eigenschaften als Lebensträger, Grundlage der Hygiene, Transportmedium, Produktionsstoff und Energiequelle nutzbar zu machen, ohne dabei das natürliche hydrologische Gleichgewicht des Lebensraumes nachhaltig zu stören.

2. Begriffe, Definitionen

In Abb. 1 sind im Zusammenhang mit dem Wasserausgleich eine Reihe von Begriffen genannt, die dem Wasserwirtschaftler und dem Wasserbauingenieur geläufig sind, beim Laien aber Verwirrung hervorrufen können, da sie ähnlich klingen, jedoch sehr unterschiedliche Bedeutungen haben. Da diese Begriffe im Folgenden immer wieder verwendet werden, sollen sie zunächst erläutert werden.

Der Zweig der Wissenschaften, der sich mit der Beschaffung und Auswertung der Daten über die natürliche Verfügbarkeit des Wassers befaßt, die für die Planung von Wasserregulierung, Wasserkontrolle und Wassernutzung erforderlich sind, ist die *Hydrologie*. Obwohl sich der Mensch bei der Gestaltung seiner Umwelt seit Jahrtausenden mit dem Wasser auseinandersetzt und obwohl es heute eine reichhaltige Literatur über hydrologische Vorgänge gibt, kann die Hydrologie doch nicht als exakte Wissenschaft bezeichnet werden, da es zu viele Faktoren in den hydrologischen Prozessen gibt, die in ihrem Auftreten und ihren Auswirkungen nicht eindeutig in mathematischen Gleichungen ausdrückbar sind.

Von den vielen Definitionen der Hydrologie als reine oder auch als praxis-orientierte Wissenschaft seien hier nur zwei angeführt:
– Hydrologie ist die Wissenschaft, die das Wasser der Erde behandelt, sein Vorkommen, seinen Kreislauf und seine Verteilung, seine chemischen und physikalischen Eigenschaften und die Verbindung mit seiner Umwelt, einschließlich seinem Verhältnis zu den Lebewesen. Die Domäne Hydrologie umfaßt die vollständige Lebensgeschichte des Wassers auf der Erde.
– Hydrologie ist die Wissenschaft, die sich mit den Vorgängen befaßt, die den Aufbrauch und die Wiederauffüllung der Wasserreserven der Landflächen der Erde beherrschen. Sie beschäftigt sich mit dem Transport des Wassers durch die Atmosphäre, über die Erdoberfläche und in den Erdschichten. Es ist die Wissenschaft, die die verschiedenen Phasen des hydrologischen Kreislaufs behandelt.

Die Hydrologie ermöglicht also eine Bestandsaufnahme des in der Natur dargebotenen Wassers (Wasserdargebot). Diese Aufstellung der Haben-Seite der Wasserbilanz nimmt dabei keinen Bezug auf spätere technische Nutzungen. Die *Hydraulik* auf der anderen Seite fragt nicht nach dem Ursprung und der Verfügbarkeit des Wassers. Sie ist ein Zweig der Mechanik und behandelt das statische, kinematische und dynamische Verhalten des Mediums Wasser unter gegebenen Randbedingungen (Bestimmung z. B. von Drücken, Geschwindigkeiten und Kräften). Sie schafft damit die Grundlagen für den Entwurf und die Bemessung von Bauwerken im und am Wasser (z. B. Talsperren, Wehre, Kanäle, Schleusen, Kraftwerke).

Die *Wasserwirtschaft* wird allgemein definiert als die zielbewußte Ordnung aller menschlichen Einwirkungen auf das oberirdische und unterirdische Wasser. Wasserwirtschaftliche Planungen haben zum Ziel, das Wasserdargebot bzw. die Wasserreserven einer bestimmten Region im Hinblick auf den Bedarf der Gesellschaft und der Wirtschaft bestmöglich zu nutzen und gleichzeitig Wasserschäden für den einzelnen und für die Gemeinschaft auf ein Minimum zu reduzieren.

Ein Ausgleich zwischen Wasserdargebot und Wasserbedarf kann im allgemeinen nur durch die Einschaltung von Ingenieurbauten (*Wasserbau, Hydrotechnik*) erreicht werden, deren Anordnung, Größe und Form gemäß den hydrologischen Voraussetzungen und auf der Basis der hydraulischen Berechnungen bestimmt werden.

3. Der hydrologische Kreislauf

Die gesamte auf der Erde verfügbare Wassermenge ist eine feste Größe, die nicht vermindert und nicht vermehrt werden kann. Ein Teil des Wassers ist dabei permanent in den Meeren und in den tieferen Erdschichten zwischengespeichert, ein anderer Teil befindet sich infolge der Energieeinstrahlung von der Sonne in einem fortwährenden Zyklus: Verdunstung – Niederschlag – Abfluß – Verdunstung (Abb. 4).

Der Wassergehalt der Atmosphäre setzt sich dabei aus atmosphärischem Wasserdampf (Luftfeuchtigkeit), Wolken und Nebel zusammen und hat seinen Ursprung in der Verdunstung voö den Wasser- und Landoberflächen. Er legt mit den Luftströmungen große Entfernungen zurück und kondensiert in Gebieten niedrigerer Temperatur. Zunehmende Größe der kondensierten Wassertropfen führt schließlich zu Niederschlag, je nach der Temperatur hauptsächlich in der Form von Regen, Hagel oder Schnee.

Nur ein Teil des Niederschlages erreicht dabei die Erdoberfläche, da bereits während des Falles eine Verdunstung eintritt, und da ein Teil durch die Pflanzendecke abgefangen wird und dann vom Blattwerk verdunstet. Nach Erreichen der Erdoberfläche strebt der Niederschlag durch Bodenvertiefungen den Bach- und Flußläufen zu, die schließlich in Binnenseen oder ins Meer münden.

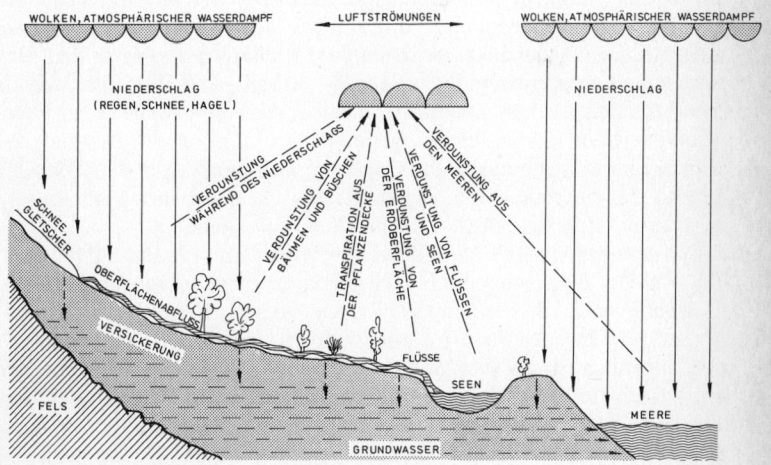

4: Der hydrologische Kreislauf in der Natur.

Während des Abflusses treten dabei ‹Verluste› durch Versickerung ins Grundwasser oder durch Verdunstung auf. Die Oberflächenverdunstung zehrt in der Hauptsache von dem Wasser, das nach Niederschlägen als feine Schicht auf der Oberfläche zurückbleibt oder sich in abflußlosen Lachen und Pfützen sammelt. Versickerter Niederschlag füllt natürliche Grundwasserspeicher, die dann ihrerseits Quellen, Flüsse, Seen oder Meere speisen, versorgt in Form von Bodenfeuchtigkeit die Vegetation oder verdunstet aus den oberen Bodenschichten. Der von den Pflanzen durch die Wurzeln aufgenommene Teil des Wassers wird über den Vorgang der Transpiration an die Atmosphäre abgegeben.

Der gesamte Niederschlag kehrt somit durch die Verdunstung von der Pflanzendecke, der Erdoberfläche und den Wasserflächen (Seen, Meere) sowie durch die Transpiration der Vegetation wieder in die Atmosphäre zurück. Der von der Sonnenenergie angetriebene Kreislauf hat sich geschlossen. Dieser Zyklus – Verdunstung – Niederschlag – Abfluß – Verdunstung – ist im Prinzip seit langem bekannt. Er ist im einzelnen jedoch nicht voraussagbar, da er außerordentlich komplex und zeitlich sowie räumlich großen Schwankungen unterworfen ist. Er bedingt jedoch, zusammen mit anderen terrestrischen und kosmischen Einflüssen, die vielfältigen, differenzierten Erscheinungsformen unserer Umwelt und prägt das äußere Gesicht der verschiedenen Klimazonen (die Landschaft) und ihre innere Struktur (Kultur, Wirtschaft, Gesellschaft usw.).

Noch bis vor wenigen hundert Jahren hat sich der Lebensrhythmus des Menschen nahezu völlig den natürlichen Zyklen naß–trocken, heiß–kalt und hell–dunkel der Tages- und Jahreszeiten angepaßt. Mit der Zunahme der Bevölkerung, der Entwicklung der Landwirtschaft und vor allem mit dem Aufkommen der Industrie im 19. Jahrhundert haben sich jedoch immer größere Unterschiede zwischen dem Rhythmus der Natur und der zunehmend naturentfremdeten Lebens-, Arbeits- und Wirtschaftsweise des Menschen ergeben. Das führte in immer stärkerem Maße zu der Notwendigkeit, in das in langen geologischen Zeiträumen entstandene Gleichgewicht der natürlichen Vorgänge, insbesondere in den Wasserhaushalt, einzugreifen, d. h. zu dem Zwang, die gegebenen Verhältnisse den veränderten Ansprüchen entsprechend zu ‹regulieren›.

Die gesamte Umwelt, das Klima, die Vegetation, die Besiedlung, die Wirtschaft reagiert sehr empfindlich auf natürliche Änderungen des Wasserregimes wie z. B. Trockenperioden oder Regenzeiten. Ebenso prompt reagiert jedoch auch der Wasserhaushalt auf künstliche Veränderungen der Umwelt, z. B. auf die Ausdehnung der Städte, die Verstärkung der landwirtschaftlichen Nutzung, die Regulierung von Flüssen oder die Trockenlegung von Mooren. Die Form und das Ausmaß der Folgen derartiger künstlicher Eingriffe sind nur schwer übersehbar. Sie treten oft als Kettenreaktionen auf, die sich in vielfältigen Verflechtungen mit anderen

Faktoren über lange Zeiträume hinweg erstrecken. Die beängstigende Verstärkung der Hochwasser und die Verschmutzung der Flußläufe als Folge der immer dichteren Besiedlung und der zunehmenden Industrialisierung sind aktuelle Beispiele derartiger Folgen in Deutschland. Auch die drohende Versteppung des amerikanischen Mittleren Westens, die Verkarstung der Bergregionen im Mittelmeerraum, das Ansteigen und die Versalzung des Grundwassers im Punjab (Pakistan) oder die Bodenverschlechterung im Nil-Delta und in Mesopotamien sind durch rigorose Eingriffe in den Wasserhaushalt bedingt.

4. Das Wasserdargebot (Der Wasservorrat)

Schätzungen der am hydrologischen Kreislauf beteiligten Wassermengen sind in Abb. 5 zusammengestellt. Etwa 97 % des gesamten Wasservorrates der Erde bestehen aus salzhaltigem Meerwasser, das, von Schiffahrt, Wasserkraftwerken und besonderen Nutzungen wie Kühlung, Reinigung u. a. abgesehen, unter normalen Bedingungen nicht unmittelbar verwendbar ist. Diese Meerwassermenge würde eine perfekt runde Erdkugel 240 m hoch bedecken. Auch das in den Gletschern und in den Eiskappen der Pole festgelegte Wasser sowie die in jedem Moment in der Atmosphäre befindliche Wassermenge sind nicht unmittelbar für eine Nutzung zugänglich. Wird auch das Wasser der salzhaltigen Binnenseen ausgeschlossen, so bleiben schließlich nur noch 0,65 % des Gesamtvorrates als verwendbares Süßwasserdargebot übrig.

Tatsächlich nutzbar ist davon jedoch nur der Teil, in den a) der Mensch eingreifen kann und der b) sich langfristig immer wieder erneuert. Das sind nur rund 46 000 Mrd. m^3 oder 0,035 % des Gesamtwasservorrats. Andere Schätzungen liegen bei 41 000 Mrd. m^3, von denen unter Ausschluß von unbewohnten Gebieten, z. B. von Grönland oder der Antarktis, noch rund 38 000 Mrd. m^3 verbleiben (Garbrecht, 1976). Doch auch diese Werte sind nicht voll auf der Haben-Seite einzusetzen, da klimatische, topographische, technologische und wirtschaftliche Gründe heute und in der nächsten Zukunft eine vollständige Nutzung nicht zulassen. Auszugehen wäre etwa von einer unmittelbar nutzbaren Menge von rund 25 000 Mrd. m^3 (Mare, 1976).

Diesem verfügbaren Wasserdargebot steht der Wasserbedarf der verschiedenen Nutzer (s. Abb. 2, 3) gegenüber. Es ist Aufgabe der Wasserwirtschaft, den räumlich und zeitlich schwankenden Wasserbedarf der in einem bestimmten geographischen Raum lebenden Gesellschaft aus dem natürlichen Wasserdargebot der gleichen Region heraus zu decken (s. Abb. 1). Dafür sind im Verlauf der Geschichte hydrotechnische Anla-

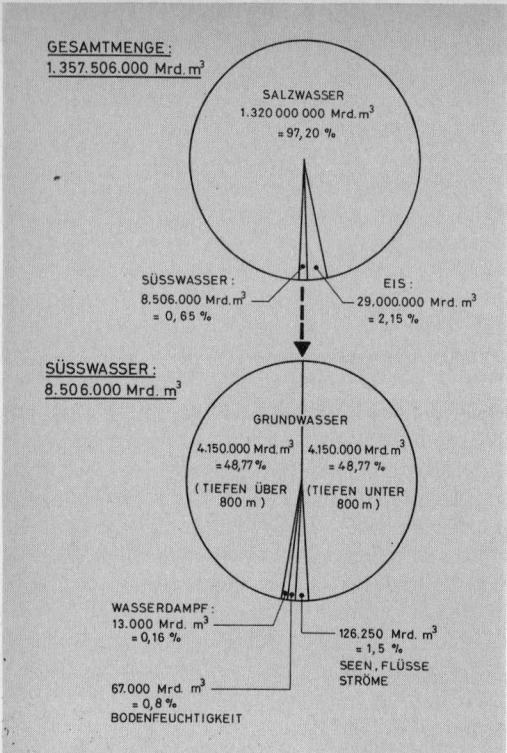

5: Auf der Erde verfügbare Wasserreserven.

gen geplant, gebaut und über viele Jahrhunderte betrieben worden, die in der Kühnheit ihrer Konzeption und in der hochstehenden Technik ihrer Ausführung zu den großen zivilisatorischen Leistungen der Menschheit zu zählen sind.

II Das Zeitalter der Naturmythologie

1. Einleitung

Die älteste Epoche der Menschheitsgeschichte wird als Altsteinzeit bezeichnet. Sie begann mit dem Ende des Tertiärs, etwa 600000 v. Chr. und endete mit der letzten (vierten) Eiszeit, der Würmeiszeit, um 10000 v. Chr. Im letzten Stadium der Altsteinzeit, etwa von 80000 bis 10000 v. Chr., trat der Homo sapiens in Erscheinung, und zwar, soweit wir wissen, ausschließlich als Sammler und Jäger.

Auch in der folgenden Mittelsteinzeit zwischen 10000 und 4000 v. Chr. war der Mensch vorwiegend sammelnder und jagender Nomade. Ein Übergang zu permanenter Siedlung und bäuerlicher Lebensweise trat erst im 5. Jahrtausend v. Chr. ein, und zwar zunächst im Mittelmeerraum, wo mit dem Rückgang des Eises in Nordeuropa zwischen 10000 und 6000 v. Chr. die Regenzeit ausklang. Die damit verbundene Austrocknung der großen nordafrikanischen und nahöstlichen Savannen zwang den Menschen zum Rückzug in die großen Flußebenen und zum Seßhaftwerden.

Die weiten, flachen Täler des Nils, des Euphrat–Tigris und des Indus waren infolge der jährlichen großen Überschwemmungen zum Teil mit Sümpfen und Schilfwäldern bedeckt. Eine Besiedlung dieser ausgedehnten, periodisch überschwemmten und unwirtlichen Gebiete war nur nach Durchführung ausgedehnter Hochwasserschutz- und Bewässerungsmaßnahmen möglich. Der Zwang zum Bau und zur Unterhaltung derart großer Anlagen führte in diesen Landschaften schon frühzeitig zur Bildung straff organisierter, überregionaler Verbände, die dann später die Grundlage für politische Zusammenschlüsse bildeten. Wasserwirtschaft und Wasserbau und alle damit verbundenen organisatorischen, technischen und rechtlichen Notwendigkeiten formten das kulturelle und politische Leben der neuen Staaten so stark, daß sie mit Recht als ‹Hydraulic Civilizations› bezeichnet werden.

Im Zuge dieser kulturgeschichtlichen Prozesse entstanden im 5. und 4. Jahrtausend v. Chr. auch die ersten größeren Städte als gestaltende Mächte. Seither sind die meisten der großen geschichtlichen Impulse, im Guten wie im Bösen, von den Städten ausgegangen. Neben Ackerbau und Bergbau in den Landgebieten traten Kunst, Wissenschaft, Technik und Handel in den Städten. Die Klammer, die trotz der Differenzierung von Wirtschaft und Kultur zwischen Land und Stadt die Gemeinschaften zusammenhielt, waren die neuen staatlichen Verwaltungen mit ihren

Herrschern, Priestern, Kriegern und Beamten. Wohl mit Recht wird festgestellt, daß die Existenz der neuen Städte mit ihrer urbanen Atmosphäre und mit ihrer Freiheit vom Zwang zur direkten Überlebenssicherung eine der wichtigsten Voraussetzungen für die Entwicklung hochstehender Kulturen war.

In der Periode dieser ersten Zivilisationen fand das enge Verhältnis des Menschen zum Wasser seinen unmittelbaren Ausdruck in einer Naturmythologie, in der Naturvorgänge (Sturm, Gewitter, Regen) und Naturgebilde (Mond, Sonne, Meer, Quellen) durch Gestalten (Götter, Dämonen) personifiziert wurden, die über dem Menschen standen, denen er ausgeliefert war und vor denen er sich, da ihr Verhalten nicht verstehbar und nicht voraussehbar war, fürchten mußte. Regen-, Sturm-, Wasser- und Meeresgötter oder Dämonen beherrschten die Beziehungen des Menschen zum Wasser. Quellnymphen und -feen spielten in vielen Märchen eine Rolle, und Jupiter, der ranghöchste der römischen Götter, hatte den Beinamen ‹Pluvius›, der Regenspendende. Riten und Kulte (bis hin zu Menschenopfern) zur Beschwörung dieser Naturmächte sind aus allen alten Kulturen bekannt.

Die Naturmythologie war in ihrem Wesen unkritisch und fragte nicht nach dem Warum. Sie ordnete Vorhandenes im Rahmen der Erkenntnismöglichkeiten ins Lebensbild ein, ohne dabei einen Zusammenhang von Ursache und Wirkung im physikalischen Sinne zu suchen. Kausal nicht auflösbare Naturvorgänge, die das Lebensbild des Menschen wesentlich beeinflussen, wurden bildhaft begriffen, ohne daß versucht wurde, in ihr ‹Geheimnis› einzudringen. Erst in der folgenden Zeit der Naturphilosophie suchte der Mensch mit Mitteln philosophischer Besinnung, durch Nachdenken und Spekulation, die Natur rational zu erfassen. Mit Fragen nach den Ursachen der beobachteten Phänomene wurde angestrebt, die Vorgänge in der Natur durch logische Denkansätze auf wenige, grundsätzliche Prinzipien zurückzuführen.

Wenn auch der Beginn naturphilosophischer Erwägungen um 600 v. Chr. und 2000 Jahre später das Einsetzen naturwissenschaftlicher Betrachtungsweisen die alten, naturmythologischen Vorstellungen verdrängt haben, so gibt es noch heute weite Gebiete auf der Erde, in denen das Leben stark naturmythologisch geprägt ist. Auch in den ‹aufgeklärten› Industrienationen schwingen im Unterbewußtsein noch viele mythologische Vorstellungen mit. Insbesondere im Zusammenhang mit dem Wasser in seinen extremen Erscheinungsformen (Mangel oder Überfluß) ist eine große Zahl von alten Riten und Gebräuchen bis in unsere Zeit erhalten geblieben.

2. Wassernutzung in vorgeschichtlicher Zeit

Als Grenze zwischen Vorgeschichte und geschichtlicher Zeit soll hier die Periode des Seßhaftwerdens des Menschen verstanden werden, d. h. der Übergang vom Nomadentum zu permanenter Siedlung und zu bäuerlicher Lebensweise, vom Jagen und Sammeln zu systematischer Landwirtschaft und Viehzucht. Dieser Zeitabschnitt lag im östlichen Mittelmeerraum etwa im 5. Jahrtausend v. Chr.

Über das Verhältnis des Menschen zum Wasser vor diesem Zeitpunkt gibt es aus archäologischen Funden oder aus späteren schriftlichen Überlieferungen nur wenige Aussagen. Faktisch war das Leben des Nomaden zwar weitgehend von hydrologischen Elementen wie Niederschlag, Abfluß oder Grundwasser abhängig, und sicherlich waren ihm aus der Erfahrung auch die grundsätzlichen Zusammenhänge zwischen diesen Größen und den Erscheinungsformen der Fauna und Flora geläufig. Des weiteren hatte das eigene Leben eine ununterbrochene Versorgung mit Wasser zur Voraussetzung, der Zusammenhang zwischen Wasservorkommen und Pflanzenwachstum war unverkennbar, und an Wasserstellen waren die besten Voraussetzungen für die Jagd gegeben. Es ist aber dennoch wohl davon auszugehen, daß dem Menschen das alles als ebenso zwangsläufig erschien, wie z. B. das Aufeinanderfolgen von Tag und Nacht, als Phänomene also, über deren Ursachen ein Nachdenken nicht sinnvoll und auch nicht erforderlich war.

Auch über die technische Wassernutzung in der Zeit vor 5000 v. Chr. ist wenig bekannt. Es ist jedoch anzunehmen, daß bereits Flußschiffahrt betrieben wurde, vielleicht auch Küstenschiffahrt. Die Wasserversorgung von Mensch und Haustier erfolgte pragmatisch aus dem natürlichen Wasserdargebot (Quellen, Flüsse, Seen) heraus, ohne daß besondere Maßnahmen für eine Fassung, Leitung oder Speicherung ergriffen wurden. Bewässerung spielte bei der vorwiegend nomadischen Lebensweise ohnehin kaum eine Rolle.

Im praktisch ausgerichteten täglichen Leben waren es wohl in erster Linie Instinkt und Erfahrung, die die Nutzung des Wassers bestimmten. Innerlich muß aber die überragende Rolle, die das Wasser für das Entstehen und die Erhaltung des Lebens spielt, erahnt und erkannt worden sein, denn in vielen Mythen, die ihren Ursprung tief in vorgeschichtlicher Zeit haben, spielt das Wasser als Ursprungselement bei der Erschaffung der Welt eine überragende Rolle, so im Gilgamesch-Epos, in der Bibel und in den Veden. Das Wasser als grundlegendes Lebenselement wurde geschätzt und verehrt, das Wasser in seinen extremen Erscheinungsformen wie Hochwasser, Fluten oder Dürrezeiten wurde gefürchtet.

3. Wissenschaftlich-technische Kenntnisse

Die wissenschaftlich-technischen Disziplinen, die die Grundlage für eine Bewirtschaftung und Nutzung des Wassers bilden (Hydrologie, Hydraulik, Hydrotechnik) sind heute eindeutig definiert und gegeneinander abgegrenzt. Bis hin ins 16. Jahrhundert n. Chr. waren dagegen die aufmerksame Beobachtung und die wachsende Erfahrung in bezug auf das Vorkommen und Verhalten des Wassers in der Natur, die pragmatisch-technischen Schutzmaßnahmen gegen Hochwasser und die wohldurchdachten Nutzungssysteme zur Wasserversorgung und Bewässerung ein einheitliches Feld.

Es stellt sich dabei naturgemäß die Frage, wie groß die Kenntnisse hydrologischer und hydraulischer Zusammenhänge waren, auf Grund derer die auch nach heutigen Begriffen oft großartigen Wasserbauten der frühen Geschichte und der Antike entstanden sind. Berechnungen von Wassernutzungsanlagen sind aus der Epoche der Naturmythologie nicht bekannt, und es ist mit Sicherheit anzunehmen, daß das, was wir heute ‹wissenschaftliche Grundlagen› nennen, damals nicht existierte. Wassernutzung in dieser Zeit muß als eine Kunst angesehen werden, die die Fähigkeit erforderte, das Verhalten des Wassers in der Natur intuitiv zu erfassen, und die hervorragendes handwerkliches und technisches Können voraussetzte. Eine wesentliche Rolle wird dabei die von Generation zu Generation weitergereichte Erfahrung aus Erfolgen oder Fehlschlägen früherer Projekte gespielt haben. Umfang, Inhalt und Wert dieses Wissens sind nicht bekannt, da schriftliche Überlieferungen fehlen.

Hydraulische Grundprinzipien, die in der Zeit der Naturmythologie angewandt wurden, ohne daß sie wohl im einzelnen verstanden, allenfalls erahnt wurden, waren:
- die Größe und Formabhängigkeit des Strömungswiderstands (z. B. bei Pfeil, Speer und Schiff),
- die Abhängigkeit der Fließrichtung vom Gefälle (ob der Zusammenhang zwischen Gefälle und Abflußmenge erkannt war, ist zweifelhaft),
- das Bestehen des Wasserdrucks (wahrscheinlich wurde er richtig als Funktion der Höhe erkannt, aber anscheinend auch fälschlich mit dem gestauten Volumen in Zusammenhang gebracht),
- der Zusammenhang zwischen der Druckhöhe und dem zugehörigen Ausfluß aus einer Öffnung,
- die Abhängigkeit der Ausflußmenge (dem Volumen) von der Zeit.

Abb. 6 zeigt im Grundsatz die Art und die zeitliche Entstehung der Vorgänge, die bei einer Wassernutzung zwischen der Ableitung aus dem hy-

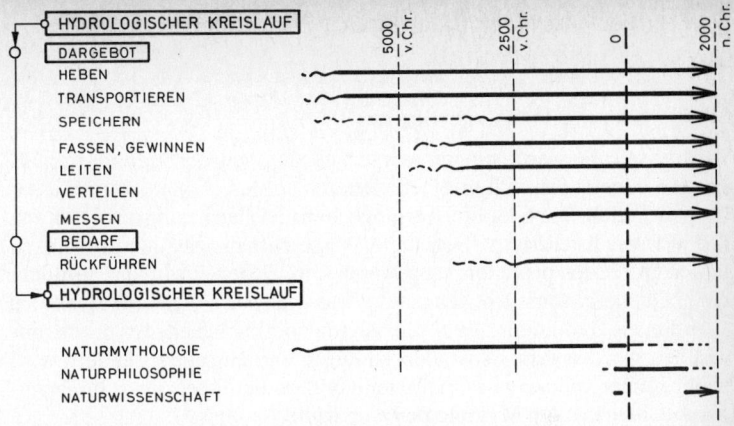

6: Technisch-hydraulische Prozesse bei der Wassernutzung.

drologischen Kreislauf und der Rückleitung des gebrauchten Wassers auftreten können. Wie die Nutzungen des Wassers selbst, so sind auch diese Maßnahmen prinzipiell bereits seit 5000 Jahren und länger bekannt und wurden trotz der nur äußerst rudimentären technisch-wissenschaftlichen Kenntnisse weitgehend beherrscht. Mittelalter und Neuzeit haben hier, wenn von den größeren Maßstäben der Leitungen und Bauwerke (Bau- und Gründungstechnik), von der Einführung des Maschinenantriebs in die Wasserwirtschaft und von einer Verfeinerung der Methoden abgesehen wird, nur wenig hinzugefügt.

In den Systemen und Anlagen, die heute zur Nutzung der natürlichen Wasservorräte geplant und gebaut werden, bestehen Antike und Moderne oft noch nebeneinander. Rohr und Kanal haben sich in den Jahrtausenden nur in der Größenordnung, nicht jedoch im Prinzip verändert. Auch die Vorratshaltung, das Speichern von Wasser in Behältern und Zisternen, reicht bis in die Vorgeschichte zurück. Eine großmaßstäbliche Speicherung in Talsperren wird seit 5000 Jahren betrieben. Menschenkraft, Tierkraft und Wasserkraft unter Anwendung einfacher physikalischer Prinzipien sowie schließlich die Pumpe waren in dieser Reihenfolge die für die vertikale Wasserförderung eingesetzten Mittel. Reihenfolge ist dabei nicht im Sinne einer Ablösung oder eines Ersatzes, sondern lediglich als eine zeitliche Aufeinanderfolge der Einführung zu verstehen. Wahrscheinlich wird heute in den Entwicklungsländern noch ebensoviel Wasser von Menschenkraft gehoben wie durch moderne Pumpen gefördert.

4. Die technisch-hydraulischen Prozesse in der Hydrotechnik

Wasserfassung, Wassergewinnung

Permanente Wasserfassungen wurden gebaut, seit der Mensch seßhaft geworden war. Sie sollten einen sicheren, festen Zugang zum Wasser (Quelle, Teich, See oder Fluß) ermöglichen und gleichzeitig das Schöpfen des Wassers erleichtern. Befestigte Wasserentnahmestellen an Flüssen und Seen werden profaner Art gewesen sein. Dagegen wird das Sprudeln einer Quelle in sonst trockener oder wasserarmer Umgebung sicher als Wunder, als Geheimnis, als göttlichen (da unerklärlichen) Ursprungs angesehen worden sein. Aus allen Kulturen und aus allen Ländern wird daher immer wieder von Quell-Heiligtümern berichtet, und Quellnymphen spielen in allen Mythologien eine Rolle.

Ein hervorragendes Beispiel für ein derartiges Heiligtum ist die hethitische Quellfassung Eflatun Pinari in Anatolien aus der Mitte des 2. Jahrtausends v. Chr. Hier wird eine starke Quelle durch einen kleinen Staudamm zu einem Teich von etwa 30 m × 35 m Fläche aufgestaut. An seinem Norduter erhebt sich ein 7 m breiter Quaderbau, dessen Fassade mit Reliefs geschmückt ist (Abb. 7). Oben ist eine die ganze Breite der Wand einnehmende geflügelte Sonnenscheibe erkennbar, deren Enden jeweils von zwei übereinander stehenden Mischwesen getragen werden. Unterhalb der großen Flügelsonne liegen zwei kleinere geflügelte Sonnenscheiben, gestützt von sechs Mischwesen, die ebenfalls je zu zweien übereinan-

7: Hethitisches Quellheiligtum Eflatun Pinari in Anatolien, um 1500 v. Chr.

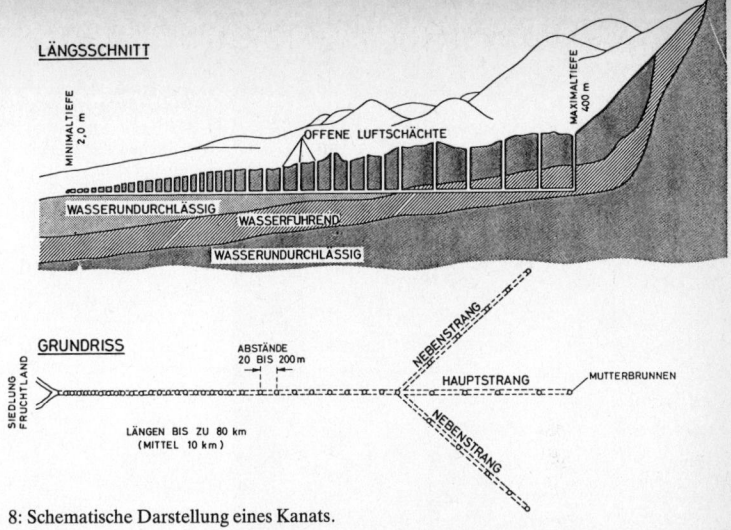

LÄNGSSCHNITT

MINIMALTIEFE 2,0 m

MAXIMALTIEFE 400 m

OFFENE LUFTSCHÄCHTE

WASSERUNDURCHLÄSSIG

WASSERFÜHREND

WASSERUNDURCHLÄSSIG

GRUNDRISS

SIEDLUNG FRUCHTLAND

ABSTÄNDE 20 BIS 200 m

NEBENSTRANG

HAUPTSTRANG

MUTTERBRUNNEN

NEBENSTRANG

LÄNGEN BIS ZU 80 km (MITTEL 10 km)

8: Schematische Darstellung eines Kanats.

der stehen. Die kleinen Flügelsonnen ruhen auf den Köpfen von zwei sitzenden Gottheiten: links ein Gott mit Spitzmütze und rechts eine Göttin mit der scheibenförmigen, sogenannten Hathorfrisur. Wahrscheinlich sind hier ein Berggott und eine Quellgöttin dargestellt, der Gott die Erde symbolisierend, die Göttin das Wasser. Auf der Fassade sind damit die drei Grundelemente der die Fruchtbarkeit spendenden Natur abgebildet: Erde, Wasser und Sonne.

In den höher gelegenen, ariden (trockenen) und halbariden Gebieten des Nahen und Mittleren Ostens standen größere Flüsse, wie beispielsweise in Ägypten, in Mesopotamien oder im Indus-Tal, zur Deckung des Bedarfs an Trink-, Brauch- und Bewässerungswasser nicht zur Verfügung. Eine über das ganze Jahr gesicherte Wasserversorgung war nur aus dem Grundwasserpotential heraus möglich. Um den mühsamen und in der Leistung begrenzten Prozeß der vertikalen Wasserförderung aus Brunnen zu umgehen, ist hier um 1000 v. Chr. eine Methode entwickelt worden, die das Grundwasser im freien Gefälle mittels leicht geneigter Wassersammelgalerien verfügbar macht. Diese Wassertunnel werden auf arabisch Kanat, Quanat oder Ghanat bzw. Käris, Keriz oder Karez auf persisch genannt.

Kanate bestehen grundsätzlich aus einem Wassersammelstollen, unter Umständen mit Nebensträngen, der von einer wasserführenden Schicht im Untergrund ausgeht und im leichten Gefälle zum Ort des Bedarfs führt (Abb. 8). Für den Bau, und später für die Unterhaltung, werden vertikale

45

9: Luftaufnahme der Schachtöffnungen eines Kanats bei Isfahan (Iran). Die Kette der Erdhügel um die Vertikalschächte zeigt den unterirdischen Verlauf der Sammelgalerie.

Schächte abgeteuft, deren Abstände bei geringer Überdeckung 20 m betragen, bei größerer Tiefe jedoch Werte bis zu 200 m erreichen (Abb. 9).

Für den Bau der Kanate wird zunächst der obere Schacht, der Mutterbrunnen, bis in die wasserführende Schicht getrieben und deren Ergiebigkeit durch einen Schöpfversuch bestimmt. Nach der oberirdischen Festlegung der Trasse zwischen dem Mutterbrunnen und der Siedlung erfolgt dann der Vortrieb vom unteren Ende her, jeweils von der Sohle der vertikalen Schächte aus. Die Sammelstollen sind 50 bis 80 cm breit und 90 bis 150 cm hoch. Die Gefälle liegen in der Größenordnung von 20 bis 50 cm auf 1 km, die Längen betragen zwischen 1 und 50 km. Als größte Länge werden 80 km genannt. Die vertikalen Arbeitsschächte (rund, oval oder quadratisch) sind im Mittel 20 bis 50 m, selten mehr als 150 m tief. Die größte Tiefe eines Kanats in der iranischen Provinz Khorasan soll bei 400 m liegen.

Der Bau erfolgt durch Arbeitstrupps von drei bis vier Mann, die nur mit den einfachsten Geräten ausgerüstet sind: Haspelrad, Seil, kurzstielige Spaten oder Hacken, Ledersäcke, Lampen mit Öl oder Fett, Wasserwaage und Lot. Die Vortriebsgeschwindigkeit hängt von der Zahl der eingesetzten Arbeiter und von der Tiefe des Kanats ab. Vier Arbeiter vermögen in 20 m Tiefe einen Fortschritt von 4 m je Tag zu erreichen, bei 40 m Tiefe nur noch 2 m je Tag. Ein 20 km langer Kanat mit mittlerer Tiefe erfordert also fast 30 Jahre Bauzeit, wenn nur ein Arbeitstrupp tätig ist.

Die Planung und der Bau der Kanate erfordert subtile Kenntnisse über die geologische Struktur und das Verhalten des Wassers im Untergrund sowie hohes bergmännisches und vermessungstechnisches Können. Die Arbeit ist mühsam und darüber hinaus außerordentlich gefahrvoll. Einstürze und Wassereinbrüche haben immer wieder Opfer gefordert, und nicht umsonst bezeichnen die iranischen Baumeister ihre Kanate zuweilen als ‹Mörder›.

Allein im Iran haben in geschichtlicher Zeit zwischen 40 000 und 50 000 Kanate gleichzeitig bestanden mit einer Gesamtlänge, die die Entfernung zwischen der Erde und dem Mond übertrifft (Kuros, 1982). Heute dürften davon noch 20 000 bis 25 000 in Betrieb sein. Bei einer geschätzten mittleren Leistung von 25 Liter pro Sekunde (l/s) vermögen 40 000 Kanate eine Wassermenge von rund 1000 m^3/s für die Nutzung verfügbar zu machen. Diese jährliche Jahreswasserfracht von 31 Mrd. m^3 entspricht der Gesamtwasserführung des Euphrats vor seinem Eintritt in die Ebene des Zweistromlands und übertrifft die mittlere Wasserführung der Elbe um rund 50 %.

Die zivilisatorische Leistung des Kanatbaus kann gar nicht hoch genug bewertet werden. Hier haben einfache Bauern und Handwerker ohne technische oder wissenschaftliche Vorbildung, jedoch mit viel Einfühlungsvermögen in natürliche hydrologische und hydraulische Zusammenhänge, mit hohem handwerklichen Können und nicht zuletzt durch opferbereiten Einsatz Anlagen geschaffen, die in ihrer genialen Einfachheit ein riesiges, zunächst nicht verfügbares Wasserpotential für die Nutzung erschlossen. Sie schufen damit die Grundlage für die Entwicklung der Zivilisationen und der großen Reiche in den Hochländern des Nahen und des Mittleren Ostens.

Der Ursprung der Kanate ist unbekannt. Als ältester schriftlicher Hinweis gilt eine Tontafel, auf der ein Feldzug Sargons II. (722–705 v. Chr.) gegen die Urartäer beschrieben ist. Berichtet wird über die Zerstörung der Stadt Ulhu am Urmia-See, deren Bewässerungssysteme mit Wasser aus Kanaten versorgt wurden. Die Kanate sind also mindestens 3000 Jahre alt, und die Vermutung liegt nahe, daß sie erstmals von den bergbauerfahrenen Urartäern gebaut wurden. Sanherib (705–681 v. Chr.), der Sohn Sargons, übernahm dieses Prinzip der Wasserbeschaffung und ließ Kanate zur Wasserversorgung von Ninive und Arbela anlegen. Aus etwa der gleichen Zeit ist überliefert, daß die Stadt Ecbatana, heute Hamadan, Nord-Iran, bei einer Belagerung im Jahr 626 v. Chr. durch die Zerstörung ihrer Kanate zur Übergabe gezwungen wurde.

Vom östlichen Kleinasien und von Persien aus breiteten sich die Kanate um 500 v. Chr. nach Nord-Indien im Osten und nach Mesopotamien, Arabien und Ägypten im Süden aus. Durch die Araber wurde das Kanatprinzip dann über Nordafrika in Sizilien und Spanien eingeführt. Kreuzfahrer brachten es im 12./13. Jahrhundert aus dem Nahen Osten nach Mitteleuropa, und mit den spanischen Eroberern erreichten die Kanate schließlich Mittel- und Südamerika.

Vertikale Wasserförderung

Vor der Entwicklung von mechanischen Einrichtungen zur vertikalen Wasserförderung wurde Wasser von Menschen mit Hilfe von Kürbisflaschen, Eimern, Krügen oder anderen geeigneten Gefäßen aus Quellen, Flüssen, Teichen oder Brunnen auf die Ebene des Bedarfs gehoben (Abb. 10). Aus dem 3. Jahrtausend v. Chr. sind dann bereits eine ganze Reihe von Vorrichtungen bekannt, die das mühsame Heben erleichterten. Der Fortschritt gegenüber der einfachen manuellen Förderung bestand dabei in einer Erhöhung des Wirkungsgrads der Förderung und seit dem

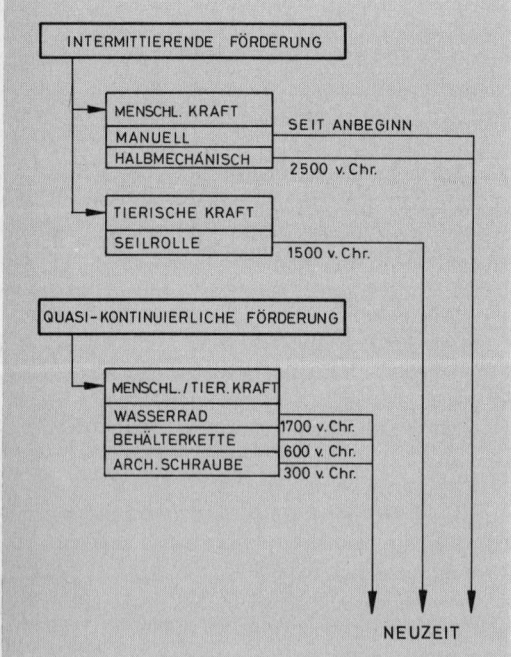

10: Entwicklung der Methoden zum Anheben des Wassers auf die Ebene des Bedarfs.

11: Älteste Darstellung eines Shadoufs auf einem sargonidischen Rollsiegel, um 2500 v. Chr.

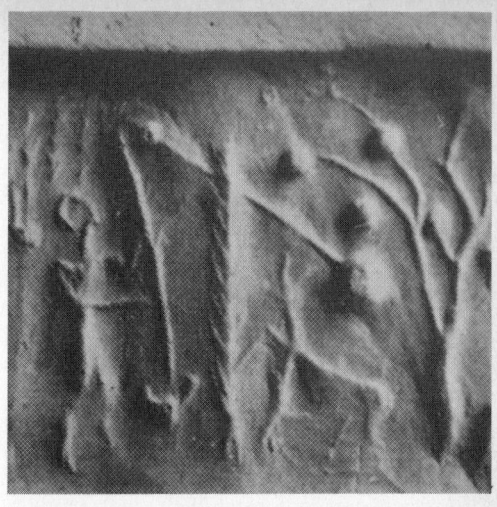

12: Assyrisches Relief aus Ninive mit der Darstellung eines Shadoufs, um 695 v. Chr.

2. Jahrtausend v. Chr. in einem Ersatz der Menschenkraft durch tierische Kraft. Viele der nacheinander und in verschiedenen Kulturbereichen teilweise parallel zueinander entwickelten Einrichtungen sind unverändert noch heute in Gebrauch.

Das ursprüngliche manuelle Schöpfen von Wasser mittels einzelner Gefäße war ein diskontinuierlicher Vorgang mit geringem Wirkungsgrad. Die Hubhöhe und die Fördermenge waren begrenzt durch die Leistungsfähigkeit des einzelnen Menschen. Eine erste Verbesserung wurde durch die Anwendung des Hebelprinzips erreicht. Da das Gewicht der zu hebenden Wassermenge an einem Hebelarm teilweise durch ein Gegengewicht am anderen Hebelarm ausgeglichen wurde, war durch die Verwendung größerer Gefäße eine erhebliche Steigerung der Förderleistung erreichbar. Die nach wie vor begrenzte Förderhöhe konnte durch das Hintereinanderschalten mehrerer derartiger Anlagen gesteigert werden. Diese halbmechanische Hebeeinrichtung, der Shadouf, wurde erstmals um 2500 v. Chr. auf einem sargonischen Rollsiegel dargestellt (Abb. 11). Der Shadouf (Abb. 12) ist in seiner historischen Form auch heute noch in vielen Bewässerungsgebieten der Dritten Welt anzutreffen (Abb. 13).

Ein weiterer Fortschritt wurde erzielt, als die Erfindung der Seilrolle es ermöglichte, Tiere (Ochsen, Esel, Kamele) mit ihrer erheblich höheren Zugkraft für die vertikale Wasserförderung einzusetzen. Wenn auch das Heben von Wasser nach wie vor diskontinuierlich erfolgte, so konnten durch die Steigerung der verfügbaren Arbeitskraft doch größere Hubhöhen erreicht und größere Gefäße verwendet werden.

Diese drei ältesten Verfahren zur Wasserförderung auf ein höheres Niveau, die manuelle Hebung, der Shadouf und die Nutzung tierischer Kraft über Seilrollen, sind in Südamerika, Afrika, dem Mittleren Osten und Asien auch heute noch weit verbreitet. In Form des Ziehbrunnens war der Shadouf auch in den ländlichen Gebieten Europas bis ins 20. Jahrhundert hinein in Gebrauch.

Ein Nachteil dieser Art der Hebung war die stoßweise, intermittierende Förderung, die durch die Hin- und Herbewegung der Einzelgefäße bedingt ist. Eine weitere Verbesserung wurde durch die Einführung der Drehbewegung in den Förderprozeß erzielt, die die Wasserhebung quasikontinuierlich machte. Die älteste Erwähnung derartiger Wasserräder findet sich in der Gesetzessammlung des semitischen Königs Hammurabi (1728–1686 v. Chr.), in der § 259 bestimmt: «Wer ein Wasserrad von einem Feld stiehlt, soll 5 Shekel Geld an dessen Besitzer zahlen» (nach Winckler, 1906, S. 37). Über die Abmessungen und den Antrieb dieser Räder fehlen Angaben. Hinweise enthält jedoch eine mesopotamische Tontafel aus dem Jahre 1200 v. Chr., auf der ein Mann angewiesen wird, für ein siebzehnstufiges, 6 m großes Tretrad Ersatz zu leisten, das er geliehen und nicht zurückgegeben hatte.

13: Hebung von
Bewässerungswasser
mit einem Shadouf.

14: Wasserhebung
mittels archimedischer
Schrauben.

Nahe liegt auch der Gedanke, ein Einzelgefäß am Ende eines Seils durch eine Folge von Gefäßen an einem in sich geschlossenen Seil zu ersetzen (Eimerkette), das über eine vergrößerte Seilrolle, bzw. ein Wasserrad, läuft. Die legendären ‹Hängenden Gärten der Semiramis› sind nach griechischen Quellen von König Nebukadnezar II. (604–562 v. Chr.) für seine medische Gattin Nitokris erbaut worden. Der römische Historiker Diodorus Siculus (1. Jahrhundert v. Chr.) erwähnt im Zusammenhang damit einen Kanal vom Euphrat, der bis zur obersten Gartenterrasse Durchleitungen und Vorrichtungen zum Wasserschöpfen hatte. Der griechische Historiker und Geograph Strabon (um 63 v. Chr. – um 20 n. Chr.) schreibt über diese Anlage: «... neben der Treppe gibt es Wassermaschinen, mit Hilfe derer Personen, die ausdrücklich für diesen Zweck abgestellt sind, dauernd beschäftigt sind, Wasser vom Euphrat in den Garten zu heben» (Strabon, 16, 1, 5). Die örtlichen Bedingungen sprechen dafür, daß diese Einrichtungen Behälterketten an endlosen Seilen gewesen sind (Koldeway, 1925).

Durch die Drehung einer wendelförmigen Schraube in einem Rohr wird die Wasserförderung vollends kontinuierlich. Das Schraubenprinzip wurde von Archytas von Tarent in der 1. Hälfte des 4. Jahrhunderts v. Chr. erfunden. Ob die ‹archimedische Schraube›, wie die Nutzung des Wendelprinzips in der Wasserförderung genannt wird, tatsächlich auf Archimedes (um 285 – 212 v. Chr.) zurückgeht oder ob sie schon früher verwendet wurde, ist nicht bekannt. Die archimedische Schraube ist noch heute im Nahen Osten, insbesondere in Ägypten, weit verbreitet (Abb. 14).

Horizontale Wasserförderung

Die älteste Form der horizontalen Wasserförderung vom Ort des Vorkommens (Quellen, Brunnen, Flüsse) zum Ort des Verbrauchs (Siedlungen) war der Transport in Behältern durch Menschen oder Tiere. In weiten Teilen der Welt ist das Tragen auch heute noch eine verbreitete Art des horizontalen Wasserausgleichs (Abb. 15).

Im 3. Jahrtausend v. Chr. war der für die Bewässerung und Stadtwasserversorgungen erforderliche Transport größerer Wassermengen durch Menschen- und Tierkraft nicht mehr zu bewältigen. Es mußten permanente Leitungen für eine kontinuierliche Versorgung über große Entfernungen angelegt werden. Die Zuleitung aus dem natürlichen Wasserdargebot der Umgebung erfolgte dabei durch Rohre oder durch gemauerte Kanäle im Freispiegelabfluß.

15: Wassertransport in Schöpfgefäßen in Mazabuka (Sambia).

Innerhalb der Städte wurde das Trink- und Brauchwasser seit den ältesten geschichtlichen Zeiten in der Hauptsache durch Rohre verteilt. Die Verwendung von Wasserleitungsrohren aus gebranntem Ton ist bekannt:
– im Euphrat-Tal (Habuba Kabira) seit etwa 3500 v. Chr.
– im Indus-Tal (Mohenjo Daro, Chandu Daro) seit etwa 2500 v. Chr.
– in Mesopotamien (Mari) seit etwa 2000 v. Chr.
– auf Kreta (Knossos) seit etwa 1700 v. Chr.

Die Rohre in den einzelnen Städten hatten dabei oft ‹Standard›-Abmessungen mit Innendurchmessern zwischen 10 und 20 cm, Längen zwischen 30 und 75 cm und Wandstärken zwischen 2 und 4 cm. Die ältesten offenen Schalen aus gebranntem Ton wurden, wie die ältesten Rohre, ebenfalls im Habuba Kabira gefunden.

Die ersten Metallrohre erschienen mit dem Beginn der Bronzezeit. Rund 400 m Kupferrohr aus dem Totentempel des Königs Sahure, 5. Dynastie, 2300 v. Chr., bei Abusir / Ägypten sind die ältesten Zeugnisse metallener Rohrleitungen, die wir besitzen. Diese Rohre mit einem lichten Durchmesser von 47 mm bestehen aus zusammengebogenen Kupferblechen mit einer Dicke von etwa 1,4 mm. Die Längsnähte, die offensichtlich noch nicht dicht und druckfest verlötet oder verschweißt werden konnten, waren lediglich überlappt. Zur Erzielung der notwendigen Druckfestigkeit und Dichtheit waren die Rohre in einem Kalkstein-Mantelrohr verlegt und sorgsam mit Mörtel vergossen. Bleirohre tauchen erstmals in griechischer Zeit auf, vor allem in den großen Städten an der Westküste Kleinasiens. Im Römischen Reich waren Bleirohre wegen der leichten Bearbeitbarkeit des Materials weit verbreitet.

Offene oder abgedeckte Steinkanäle, bestehend aus Back- und Natursteinmauerwerk, wurden in allen großen Städten des Altertums als Abwasserkanäle verwandt. In der Bewässerungswirtschaft wurden Erdkanäle jeglicher Größenordnung seit 3000 v. Chr. geplant, gebaut und unterhalten. Sie unterscheiden sich in ihren Formen und Abmessungen nur wenig von den heute verwendeten Kanälen.

Größere Kunstbauten wie Tunnel, Aquädukte und Unterführungen (Düker) zur Überwindung topographischer Hindernisse im Verlauf der großen Wasserzuleitungen sind vereinzelt erst aus den letzten Jahrhunderten der naturmythologischen Ära bekannt.

Wasserspeicherung

Eine Speicherung von Wasser ist erforderlich, wenn das natürliche Wasserpotential eines bestimmten Raums zeitweise nicht ausreicht, um den Wasserbedarf dieser Region zu decken. Derartige Wasserdefizite treten vor allem in ariden und halbariden Gebieten auf, in denen das Wasserdargebot im Jahresverlauf stark schwankt und zeitweise oft ganz versiegt.

Eine begrenzte Vorratshaltung kleiner Wassermengen in Gefäßen und Behältern ist aus allen frühen Kulturen bekannt. Auch der Ursprung von Zisternen liegt weit zurück in vorgeschichtlicher Zeit. Zisternen sind Kleinspeicher, die in der Regel im Siedlungsgebiet selbst innerhalb der Stadtmauern aus dem Grundfelsen herausgearbeitet wurden, um von den Dächern und Plätzen der Stadt abfließendes Niederschlagswasser zu sammeln. Besondere Bedeutung kam den Zisternen im Falle von Belagerungen zu, wenn die Wasserversorgung von außen her abgeschnitten war. Ihr Querschnitt war im allgemeinen birnenförmig mit engem kreisförmigen oder rechteckigen Mundloch und sich nach unten erweiterndem Speicherraum, der im allgemeinen zwischen 10 und 150 m^3 groß war. Die Zisternen vermochten in ihrer Eigenschaft als Zwischenspeicher und ‹Puffer› zwischen Bedarf und Dargebot und als Rückhalt in Notzeiten einen bedeutenden Beitrag zur Sicherung der Wasserversorgung der Städte zu leisten.

Name	ungefähre Zeit des Baus	Höhe (m)	Länge (m)
Jawa, Jordanien	3200 v. Chr.	5,5	?
Sadd-el-Kafara, Ägypten	2600 v. Chr.	14	113
Marduk (Nimrud), Meso-potamien	2500 v. Chr.	12	3200
Möris-See, Ägypten	1800 v. Chr.	?	?
Karakuyu, Hethiterreich	1500/1300 v. Chr.	5	200
Quatinah, Syrien	1300 v. Chr.	6	850
Sadd-el-Arim, Jemen	750 v. Chr.	14	580
Urartäische Sperren	700 v. Chr.	6	30 bis 200

Tabelle 1: Talsperren aus der Zeit vor 600 v. Chr.

Für einen jahreszeitlichen Ausgleich des unter ariden oder halbariden Bedingungen stark schwankenden Wasserdargebots reichten Zisternen jedoch nicht mehr aus, als die Einwohnerzahlen der Städte immer größer wurden und als auch der Bewässerungsbedarf immer mehr zunahm. Da natürliche große Speicherräume, wie Seen und Teiche nur in den seltensten Fällen vorhanden waren, mußten sie durch die Errichtung von Sperrbauwerken quer über Flußtäler hinweg geschaffen werden. Staumauern und Staudämme sind durch ihre Dimensionen, und auch rein vom Arbeitsumfang her, bis heute Spitzenleistungen der Technik, und wie die Geschichte der Technik allgemein, ist auch die Geschichte des Talsperrenbaus ein Stück Kulturgeschichte.

Aus dem Zeitalter der Naturmythologie sind eine Reihe von Sperren noch ganz oder teilweise erhalten, über andere wird in älteren Überlieferungen, in Schriften oder Tontafeln, berichtet. Die ältesten bekannten Talsperren aus der Zeit vor 600 v. Chr. sind in Tabelle 1 zusammengestellt.

Wassermessung

Unter *Wassermessung* wird im allgemeinen die Bestimmung der in der Zeiteinheit abfließenden Wassermenge verstanden. Derartige Messungen sind in naturmythologischer Zeit nicht ausgeführt worden. Dagegen ist, unter Umkehrung des Begriffs ‹Wassermessung›, schon sehr früh aus einem Gefäß ausfließendes Wasser zur *Zeitmessung* verwendet worden.

Mit der Entwicklung der Technik, des Handwerks und der Wissenschaft entstand die Notwendigkeit einer quantitativen Beschreibung der Natur. Zu bestimmen (d. h. zu messen) waren Längen, Kräfte bzw. Gewichte und Zeiten. Schwierigkeiten bei der Festlegung von Längen und

16: Ägyptische Wasseruhr (Auslaufgefäß) aus dem 14. Jahrhundert v. Chr.

Gewichten gab es dabei nicht. Die gebräuchlichen Längeneinheiten richteten sich an den Maßen des menschlichen Körpers aus, z. B. an der Fingerlänge, der Handbreite und der Elle, und die Gewichte waren auf der Grundeinheit des Getreidekorns, 180 Korn = 1 Sekel, aufgebaut. In bezug auf die Zeit war jedoch die kleinste natürliche Zeiteinheit, der Tag, zu lang für die Beschreibung der im täglichen Leben auftretenden Zeitabläufe. Die künstliche Teilung des Tages in kleinere Einheiten, z. B. in Stunden, ist historisch zuerst in Ägypten nachweisbar, und zwar wurde der Sonnentag in 12 gleiche Abschnitte geteilt.

Die Messung eines derartigen *Zeitraums* ist vergleichsweise einfach, da er zu dem immer gleichen Ablauf astronomischer oder mechanischer Vorgänge in Bezug gesetzt werden kann. Wesentlich schwieriger ist dagegen die kontinuierliche Messung gleicher Zeitabstände, d. h. die Bestimmung des *Zeitablaufs*. Zu diesem Zweck sind vor der Erfindung der mechanischen Uhr im 13. Jahrhundert n. Chr. Sonnenuhren und vor allem tageszeit- und wetterunabhängige Wasseruhren benutzt worden. Der Versuch einer kontinuierlichen Zeitbestimmung durch auslaufende Gefäße war deswegen schwierig, weil sich die Wasserstände im Gefäß nicht linear mit

56

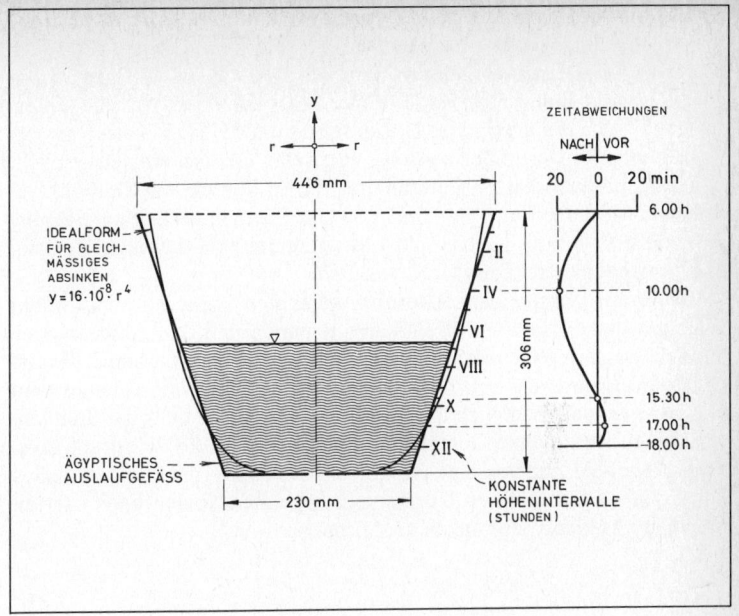

17: Abweichungen der ägyptischen Wasseruhr von der Idealform.

dem Zeitfortschritt ändern. Die Unterteilung der Entleerungszeit in konstante Intervalle, beispielsweise Stunden, war infolge fehlender Vergleichsmaßstäbe ein schwieriges Unternehmen, da im Altertum nicht bekannt war, wie Ausflußgeschwindigkeit und Ausflußmenge sich mit der Druckhöhe ändern.

Der Ursprung der Wasseruhr verliert sich in vorgeschichtlicher Zeit. Schriftlich erwähnt ist der Gebrauch einfacher Wasseruhren in Mesopotamien und Ägypten seit etwa 2000 v. Chr. Aus dem 16. Jahrhundert v. Chr. ist eine ägyptische Grabinschrift bekannt, die die Anweisung zum Bau einer bereits relativ fortgeschrittenen Wasseruhr enthält, bei der eine angenäherte Linearität zwischen dem Absinken des Wasserspiegels in einem konischen Gefäß und der ablaufenden Zeit besteht.

Die älteste weitgehend intakte Wasseruhr, die eine derartige Linearität annähernd erreicht, ist ein in Karnak (Luxor, Oberägypten) gefundenes konisches Auslaufgefäß aus der Zeit um 1400 v. Chr. (Abb. 16). Unter Berücksichtigung der Tatsache, daß vor mehr als 3000 Jahren eine hydraulische Berechnung des Abflusses nicht möglich war und daß unabhängige Methoden der Zeitmessung für eine Eichung nicht existiert haben, ist die Annäherung des Gefäßes an die Idealform als außerordentlich gut zu bezeichnen (Abb. 17). Wenn die geometrischen Unterschiede auch nur gering sind, so ergeben sich akkumulierend bei der Ablesung an den gleichen Höhenintervallen im Lauf des Tages doch beträchtliche Unterschiede. Wenn die ägyptische Uhr morgens um 6 Uhr in Betrieb gesetzt wurde, ging sie wegen der zunächst zu großen Querschnittsfläche nach, und zwar bis maximal 20 Minuten um 10 Uhr. Von diesem Zeitpunkt an holte sie wieder auf und gab um 15.30 Uhr die richtige Zeit an. Sie ging anschließend vor, bis zu maximal 4 Minuten um 17 Uhr, und zeigte dann 18 Uhr wieder korrekt an (McNown, 1976).

Die Größe der aus dem Altertum bekannten Wasseruhren schwankt zwischen den Ausmaßen öffentlicher Brunnen und den Abmessungen kleiner, tragbarer Gefäße. Derartige Uhren, für Jahrtausende das am meisten verwendete Gerät zur Bestimmung der Zeit, werden heute nicht mehr verwendet. Lediglich die Eieruhr in der Küche oder das Stundenglas des Todes auf alten Gemälden erinnern noch an die Wasseruhr. Ausdrücke wie ‹die Zeit verrinnt›, ‹im Strom der Zeit›, ‹die Stunden fließen dahin› haben jedoch ihren Ursprung in einer Zeit, in der die Wasseruhr noch der allgemein gebräuchliche Zeitmesser war.

5. Bewässerung und Hochwasserschutz im Nahen Osten

Allgemeines

Die im 6./5. Jahrtausend v. Chr. klimatisch bedingte Einschränkung des Lebensraums auf Gebiete mit einem ausreichenden natürlichen Wasserdargebot erzwang im Nahen Osten den allmählichen Übergang von einer weiträumig schweifenden Lebensweise zu permanenter Siedlung und Landbewirtschaftung. Die dafür notwendigen weitflächigen Meliorationen der bis dahin verwilderten und versumpften Flußebenen durch Hochwasserschutz, Bewässerung und Entwässerung waren nur durch gemeinschaftliche Anstrengungen im Verband großmaßstäblicher Zusammenschlüsse möglich. Straffe Organisation und strenge Disziplin als Voraussetzung der weiträumigen Sicherung der Siedlungen und der Bewässerungsflächen waren dabei maßgebende Grundlagen nicht nur für das Entstehen, sondern auch für den jahrtausendelangen Bestand der alten Staaten in den Tälern des Euphrat–Tigris, des Nil, des Indus im Nahen Osten, des Hwangho und des Jangtsekiang in China (Wittfogel, 1962).

In die beiden Hochkulturen in Mesopotamien und Ägypten (Abb. 18)

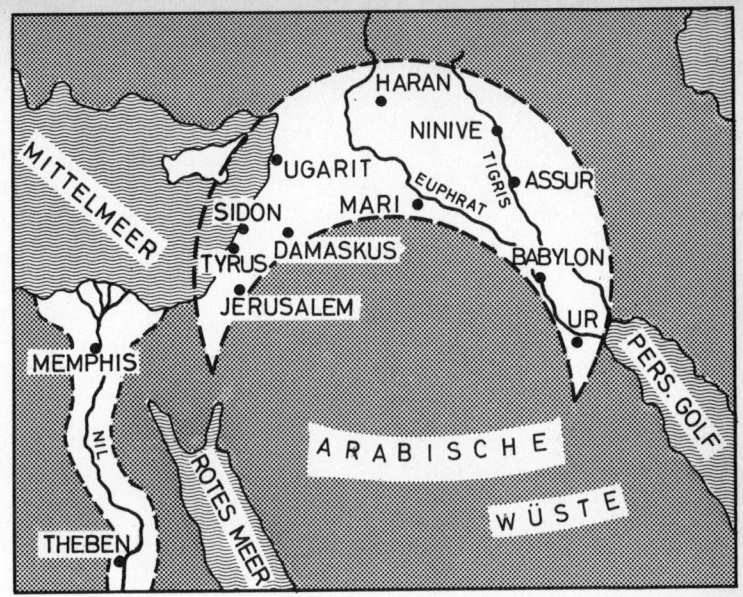

18: Der ‹Fruchtbare Halbmond› und Ägypten. Die großen Zivilisationszentren der Welt um 2000 v. Chr.

reichen viele Wurzeln unserer abendländischen Kultur zurück. Die wasserwirtschaftlichen Verhältnisse in Ägypten waren bestimmt durch die Überflutungen während der regelmäßigen Nilhochwasser. Die hydrologischen Voraussetzungen (Wasserstände, Wassermengen, Schwebstoffe), die agronomischen Gegebenheiten (Überflutung, Beckenbewässerung) und die topographischen Bedingungen (Längs- und Quergefälle des Tals) waren günstig und bewirkten, daß das Niltal über Jahrtausende hinweg bis in unsere Zeit seine Fruchtbarkeit behielt. Die Gegebenheiten im Zweistromland waren dagegen ungleich schwieriger. Das ‹Land zwischen den Flüssen› war vor der Besiedlung eine weite, baumlose Alluvialebene mit stagnierenden Tümpeln und ausgedehnten Sümpfen. Die Hochwasser im April, Mai und Juni kamen zu spät für Sommerfrüchte und zu früh für Winterfrüchte, so daß eine Beckenbewässerung unter Ausnutzung der natürlichen Überschwemmung, wie in Ägypten, nicht möglich war. Bewässert werden konnte nur durch Wasserableitung mittels Kanäle zu Zeiten des landwirtschaftlichen Bedarfs. Das ermöglichte zwar die Einbringung von zwei Ernten im Jahr, erforderte jedoch, neben ausgedehnten Hochwasserschutzmaßnahmen, einen wesentlich größeren Aufwand für den Bau und die Unterhaltung der Bewässerungsanlagen.

59

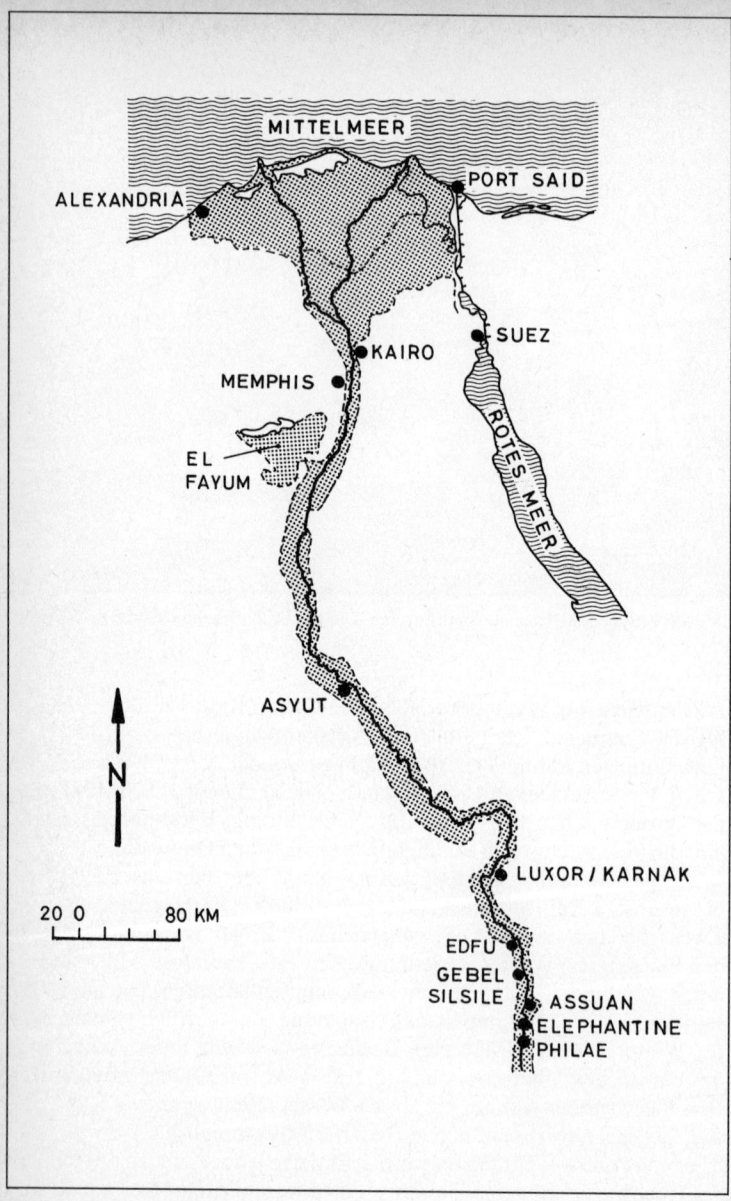

19: Ägypten, Land des Nils.

Wasserwirtschaft in Ägypten

Das klassische Beispiel für die gegenseitige Bezogenheit von Mensch und Wasser ist Ägypten, denn wie in keinem anderen Land ist hier das gesamte Leben vom Verhalten eines einzigen Flusses bestimmt, der nicht umsonst den Namen ‹Vater› Nil trägt. Ägypten, wie weit sich sein Staatsgebiet im Verlauf seiner Geschichte auch erstreckt hat, war an sich immer nur das eigentliche Niltal und das Delta, in denen praktisch die gesamte Bevölkerung lebte. Nur hier war genügend Wasser vorhanden, um eine ertragreiche Landwirtschaft zu betreiben, nur hier war das Leben für eine größere Bevölkerungszahl zu sichern (Abb. 19).

Das ägyptische Staatsgebiet umfaßt heute mit rund 1 Mio. km² die vierfache Fläche der Bundesrepublik Deutschland. Davon sind nur etwa 3,5 % oder 35000 km² Kulturland, der Rest ist Wüste. Auf diesen 3,5 % der Fläche drängen sich rund 98 % der Bevölkerung. Wenn von den kleineren Oasen westlich des Flusses abgesehen wird, dann verteilt sich die landwirtschaftliche Nutzfläche zu etwa ⁶/₁₀ auf das Delta, ³/₁₀ auf das Niltal und ¹/₁₀ auf das Fayum und das Gebiet um den Suezkanal.

20: Hapi, Gott des Nils. Verkörperung des Genius, d. h. der dem Nil innewohnenden Kräfte.

Das Verhältnis der Ägypter zum Nil hatte immer zwei Aspekte, einen mythischen und einen pragmatischen. Der Fluß war einerseits vergöttlicht, wurde jedoch auf der anderen Seite praktisch durch wohldurchdachte und äußerst effektive bewässerungstechnische Maßnahmen unter den gegebenen Umständen optimal genutzt. Hapi, der Gott des Nils (Abb. 20), wurde dabei nicht konkret als vergöttlichter Flußlauf aufgefaßt, sondern vielmehr abstrakt als Genius des Stroms und als Personifikation der ihm innewohnenden Kräfte. Er wird oft als zweigeschlechtliche Gestalt dargestellt, bärtig und mit den hängenden Brüsten einer alten Amme, grün und blau wie seine Wasser, mit langen Haaren und der Tracht der Fischer in den Sümpfen des Deltas. Auf altägyptischen Reliefs erscheint er auch als schreitender Mann mit einer Lotos- oder Papyrusstaude auf dem Haupt und mit reichen Gaben in den Händen. In der griechisch-hellenistischen und der römischen Epoche wird der Nilgott sitzend oder am Boden lagernd abgebildet, mit Füllhorn und Schilfstengeln, gestützt auf ein Nilpferd oder eine Sphinx.

Die Nilflut (Abb. 21) beruht auf den sommerlichen Hochwassern der aus dem abessinischen Hochland kommenden Nebenflüsse Blauer Nil und Atbara. Ursache der Hochwasser sind die Monsun-Regen, die wegen des geringen Rückhalts im vegetationsarmen Bergland mit nur wenig Verzögerung und geringem Mengenverlust zum Abfluß kommen und sich dabei mit erodierten, vulkanischen Verwitterungsprodukten beladen. Die Abflußmengen des Weißen Nils sind dagegen infolge der ausgleichenden Wirkung der zentralafrikanischen Seen und der Sudd-Sümpfe im südlichen Sudan gleichmäßiger über das Jahr verteilt und führen kaum Schwebstoffe.

Der Beginn der jährlichen Nilflut, der Ägypten seine Fruchtbarkeit und seinen Wohlstand verdankt, war der wichtigste Tag im ägyptischen Kalender. Aus ihm ist in Unterägypten der Beginn des ägyptischen Jahres, der 19. Juli, abgeleitet worden. Die anlaufende Flutwelle war entlang des gesamten Nil-Laufes von Volksfesten und kultischen Zeremonien begleitet. Da die Höhen der jährlichen Überschwemmung und damit die Ernten durchaus unterschiedlich waren, wurden dem Nilgott Hapi in Unterägypten noch bis in die islamische Zeit hinein zur Beschwörung einer ausreichenden Überschwemmung der Felder reiche Opfer dargebracht.

Grundlage der Landwirtschaft war die Ausnutzung des jährlichen Nilhochwassers in den Monaten Juli – September durch Beckenbewässerung mit einer Ernte im Jahr. Das Wasser wurde bei Eintreten der Flut in vorbereitete Becken geleitet und überdeckte hier den Boden für 6–8 Wochen, je nach Abstand vom Fluß mit 0,50 bis 3,00 m Tiefe; der sich ablagernde Schlamm erhielt die Fruchtbarkeit. Das aus den Becken in das Flußbett zurücksickernde Wasser sorgte für eine jährliche Auswaschung des Bodens. Da eine Beckenbewässerung in der genannten Art die natür-

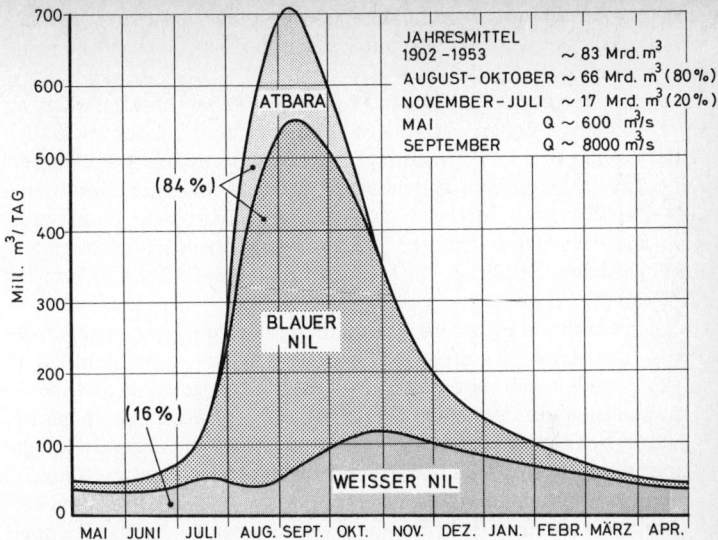

JAHRESMITTEL
1902 –1953   ~ 83 Mrd. m³
AUGUST– OKTOBER ~ 66 Mrd. m³ (80%)
NOVEMBER – JULI   ~ 17 Mrd. m³ (20%)
MAI   Q ~ 600 m³/s
SEPTEMBER   Q ~ 8000 m³/s

21: Jährliche Hochwasserwelle (Abflußganglinie) des Nils bei Assuan.

lichen Abflußverhältnisse nur wenig veränderte, blieb die hohe Ertragsfähigkeit des Bodens über Jahrtausende hinweg erhalten.

Die Vermessung der Felder, die Organisation von Aussaat und Ernte
sowie der Bau und die Unterhaltung einer Vielzahl von Deichen und Kanälen erforderten den Einsatz einer großen Zahl von Menschen unter
einem einheitlichen Befehl und eine Abstimmung der Arbeiten über
große Längen des Tals. Die dafür erforderliche zentralistische Organisation wurde in Ägypten durch das von einer starken Priesterschaft gestützte Königtum gewährleistet. Diese straffe organisatorische und auch
soziale Gliederung war Voraussetzung für das Gedeihen der Wasserwirtschaft und damit der Wirtschaft überhaupt. Längere Zeiten politischen
Niedergangs und schwacher Zentralmacht ohne Autorität waren in
Ägypten immer auch Zeiten wirtschaftlicher Not (Wolf, 1955).

Die Höhen der Wasserstände im Niltal während der Überschwemmung
hatten wirtschaftlich größte Bedeutung, da vom Wasserstand unmittelbar
die Größe der überfluteten bzw. bewässerten Flächen und damit der Ernteertrag abhing. Schwankungen des Höchststandes konnten zu Katastrophen führen, da zu hohe Wasserstände zu Deichbrüchen, Zerstörungen,
Überschwemmungen und Epidemien führten und zu tiefe Wasserstände
Fehlernten, Dürre und Hungersnot zur Folge hatten. Es ist daher ver-

63

ständlich, daß die jeweiligen Beherrscher Ägyptens versuchten, die Höhen der jährlichen Nilüberschwemmungen zuverlässig zu bestimmen und auch aufzuzeichnen (Bell, 1970).

Entlang des gesamten Nillaufs finden sich Wasserstandsmarken an Felsvorsprüngen oder an Bauwerken im Bereich der Flußufer sowie auch bezifferte und geeichte Skalen zur quantitativen Bestimmung der Wasserstände. Diese Meßeinrichtungen sind die ältesten erhaltenen hydrometrischen Einrichtungen in der Geschichte der Hydrologie (Borchardt, 1906). Die frühesten bekannten Aufzeichnungen von Hochwasserständen gehen auf die Zeit der I.–V. Dynastie (um 3100–2500 v. Chr.) zurück (Abb. 22).

Bei den einfachen Höhenmarken handelt es sich um Fixierungen in der Art ‹Bis hier ist der Nil gestiegen›, zwar bezogen auf den Zeitpunkt, d. h. auf den jeweils regierenden Pharao, jedoch ohne Relation zu anderen Hochwassermarken. Derartige Kennzeichnungen finden sich im gesamten Gebiet des ägyptischen Reichs zwischen Nubien und dem Delta. Die bekanntesten Wasserstandsmarken sind die Höhenangaben bei Semna im Bereich des zweiten Katarakts aus der Zeit von 1845–1780 v. Chr. (Vercoutter, 1966) und die Inschriften an der Kaimauer des Karnak-Tempels in Oberägypten bei Luxor (Abb. 23) aus der Zeit um 800 v. Chr.

22: Palermo-Steine, älteste Aufzeichnungen von Nilwasserständen aus der Zeit der 1.–5. Dynastie des Alten Ägyptischen Reiches. Die Platten sind nach ihrem Aufstellungsort, dem Museum von Palermo, benannt.

23: Hochwassermarke an der Kaimauer des Karnak-Tempels in Luxor, um 800 v. Chr.

24: Außenmauer des zum Satet-Tempel gehörigen Nilometers auf der Insel Elephantine bei Assuan. Rechts unten in der Mauer der zur Treppenflucht um 90° abgeknickte Zugang zum Nil.

25: Skalenleitern aus verschiedenen Perioden entlang der Treppenflucht des Satet-Nilometers (s. Abb. 24).

Geeichte Skalen, sogenannte Pegel, die genaue Messungen ermöglichten, wurden in Verbindung mit Tempeln gebaut. Dabei handelt es sich entweder um einfache Skalen an Außenwänden oder Kaimauern, oder um Skalenleitern entlang von Treppen in besonderen Pegelbauwerken, den sogenannten ‹Nilometern› (Bonneau, 1976). Neben den Treppen-Nilometern gibt es auch Brunnen- oder Beckenanlagen, z. B. bei Edfu und auf der Insel Elephantine. Derartige Einrichtungen sind wohl bereits mit der Erfindung der Schrift und mit dem Aufbau einer straffen Verwaltung entstanden, jedenfalls war bereits zur Zeit der 1. Dynastie im heliopolitischen Gau ein Nilmesser in Gebrauch. Die heute bekannten und vermessenen Anlagen in Kubosh und Taifa (Nubien) sowie in Philae, Elephantine, Gebel Silsile, Edfu und Luxor/Karnak (Oberägypten) wurden wahrscheinlich erst nach dem 5. Jahrhundert v. Chr. gebaut, gehen aber meist auf ältere Anlagen an gleicher Stelle zurück. So wird z. B. der zum Satet-Tempel gehörige Nilometer auf Elephantine auf Amenemhet III. (um 1800 v. Chr.) zurückgeführt. Dieser Treppen-Nilometer ist in eine 15 m hohe und 160 m lange Kaimauer eingebaut, wobei die Ableseskalen entlang von 95 Stufen angeordnet sind (Abb. 24, 25).

Im römischen Unterägypten galt nach Plinius (23–79 n. Chr.) für die Nilwasserstände (Borchardt, 1906):

12 Ellen = 6,30 m	:	Mangel
13 Ellen = 6,83 m	:	Hunger
14 Ellen = 7,35 m	:	Heiterkeit
15 Ellen = 7,88 m	:	Sicherheit
16 Ellen = 8,40 m	:	Jubel
18 Ellen = 9,45 m	:	Verwüstungen

In Oberägypten begann der Nil beim Überschreiten der 16. Ellenmarke des Becken-Nilometers (Chnum-Tempel) auf Elephantine bei Assuan (Jaritz/Bietak, 1977) das Durchschnittsniveau des Fruchtlandes zu überdecken, d. h., bei Erreichen dieser Marke bestand die Gefahr einer Hungersnot nicht mehr (es herrschte ‹eitel Freude›). Die Idealflut lag in diesem Bereich des Niltales zwischen der 21. und 22. Elle. Zwischen der notwendigen und der idealen Nilhöhe lagen also in Unterägypten nur 2 bis 3 Ellen, das sind rund 1,35 m, in Oberägypten 5 bis 6 Ellen, das entspricht knapp 3,00 m.

Hungersnöte konnten in Ägypten sowohl durch zu niedrige als auch durch zu hohe Nilfluten entstehen, da die ägyptische Landwirtschaft im allgemeinen auf eine mittlere Höhe der jährlichen Nilflut eingestellt war. Zwischen 1870 und 1910 wurden bei Assuan beobachtet (Schenkel, 1978):

            4 Fluten bis auf 91,5 m (Hungersnot)
            4 Fluten bis auf 92,0 m (schwierige Bewässerung)
            3 Fluten bis auf 92,5 m (geringe Schwierigkeiten)
           16 Fluten bis auf 93,0 m (ideale Bewässerung)
            9 Fluten bis auf 93,5 m (Überschwemmungsschäden)
            4 Fluten bis auf 94,0 m (Verwüstungen)

In rund der Hälfte der Jahre gab es also normale bis gute Ernten, in etwa jedem dritten Jahr war mit Schwierigkeiten und Schäden zu rechnen, und einmal in 5 Jahren traten Fehlernten durch zu niedrige bzw. zu hohe Nilwasserstände ein. Diese starken, nicht vorhersehbaren Schwankungen der jährlichen Nilschwelle (s. Abb. 21) machten eine Vorratswirtschaft

notwendig, d. h. einen Übertrag aus ‹fetten› Jahren mit normalen Hochwasserständen in ‹magere› Jahre mit Extremwasserständen. Die Bevorra-
tung von Getreide und der Bau von Speichern in der pharaonischen Zeit
ist in Wort und Bild vielfach überliefert.

Die Deckung des Wasserbedarfs einer Gesellschaft (Trink-, Brauch- und
Bewässerungswasser) aus dem natürlichen Wasserdargebot (s. Abb. 1) mit
seinen zeitlichen Schwankungen ist in Ägypten durch ein hervorragend
geplantes und diszipliniert eingehaltenes Wasserwirtschaftssystem mit
zweckmäßigen wasserbaulichen Maßnahmen über Jahrtausende hinweg
mustergültig gelungen. Bis in das 20. Jahrhundert hinein ist das Gleichgewicht des Wasser- und Bodenhaushalts im Niltal trotz der technischen
Eingriffe erhalten geblieben. Erst der Bau des neuen Assuan-Dammes hat
hier eine Reihe von Problemen aufgeworfen, deren Lösung wohl nur unter
größten Anstrengungen möglich sein wird (Garbrecht, 1984).

Wasserwirtschaft in Mesopotamien

Das historische ‹Zweistromland› umfaßt die großen Alluvial-Ebenen der
Flüsse Euphrat, Tigris und Karoun mit rund 80000 km² landwirtschaftlich
nutzbarer Fläche (Abb. 26). Infolge der Sand- und Schlammführung
dieser drei Flüsse von jährlich etwa 220 Mio. m³ hat sich das Delta in
geschichtlicher Zeit um rund 2,5 km je Jahrhundert in den Persischen
Golf vorgeschoben. Das alte Siedlungsgebiet der Sumerer, ursprünglich
im Mündungsgebiet des Euphrat–Tigris gelegen, ist heute Binnenland,
fast 200 km vom Meer entfernt.

Der Boden im Zweistromland ist äußerst fruchtbar. Der griechische
Historiker Herodot (um 490–um 424) schreibt:

«... Kein Land von allen, die wir kennen, ist so ergiebig an Korn wie dieses, während es im übrigen auf Fruchtbäume wie Feigenbäume, Ölbäume und Weinstöcke
gänzlich verzichten muß. Aber für die Frucht der Demeter ist es so gut geeignet,
daß es in der Regel bis zu zweihundert Körner liefert und, wenn es sich einmal
selber übertrifft, sogar bis zu dreihundert. Die Blätter des Weizen- und Gersten-
halmes werden dort leicht vier Finger breit. Welch baumhohe Stauden aus Hirse
und Sesam hier wachsen, ist mir wohl bekannt, aber ich schweige lieber davon;
weiß ich doch, daß Leuten, die nicht in Babylon gewesen sind, auch das schon sehr
unglaubwürdig vorkam, was ich von den Feldfrüchten erzählt habe. Öl haben sie
nur das, welches sie aus Sesam bereiten. Aber Palmbäume finden sich überall in
der Ebene; die meisten tragen Früchte, aus denen sie Speisen, Wein und Honig
bereiten ...» (Herodot, S. 101).

Ohne Bewässerung läßt sich in Mesopotamien nur im Nordosten des
Landes eine auskömmliche Landwirtschaft betreiben, da nur hier im Jahr
mehr als 400 mm Niederschlag fallen. Im größten Teil des Zweistromlandes stehen dagegen einem jährlichen Wasserbedarf z. B. des Getreides

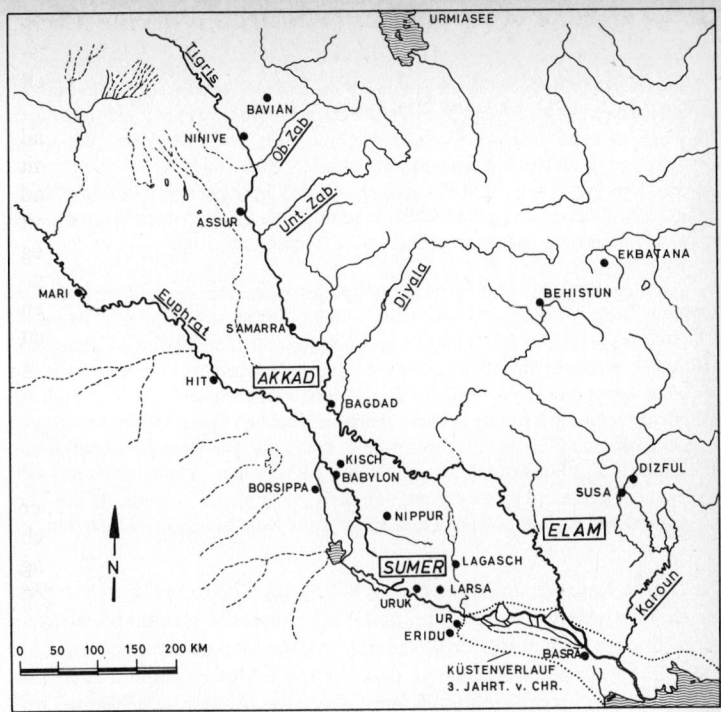

26: Mesopotamien, das Land der Ströme Euphrat und Tigris.

von rund 450 mm Niederschlagsmengen von nur 100 bis 200 mm gegenüber.

Eine Bewässerung der Felder konnte nicht, wie in Ägypten, unter Ausnutzung der jährlichen Hochwasser durch Überflutung und Füllung von vorbereiteten Becken erfolgen. Die aus den Schmelzwässern im armenischen Hochland stammenden Hochwasserabflüsse im Frühsommer traten agronomisch gesehen zur ‹falschen Zeit› auf. Das Bewässerungswasser mußte im Frühjahr und im Herbst durch Kanäle aus dem Euphrat und dem Tigris abgeleitet werden, wenn diese nur Mittelwasser oder Niedrigwasser führten, und während der Hochwasserzeit von April bis Juni waren die bestellten Felder gegen Überschwemmungen zu schützen. Bewässerung *und* Hochwasserschutz waren also die grundlegenden wasserwirtschaftlichen Voraussetzungen für die Besiedlung Mesopotamiens. Dazu kam die Entwässerung der Flächen, die unter den Wasserständen der Flüsse lagen.

69

Kennzeichnende Beschreibungen der hydrologischen Bedingungen im Zweistromland gaben bereits Herodot und Strabon:

«... Im Land der Assyrer regnet es nur wenig, und dies wenige reicht nur hin, um die Wurzel der Saat zu nähren, zum Wachstum aber und zur Reife kommt sie durch Bewässerung aus dem Fluß. Denn da der Fluß nicht, wie in Ägypten, die Äcker überschwemmt, muß man das Wasser mit Menschenhand und Hebewerken hinaufbringen. Das ganze Land um Babylon ist wie das ägyptische von Gräben durchschnitten, von denen der größte schiffbar ist und vom Euphrat nach Südosten läuft bis zu einem anderen Strom, dem Tigris ...» (Herodot, S. 101).

«... denn der Euphrat läuft im Anfang des Sommers über; er beginnt damit im Frühling, wenn der Schnee in Armenien schmilzt, so daß er nothwendig die Felder unter Wasser setzt und mit Schlamm bedeckt, wenn man nicht durch Gräben und Kanäle das aus dem Strom getretene und überfließende Wasser ableitet, wie das des Nil in Aegypten. Daher sind die Kanäle entstanden, die aber großer Nachhülfe bedürfen. Denn die Erde ist tief und weich, und schluckt gern Wasser ein, so daß sie leicht von den Fluthen weggeführt wird, die Felder des Grundes beraubt, und die Kanäle anfüllt, und durch den Schlamm ihre Mündungen leicht verstopft werden. So aber geschieht es wiederum, daß der Ueberfluß des Wassers auf die Ebenen an dem Meere läuft und Seen und Sümpfe und Rohr erzeugt ...» (Strabon, 16, 1, 9).

Die für die Landwirtschaft ungünstige Zeit des Auftretens der Hochwasser, ihre unberechenbare Höhe und Verteilung, die großen Mengen an mitgeführten Schwebstoffen sowie das außerordentlich geringe Talgefälle von 1 : 26000 hatten zur Folge, daß das Leben in Mesopotamien buchstäblich aus einem fortwährenden Kampf *gegen* das Wasser im Übermaß und *um* das Wasser für die Bewässerung bestand. Die Fluß-, Flut- und Meeresgötter waren hier mißgünstige und gefürchtete Mächte, die durch Gebete, Geschenke und Opfer gnädig zu stimmen waren, ganz im Gegensatz zu Ägypten, wo der Nilgott Hapi verehrt und gepriesen wurde.

Unter den gegebenen topographischen, klimatischen und hydrologischen Voraussetzungen des Zweistromlandes war eine dauernde Besiedlung und eine Sicherung der Ernährung nur nach der Anlage weiträumig ineinander verflochtener Systeme von Deichen, Kanälen, Wasserspeichern und Hebewerken möglich. Der Gedanke, daß die ersten Stadtstaaten der Sumerer um 3000 v. Chr. im Grunde Bewässerungseinheiten oder -provinzen waren und daß viele der damaligen Kriege Auseinandersetzungen über Bewässerungsrechte waren, liegt sicher nicht fern.

Unter dem Zwang der gegebenen Bedingungen trugen die frühen Bewässerungskulturen totalitäre Züge, da die Einfügung des einzelnen in die gesamte Wasser- und Landwirtschaft erzwingbar sein mußte (Wittfogel, 1962). Die Notwendigkeit straffer staatlicher Leitung wiederum führte zur Entwicklung einer leistungsfähigen und alles umfassenden Bürokratie. Staatliche Einrichtungen galten als von Göttern gesetzt, und alle Anordnungen ergingen in ihrem Namen. Der göttliche Staat war verkörpert in der Priesterschaft und im Herrscher. Der Palast und vor allem die Tempel waren die religiösen und politischen Mittelpunkte der Städte und Staaten, der Sitz der Verwaltung und der wirtschaftlichen Unternehmungen (Schmökel, 1955). In bezug auf die Land- und Wasserwirtschaft oblagen dabei den Priestern und ihren Organisationen:

– Planung und Bau der Kanäle und Deiche (Neubauten und
  Erweiterungen),
– Überwachung, Wartung und Reinigung aller hydrotechnischen
  Anlagen,
– Wasserverteilung und Kontrolle der Feldbestellung,
– Verwaltung des Grundbesitzes,
– Erfassung und Verteilung der Ernte,
– Vorratshaltung.

Während der Zeit von Sumer und Akkad, etwa 3000–2000 v. Chr., waren im südlichen Mesopotamien wahrscheinlich bereits rund 30 000 km² bewirtschaftet. Kurz nach 2000 v. Chr. übernahmen im Zweistromland

27: Oberteil der Gesetzesstele Hammurabis.
Der König vor dem thronenden Sonnengott.

Westsemiten die Herrschaft, zu deren größten Herrscherpersönlichkeiten Hammurabi (1728–1686 v. Chr.) gehörte, auf den der erste umfassende Gesetzeskodex der Geschichte zurückgeht (Schmökel, 1955). Die Gesetze Hammurabis sind auf einer 2,25 m hohen Dioritstele eingemeißelt, die 1902 in der elamitischen Hauptstadt Susa gefunden wurde und heute im Louvre in Paris steht. Auf dem oberen Teil der Stele steht Hammurabi vor dem thronenden Sonnengott (Abb. 27), und die den Gesetzestext einleitenden allgemeinen Formulierungen enden mit den Worten:

«Als Marduk mich, die Menschen zu leiten, dem Lande Heil zu bringen, entsandt hatte, da habe ich Recht und Gerechtigkeit im Lande hergestellt und das Wohlbefinden der Untertanen gefördert» (Schmökel, 1955, S. 85).

Wenn dieser Kodex auch eine Reihe von Vorgängern hatte, so führte doch die Systematisierung und Vervollständigung der bestehenden Stammesrechte zum größten und weitestgehenden Gesetzeswerk in keilschriftlicher Sprache überhaupt. Die Sammlung umfaßt ohne strenge Ordnung 282 Paragraphen aus dem bürgerlichen Recht, dem Strafrecht, dem Handelsrecht und enthält auch die ersten geschichtlichen Gesetze im Zusammenhang mit Bewässerung und Hochwasserschutz.

Die Assyrer, die von etwa 1400–600 v. Chr. das Land beherrschten, förderten die Bewässerungslandwirtschaft als Basis der Staatsmacht und der Heeresversorgung. Das der assyrischen Herrschaft folgende Jahrhundert der Chaldäer, 625–538 v. Chr., war dann die Zeit der Riesenkanäle für Schiffahrt und Bewässerung, der Stauwerke, der Speicher und der Flußumleitungen. Insgesamt waren in chaldäischer Zeit etwa 40 000 km^2 Land bewässert, mit Schwerpunkt im Raum Babylon – Bagdad – Diyala.

Während die Perser und Alexander der Große die Bedeutung der wasserwirtschaftlichen Anlagen für das Land erkannten und sie sorgsam pflegten, vernachlässigten die Seleukiden und Parther das Kanalsystem und verursachten dadurch einen wirtschaftlichen Niedergang. Es waren dann die Römer und die ihnen nachfolgenden Sassaniden, die Mesopotamien durch die Wiederherstellung und Pflege der Kanäle wieder zu einer der Kornkammern im Nahen Osten machten. Die Araber übernahmen im 7. Jahrhundert n. Chr. ein intaktes Be- und Entwässerungssystem und entwickelten es weiter zu höchster Leistungsfähigkeit.

Im Jahr 1256 wurden die wasserwirtschaftlichen Anlagen des Landes dann durch die von Norden einfallenden Mongolen so nachhaltig zerstört, daß bis in das 20. Jahrhundert hinein ein Wiederaufbau nicht versucht wurde. Die Bevölkerung ging von 25 Mio. Einwohnern um 1100 bis 1200 n. Chr. auf 1,5 Mio. im Jahr 1913 zurück. Mesopotamien wurde zum Armenhaus des Nahen Ostens (Garde, 1978).

Die großen Probleme der Bewässerungslandwirtschaft in Mesopotamien waren über die Jahrtausende hinweg bis heute die Verlandung der Kanäle und die Versalzung der Böden. Während die Verlandung durch fortwährende Unterhaltungs- und Reinigungsarbeiten unter Kontrolle gehalten werden konnte, besaßen die Völker Mesopotamiens keine Mittel gegen die Versalzung. In Ägypten erhielt die einmalige Beckenbewässerung mit dem Versickern des Wassers und der natürlichen Drainage zum Nil hin (Auswaschen des Bodens) die hohe Ertragsfähigkeit der Böden über 5000 Jahre intensiver Landwirtschaft hinweg. In Mesopotamien wurde dagegen das ganze Jahr hindurch bewässert. Das aus den Kanälen und Feldern laufend versickernde Wasser vermochte unter den gegebenen topographischen und bodenmäßigen Verhältnissen nicht in die Flüsse zurückzuströmen. Es kam zu einem Steigen des Grundwasserstandes und schließlich zu kapillarem Aufstieg von Wasser bis zur Bodenoberfläche. Die Verdunstung und die daraus resultierende Anreicherung von Salzen in der oberen Bodenkrume führten dann über längere Zeiträume hinweg zunächst zu einer Reduzierung der Ertragsfähigkeit und schließlich zu einer völligen Versalzung, die eine landwirtschaftliche Nutzung ausschloß.

Da im alten Mesopotamien die eigentlichen Ursachen der Versalzung nicht bekannt waren, wurde eine Auswaschung des Bodens durch leistungsfähige künstliche Drainagen nicht versucht. Versalzte Flächen wurden aufgegeben, und es setzte eine langsame Verlagerung der Hauptsiedlungsgebiete entlang der Flüsse nach Norden ein. Parallel dazu wurde Weizen durch die salztolerantere Gerste ersetzt. Um etwa 2000 v. Chr. wurde im Süden des Landes Weizen nicht mehr angebaut, während er im Norden noch relativ weit verbreitet war. Mit der Zeit wurde Weizen ein Luxusgut, während Gerste zum allgemeinen Nahrungsmittel für Mensch und Tier wurde. Folgende Zahlen über den Rückgang der Erträge sind überliefert (Kang, 1971):

2400 v. Chr.   1700 kg/ha
2100 v. Chr.   1000 kg/ha
1700 v. Chr.   700 kg/ha

Anbauverhältnis von Weizen und Gerste:
3500 v. Chr.   W/G = 1/1
2500 v. Chr.   W/G = 1/6
2100 v. Chr.   W/G = 1/50
1700 v. Chr.   nur noch Gerste

Vergleichsweise werden heute in den Entwicklungsländern im Durchschnitt 1700 kg/ha Getreide geerntet; für die Bundesrepublik Deutschland gilt: Weizen 4900 kg/ha, Gerste 4500 kg/ha.

Mesopotamien ist ein Beispiel dafür, wie die Veränderung eines natürlichen Wasserhaushalts durch die Einführung ganzjähriger Kanalbewässerung auf lange Sicht ein Ungleichgewicht in der Wasser- und Salzbilanz einer ganzen Region zur Folge haben kann, das zunächst zu einer Verminderung und schließlich zu einer Zerstörung des landwirtschaftlichen Bodenpotentials führt. Der Grundsatz ‹Bei fehlender natürlicher Drainage kein Bewässerungssystem ohne entsprechendes Entwässerungssystem› ist erst in jüngerer Zeit auf Grund bitterer Erfahrungen und wissenschaftlicher Forschungen über die Vorgänge im Komplex Boden – Wasser – Pflanze theoretisches, praktisch jedoch noch immer nicht genügend beachtetes Allgemeingut geworden. Im Irak werden heute große Anstrengungen unternommen, durch Einführung moderner landwirtschaftlicher Methoden und vor allem durch die Anlage ausgedehnter Entwässerungssysteme zunächst die Bodenzerstörung zu stoppen und schließlich die alte Ertragsfähigkeit wiederherzustellen.

6. Beispiele großer Wassernutzungsprojekte aus der Zeit vor 600 v. Chr.

Der Sadd-el-Kafara in Ägypten

1885 entdeckte der Afrikaforscher und Geograph Georg Schweinfurth (1836–1925) im Wadi Garawi am östlichen Nilufer bei Heluan, etwa 30 km südlich von Kairo (s. Abb. 32), die Reste einer antiken Talsperre:

«... hatten die alten Ägypter in einem Tale ... ein gemauertes Stauwerk zu dem Zwecke ausgeführt, um die in regenreichen Wintern von den höher gelegenen Plateaustufen der östlichen Gebirgswüste oft mit großem Ungestüm herabkommenden Wassermassen aufzufangen und das von steilen Felswänden eng eingeschlossene Talbett auf eine weite Strecke zu einem dauernden Sammelbecken zu gestalten ...» (Schweinfurth, 1922, S. 213f.).

Seit der Wiederentdeckung des Sadd-el-Kafara, wie die Einheimischen den Damm nennen, bestand kein Zweifel darüber, daß es sich um ein sehr altes Bauwerk handeln mußte. Die Untersuchung von Gebäuderesten nordwestlich des Damms führte in die Zeit des Alten Reichs. Nach Lage, Größe, Art und Ausführung können die Bauten nur als Unterkünfte für die beim Bau beschäftigten Arbeiter gedient haben (Dreyer, Jaritz, 1983). Reichhaltiges Keramikmaterial aus den insgesamt vierzehn Gebäuden, insbesondere Knickrandschalen, polierte Näpfe und Bierkrüge sowie Brotformen, ermöglichen eine Eingrenzung auf die Zeit um 2550 v. Chr. Der Fund von gleichartigen Bierkrugfragmenten in der Dammschüttung sichert die Zusammengehörigkeit von Baukomplex (Lager) und Dammbaustelle. Eine ^{14}C-Analyse (Altersbestimmung durch Radiokarbonmethode) von Holzkohlestücken aus einer Feuerstelle im Arbeiterlager führt in die Zeit zwischen 2950 und 2690 v. Chr.

Mit dieser Datierung in den Zeitraum 2700–2600 v. Chr. gehört der

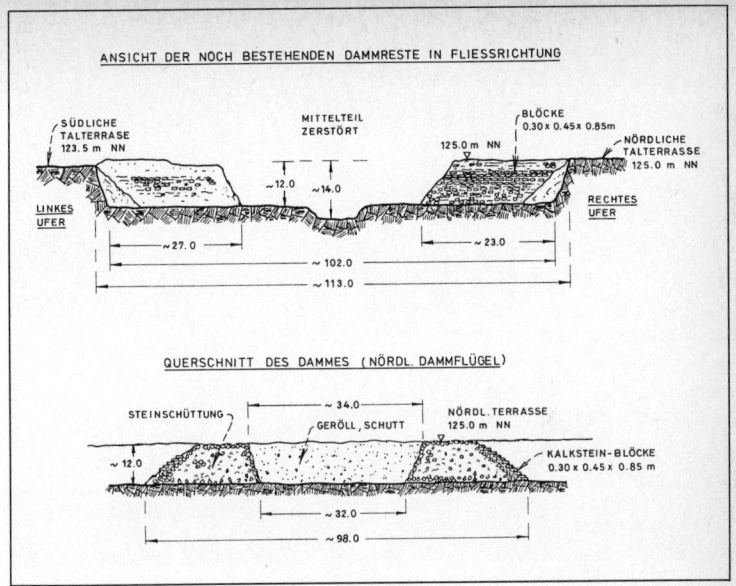

ANSICHT DER NOCH BESTEHENDEN DAMMRESTE IN FLIESSRICHTUNG

QUERSCHNITT DES DAMMES (NÖRDL. DAMMFLÜGEL)

28: Hauptabmessungen des Sadd-el-Kafara im Wadi Garawi (Ägypten). Bauzeit des Dammes um 2600 v. Chr.

Sadd-el-Kafara zu den ältesten Talsperren der Welt. Das Trinkwasser-reservoir von Jawa in Jordanien dürfte zwar älter sein, und auch Ablei-tungsdämme im Kasakh-Fluß in der südlichen Sowjetunion sind unter Umständen älteren Datums. Da die Abmessungen dieser Bauwerke je-doch weit geringer sind, darf der Sadd-el-Kafara wohl mit Recht ‹Älteste Großtalsperre der Welt› genannt werden (Garbrecht, Bertram, 1983).

Der Sadd-el-Kafara besteht im Querschnitt aus drei nach Aufbau und Funktion unterschiedlichen Elementen (Abb. 28, 29):
– dem *Dammkern* aus Geröll, Kies, Verwitterungsschutt
– den beidseitig anschließenden *Schüttungen* aus grobem Geröll bzw. Steinen
– den *Oberflächenabdeckungen* der Böschungen aus treppenförmig ge-setzten Hausteinen.

Zu den bemerkenswerten Bauelementen des Damms zählt dabei zweifel-los die Steinabdeckung der Stützkörper. Sie ist auf der Oberwasserseite zumindest teilweise noch recht gut erhalten (Abb. 30), während auf der

75

29: Nördlicher Dammflügel des Sadd-el-Kafara. Fließrichtung im Wadi Garawi von rechts nach links (s. Abb. 28).

30: Treppenförmige Abdeckung der Böschungen des Sadd-el-Kafara (nördlicher Dammflügel, Wasserseite, (s. Abb. 29).

Unterwasserseite nur noch vereinzelte Steinblöcke in ursprünglicher Lage Zeugnis davon ablegen, daß eine der Oberwasserseite entsprechende Abdeckung vorgesehen und teilweise auch bereits ausgeführt war.

Bei den Abdecksteinen handelt es sich um Hausteine unterschiedlicher Größe, im Mittel: 0,30 m × 0,45 m × 0,85 m, die aus den Wadiböschungen unmittelbar ober- und unterhalb des Sadd-el-Kafara herausgebrochen wurden. Die grob behauenen Blöcke sind flach mit der Schmalseite nach außen verlegt, so daß treppenartige Stufen von 0,3 m Höhe entstehen. Die Neigung der abgedeckten Böschung beträgt 45° für die unteren 12 Steinreihen und 35° für den darüber liegenden Teil. Das in Ägypten für Bauwerke aus grob bearbeiteten Steinblöcken typische Phänomen der Hohlblockbildung ist beim Sadd-el-Kafara besonders stark ausgeprägt (Abb. 31). Ursache dieses Zerfallprozesses ist in erster Linie eine die Verwitterung fördernde Kombination der örtlichen gesteinsimmanenten und klimatischen Parameter.

Standsicherheitsbetrachtungen unter Anwendung neuzeitlicher Berechnungsverfahren zeigen, daß der Sadd-el-Kafara überdimensioniert

31: Verwitterung (Hohlblockbildung) der Abdecksteine auf den Böschungen des Sadd-el-Kafara (s. Abb. 30).

77

war. Bei diesem ersten Talsperrenbau der Geschichte sind aus heutiger Sicht sehr konservative Maßstäbe angelegt worden, ein Zeichen wohl auch dafür, daß Erfahrungen mit derartigen Bauten noch nicht vorlagen. Das Gesamtvolumen des Speichers bei einem Volleinstau auf 125,0 m + NN liegt bei 600000 m^3.

Grundsätzlich werden großmaßstäbliche Wasserspeicher durch den Bau von Talsperren entweder für die Deckung großen Wasserbedarfs (Bewässerung und Trinkwasser) oder zum Schutz gegen übermäßigen Wasseranfall (Hochwasser und Überschwemmungen) geschaffen. Daß der Sadd-el-Kafara zur Trinkwasserversorgung oder zu Bewässerungszwecken gebaut wurde, ist unwahrscheinlich. Für eine Trinkwasserversorgung der oberhalb gelegenen Alabastersteinbrüche liegt die Sperre zu weit von diesen entfernt, und für eine landwirtschaftliche Nutzung stehen im nahe gelegenen Niltal genügend Ackerland und Wasser zur Verfügung. Eine langfristige Speicherung war unter den gegebenen klimatischen Bedingungen (starke Verdunstung von im Mittel 11 mm je Tag) und bei der vorhandenen Dammstruktur (große Durchlässigkeit des Schüttmaterials) ohnehin nicht möglich. Es ist daher anzunehmen, daß der Sadd-el-Kafara für den Hochwasserschutz des Wadi Garawi und des vor der Wadi-Mündung gelegenen Niltals errichtet wurde. Dieser Schluß wird durch die Erfahrung gestützt, daß es infolge der geographischen und geologischen Gegebenheiten im Einzugsgebiet des Sadd-el-Kafara bei Starkregenfällen immer wieder zu Flutwellen mit verheerenden Auswirkungen kommt. Einheimische berichten von Sturzfluten mit mehreren Metern Höhe, die erst in jüngster Zeit Dörfer zerstört und Todesopfer gefordert haben.

Die Vermessungen sowie der Zustand und die Form der beiden erhaltenen Dammflügel zeigen, daß der Damm nie vollendet worden war. Nach den örtlichen Befunden kann davon ausgegangen werden, daß ein Hochwasser aufgetreten ist, als die Steinschüttung auf der Unterwasserseite und die Abdeckung der Dammkrone noch nicht fertiggestellt waren. Der ungeschützte Mittelteil des verwundbaren Dammkerns wurde in kurzer Zeit ausgewaschen, und als Folge stürzte die oberwasserseitige Steinschüttung ein. Das plötzliche Auslaufen von 600000 m^3 Wasser führte zu einer Flutwelle von bis dahin nicht gekannten Ausmaßen, die im unteren Wadi Garawi und im Niltal im Bereich des Wadi-Auslaufs außerordentliche Verheerungen zur Folge gehabt haben muß. Der Eindruck dieser Katastrophe war so nachhaltig, daß der Bau aufgegeben wurde. Darüber hinaus haben es ägyptische Ingenieure für mehr als 1000 Jahre nicht mehr gewagt, größere Talsperren in Flüssen mit unbekannten Hochwassereigenschaften zu errichten.

Bei grundsätzlich richtiger Konstruktion des Damms war es für die verantwortlichen Ingenieure tragisch, daß ein unerwartetes Hochwasserereignis zu einer Katastrophe führte. Diese Männer verdienen, auch aus der kühlen Distanz von 4500 Jahren heraus und auch von der Warte weit fortgeschrittenen Wissens her, hohe Achtung dafür, daß sie diesen Dammbau mit den begrenzten Mitteln ihrer Zeit gewagt haben, und sie verdienen unser Mitgefühl für ihr Scheitern an damals nicht vorhersehbaren Naturereignissen.

Die Erschließung der Fayum-Senke in Ägypten

Während das Tal und das Delta des Nils seit Beginn der ägyptischen Geschichte bewohnt waren, mußte das Fayum für eine Besiedlung erst durch wasserwirtschaftliche Maßnahmen erschlossen werden. Sein Gebiet umfaßt eine rund 1800 km² große Senke westlich des Niltals, mit diesem verbunden durch einen 15 km langen und 1 bis 1,5 km breiten Durchbruch durch die Randberge der Libyschen Wüste (Abb. 32).

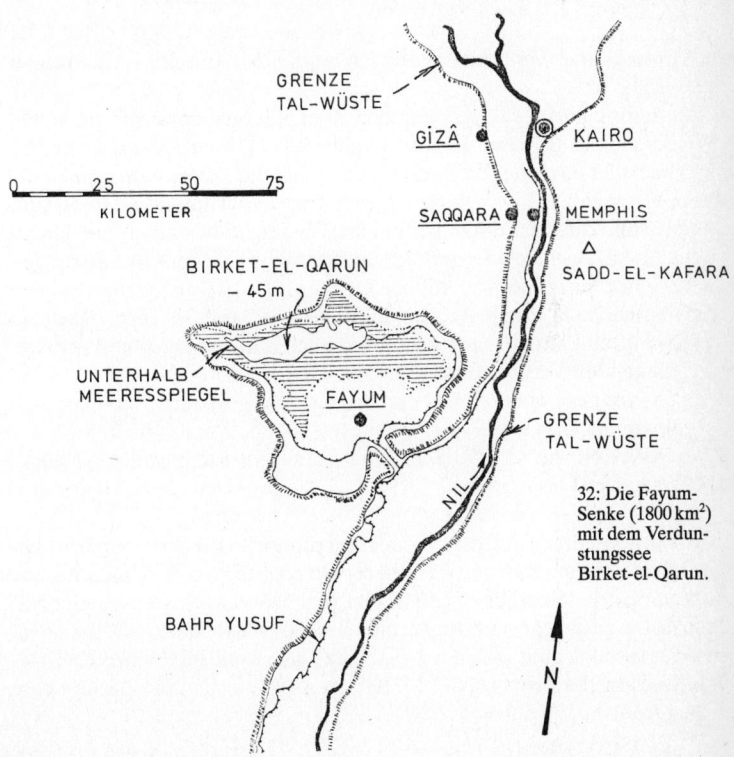

32: Die Fayum-Senke (1800 km²) mit dem Verdunstungssee Birket-el-Qarun.

In prähistorischer Zeit stand das Fayum durch einen 340 km langen Nilarm entlang den Randhügeln der Libyschen Wüste mit dem Hauptstrom in Verbindung. Die Senke bildete einen großen See, dessen Wasserstände mit denen des Nils kommunizierten. Diese dauernde Verbindung ging etwa um 7500 v. Chr. verloren, wahrscheinlich bedingt durch die Verlandung der Verbindung mit dem Nil. Infolge der großen Verdunstungsraten in dieser Region, die zwischen 1,5 und 2,0 m im Jahr liegen, schrumpfte die Seefläche in der Folgezeit.

Im Alten Reich, etwa 3000–2000 v. Chr., war das Fayum nicht besiedelt. Man muß sich die Senke zu dieser Zeit als einen ausgedehnten, schilfigen Sumpf vorstellen mit einigen wenigen höher gelegenen, trockeneren Stellen. Während des Mittleren Reiches, etwa 2000–1730 v. Chr., wurde das versumpfte Gebiet des Fayum durch umfangreiche wasserwirtschaftliche Maßnahmen in eine der fruchtbarsten Provinzen Ägyptens überführt. Höhepunkt und Abschluß der Arbeiten fielen in die Zeit Amenemhets III., der von 1830–1793 v. Chr. regierte und später von den Griechen ‹König Möris› genannt wurde.

Das Projekt der Melioration der Fayum-Senke umfaßte im einzelnen (Abb. 33):
1. Säuberung und Reaktivierung des alten Nilarms, der einst die Senke mit dem Fluß verband. Er wurde Bahr Yusuf (Joseph-Kanal) genannt, da nach der Sage die Arbeiten auf den biblischen Joseph zurückgehen.
2. Unterbrechung der Verbindung zwischen dem Niltal und dem Fayum bei Lahun durch Erddämme, um die Wasserzufuhr und -abfuhr durch den Bahr Yusuf regeln und um unkontrollierte Überschwemmungen der Senke verhindern zu können (Abb. 34).
3. Urbarmachung durch Rodung und Entwässerung des sumpfigen und verschilften Plateaus zwischen den östlichen Randbergen und dem tiefer liegenden Verdunstungssee.
4. Bau eines permanenten Be- und Entwässerungssystems in den neu erschlossenen Gebieten.
5. Weitere Reduzierung der Seefläche als Folge der Kontrolle und Regulierung der Wasserzufuhr.

Nach der Überlieferung griechischer und römischer Geographen bzw. Historiker wurde im Rahmen der wasserwirtschaftlichen Erschließung der Senke in einem künstlich geschaffenen See (Möris-See) während der Nilflut Wasser gespeichert und später für Bewässerungszwecke wieder abgegeben. Herodot hielt sich um 445 v. Chr., also rund 1400 Jahre nach der Erschließung der Provinz, vier Monate in Ägypten auf und berichtet über diesen Besuch:

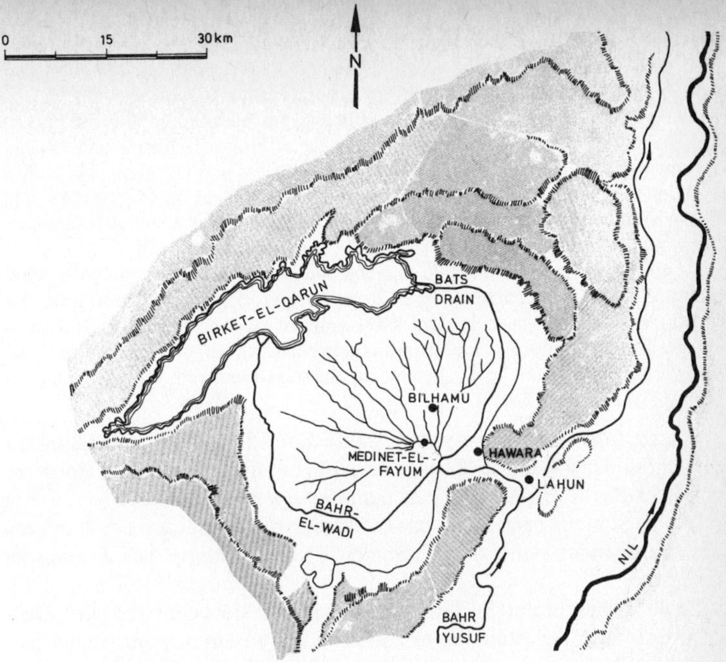

33: Das Gebiet des Fayum mit dem Bewässerungssystem und der Hauptentwässerung durch den Bahr-el-Wadi und den Bats-Drain.

34: Sperrdamm zwischen dem Niltal und der Fayum-Senke bei Lahun (s. Abb. 33).

«... und bauten darum das Labyrinth, das wenig oberhalb des Möris-Sees liegt, nicht weit von einer Stadt, die ‹Krokodilstadt› heißt. Ich habe es noch gesehen, und es übersteigt wirklich alle Worte! Denn wollte einer alles zusammenzählen, was die Hellenen an Mauern und Bauwerken zustande gebracht haben, so würde er finden, daß es dem Labyrinth an Größe der Arbeit wie an Höhe der Kosten nicht gleichkommt. Und dabei sind doch der Tempel in Ephesos und der Tempel in Samos ansehnliche Werke. Auch die Pyramiden waren schon über die Maßen groß, und jede einzelne von ihnen so groß wie viele und große hellenische Bauten zusammen. Aber das Labyrinth übertrifft auch noch die Pyramiden ...

Ist nun schon das Labyrinth ein so erstaunliches Werk, so erregt doch der sogenannte See des Möris, neben dem es steht, noch größere Verwunderung ... Das Wasser in dem See hat nicht dort selbst seinen Ursprung, denn die Gegend ist erschreckend wasserarm, sondern ist aus dem Nil durch einen Kanal hineingeleitet und fließt sechs Monate in den See hinein und wiederum sechs Monate in den Nil hinaus» (Herodot, S. 184 f.).

Das Labyrinth, der Totentempel Amenemhets III., liegt am Eingang zur Senke bei der Pyramide Hawara (s. Abb. 33) und damit, nach Herodot, am Ufer des Möris-Sees. Es ist bemerkenswert, daß dieser See in ihm größeres Staunen erweckt als das Labyrinth, das er andererseits über zwei der Weltwunder stellt, die Pyramiden und den Tempel der Artemis zu Ephesos.

Strabon beschreibt im letzten Band seiner siebzehnbändigen ‹Geographica› auch Ägypten, das er 26–25 v. Chr. zusammen mit Aelius Gallus, dem Augustus die Verwaltung des Landes übertragen hatte, bereiste. Strabon berichtet dabei weniger über den See, als vielmehr über den Kanal und seine Betriebseinrichtungen:

«Der See Möris ist wegen seiner Größe und Tiefe geeignet, bei der Flut den Überfluß aufzunehmen und nicht in die rings bebauten und bewohnten Gegenden überzutreten, hierauf beim Abfluß das Überschüssige durch den Kanal in der entgegengesetzten Mündung abzugeben, das für die Bewässerung nötige Wasser aber zurückzubehalten ... Es befinden sich aber an beiden Mündungen des Kanals Schleusen, durch welche die Baumeister das ein- und ausfließende Wasser in ihrer Gewalt haben. Außerdem ist hier auch das Labyrinth, ein Werk den Pyramiden ähnlich, und daneben das Grabmal des Königs, der das Labyrinth erbaute ...» (Strabon, 17, 1, 37).

Auch Diodorus Siculus (1. Jahrhundert v. Chr.) und Pomponius Mela (1. Jahrhundert n. Chr.) berichten über den Möris-See und die Funktion des Verbindungskanals.

Nach diesen Überlieferungen ist also davon auszugehen:
– Es hat einen künstlichen See gegeben, in dem Wasser aus dem Nil gespeichert wurde.
– Dieser See wird auf Amenemhet III., auch König Möris genannt, zurückgeführt, der die Fayum-Senke einer Besiedlung erschloß.

- Das Labyrinth lag am Ufer dieses Sees.
- Die Senke und der See waren vom Niltal durch Dämme mit Schleusen, was immer das gewesen sein mag, getrennt.
- Wasser konnte durch den Zuführungskanal auch wieder zurückgeleitet werden.

Trotz der sehr eindeutigen Aussagen von Herodot, Strabon, Diodorus Siculus und Pomponius Mela ist es bis heute nicht gelungen, die Lage und Größe des Möris-Sees zu ermitteln (Erbkam, 1865, Lauth, 1883). Während beim Sadd-el-Kafara alle Kenntnisse und Daten gesichert sind, klaffen beim Möris-See die Auffassungen auseinander, und zwar geht es dabei nicht nur um das ‹Wo› und ‹Wie groß›, sondern zuweilen auch um die Frage, ob es ihn überhaupt gegeben hat (Garbrecht, 1977). Oft wird auch der heute noch bestehende Verdunstungssee Birket-el-Qarun mit dem legendären Möris-See in Verbindung gebracht (Caton-Thompson, Gardener, 1929). Vieles spricht dafür, daß der See auf der oberen Terrasse der Senke gelegen hat (Abb. 35), eine Auffassung, die bereits von Linant de Bellefonds (im 19. Jahrhundert Chefingenieur des Vizekönigs von Ägypten) vertreten wurde.

Mit diesem grandiosen Projekt wurde dem Reich der Pharaonen eine neue Provinz gewonnen mit einer zusätzlichen, bewässerbaren Ackerfläche in der Größenordnung von 1000 bis 1200 km^2. Sie wird in der Literatur oft als ‹Garten der Pharaonen› bezeichnet, da sie wegen ihrer Fruchtbarkeit und ihrer üppigen Gärten und Felder ein bevorzugter Aufenthaltsort der Könige war. Diese friedliche Eroberung weiter Landflächen durch Techniker und Ingenieure wird mit Recht als eine der größten kulturellen Leistungen des Mittleren Reichs bezeichnet.

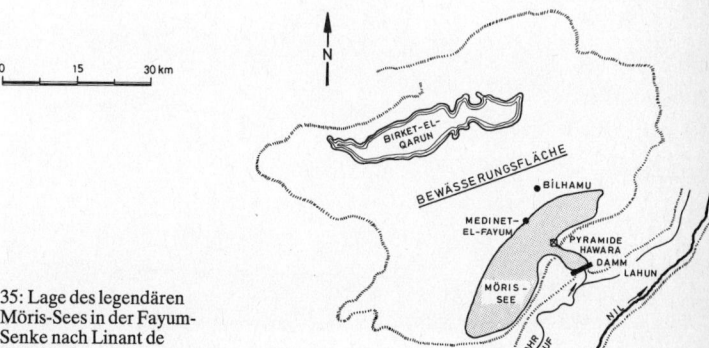

35: Lage des legendären Möris-Sees in der Fayum-Senke nach Linant de Bellefonds.

Der Kanal zwischen dem Nil und dem Roten Meer

Die Fahrten von Ägypten zum legendären, nur mit dem Schiff erreichbaren Weihrauchland Punt (belegt seit der 5. Dynastie) waren immer mit außerordentlichen Mühen verbunden. So mußten alle Lasten, einschließlich des Materials für den Bau von Schiffen, zu Land vom Niltal zum Roten Meer transportiert werden (Wolf, 1955). Hier mußten dann die Schiffe unter ständiger Bedrohung durch die örtlichen Wüstenstämme gebaut werden, ehe die eigentliche Fahrt beginnen konnte. Es lag nahe, die Schwierigkeiten des zweimaligen Umladens und der Schiffsneubauten durch die Schaffung einer direkten Schiffahrtsverbindung zu vermeiden.

Zwischen dem östlichen Nildelta und den Bitterseen erstreckt sich das Wadi Tumilat, eine natürliche Einsenkung (wahrscheinlich ein alter Nilarm zum Roten Meer), die nur an wenigen Stellen mehr als 5 m über dem Meeresspiegel liegt (Abb. 36). Es gibt Hinweise darauf, daß bereits im Mittleren Reich, zur Zeit als Sesostris III. (1887–1849 v. Chr.) regierte, und zu Beginn des Neuen Reiches, als Thutmosis III. (1505–1450 v. Chr.) herrschte, eine Schiffahrtsverbindung zwischen dem Mittelmeer und dem Roten Meer bestanden hat (Breasted, 1936). Ein allgemein anerkannter

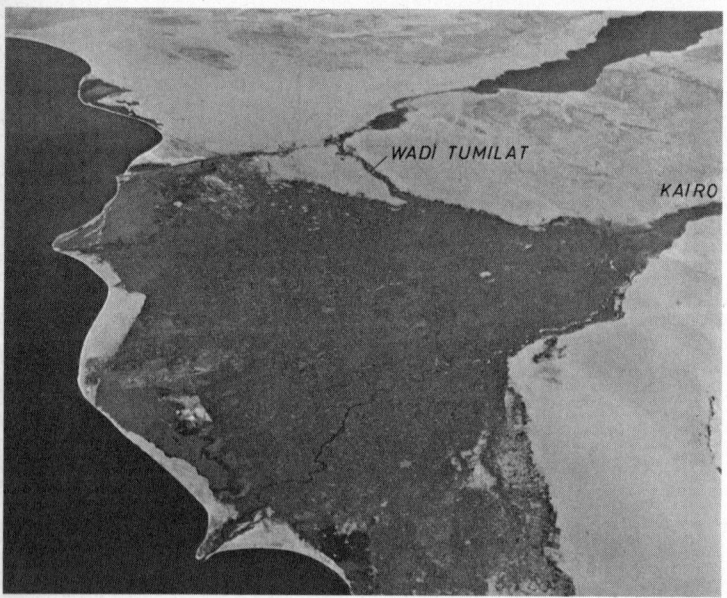

36: Wadi Tumilat als Verbindung zwischen dem Nil und dem Roten Meer.

Nachweis für die tatsächliche Existenz eines Schiffahrtskanals zu dieser Zeit ist bisher jedoch nicht erbracht worden (Posener, 1938).

Während der 19. Dynastie (1330–1195 v. Chr.) wurden neue Städte und Landwirtschaftsflächen im östlichen Wadi Tumilat durch einen Kanal vom Niltal her mit Süßwasser versorgt. Von Necho II. (609–593 v. Chr.) ist dann der vergebliche Versuch belegt, einen Schiffahrtskanal zwischen dem Nil und dem Roten Meer zu bauen.

Während der persischen Herrschaft über Ägypten gelang es schließlich Darius I. (521–486 v. Chr.), eine funktionierende Schiffahrtsverbindung (45 m breiter und 5 m tiefer Kanal) zwischen dem Delta und den Bitterseen herzustellen. Auf vier Stelen aufgestellt, entlang des Kanals, rühmt sich Darius auf ägyptisch, babylonisch und elamisch:

«So spricht Darius. Ich bin Perser. Von Persien her habe ich Ägypten erobert. Ich habe befohlen, einen Kanal zu bauen von einem Flusse, Nil genannt, der in Ägypten fließt, bis zu dem Meer, das von Persien aus beginnt. Dann wurde dieser Kanal gegraben, wie ich es befohlen hatte, und die Schiffe segelten durch diesen Kanal von Ägypten nach Persien, wie es mein Wille war» (Posener, 1938, S. 271).

Herodot beschreibt diesen Kanal um 445 v. Chr.:

«Dessen Länge beträgt vier Tagesfahrten, und seine Breite ist so groß, daß zwei Dreiruderer nebeneinander darauf fahren können. Sein Wasser ist ihm vom Nil aus zugeleitet. Er beginnt ein wenig oberhalb der Stadt Bubastis, zieht an der arabischen Stadt Patumos vorüber und fällt ins Rote Meer. Zunächst durchschneidet er den an Arabien grenzenden Teil der ägyptischen Ebene am Fuße des Gebirges, das oberhalb der Ebene nach Memphis zu verläuft, worin sich die Steinbrüche befinden; an diesem Gebirge geht er eine lange Strecke fort von Westen nach Osten. Dann wendet er sich von dem Gebirge weg nach Süden in eine Spalte des Gebirges und zieht darin hinab zum arabischen Busen ...

Hundertzwanzigtausend Menschen, die unter König Nekos daran gruben, gingen darüber zugrunde. Mitten in der Arbeit ließ Nekos aufhören, erschreckt durch einen Orakelspruch, daß er den Barbaren vorarbeite ...» (Herodot, S. 189f.).

Ptolemaios II. (285–246 v. Chr.) verbesserte die Schiffahrtsbedingungen weiter und errichtete wahrscheinlich auch Schleusen, um das Eindringen von Salzwasser aus den Bitterseen in das Nildelta zu verhindern. Dieser Schiffahrtskanal war dann, wenn auch mit Unterbrechungen, trotz der immer wieder auftretenden Versandungen im Bereich der Bitterseen bis ins 8. Jahrhundert n. Chr. in Betrieb.

Die Verbindung der beiden in der Antike bekannten Weltmeere durch einen künstlichen Schiffahrtskanal ist sicherlich eine hervorragende Leistung in der Geschichte der Bautechnik. Der Nachfolger dieses Kanals, der im 19. Jahrhundert von Lesseps in anderer Linienführung gebaute Suez-Kanal, hat sich zu einer der wichtigsten und am meisten befahrenen Schiffahrtsverbindungen entwickelt.

Durch das Wadi Tumilat verläuft heute der 1854/1856 gebaute Ismailia-Kanal, der vom Nil aus die Bewässerungsflächen und Städte im Wadi sowie die Städte Port Said und Suez mit täglich rund 70000 m³ Wasser versorgt.

Die Melioration der Kopais-Ebene in Griechenland

In Böotien, zwischen dem Golf von Korinth und dem Golf von Euböa, liegt die Kopais, eine abflußlose Ebene von knapp 300 km² Fläche (Abb. 37). Der Hauptzufluß ist der Kephissos, der mit 1200 km² etwa 60 % des Gesamteinzugsgebietes der Kopais entwässert. Die übrigen 40 % verteilen sich auf die Herkyna, den Melas und acht weitere kleine Bäche. Die Hochwasserabflüsse des Kephissos liegen in der Größenordnung von 150 m³/s, die der Herkyna von 100 m³/s. Insgesamt können die Zuflüsse zur Kopais maximal 400 m³/s erreichen.

Dieses zuströmende Wasser, im Winterhalbjahr etwa 560 Mio. m³, überdeckte den größten Teil der Ebene (190 bis 250 km²) mit einer mittleren Tiefe von rund 2,50 m. Die Wasserstände lagen in nassen Jahren etwa 1 m höher, in trockenen Jahren rund 1 m tiefer. Über das Jahr hinweg stellte sich der Wasserstand in Abhängigkeit vom Zufluß, von der Ver-

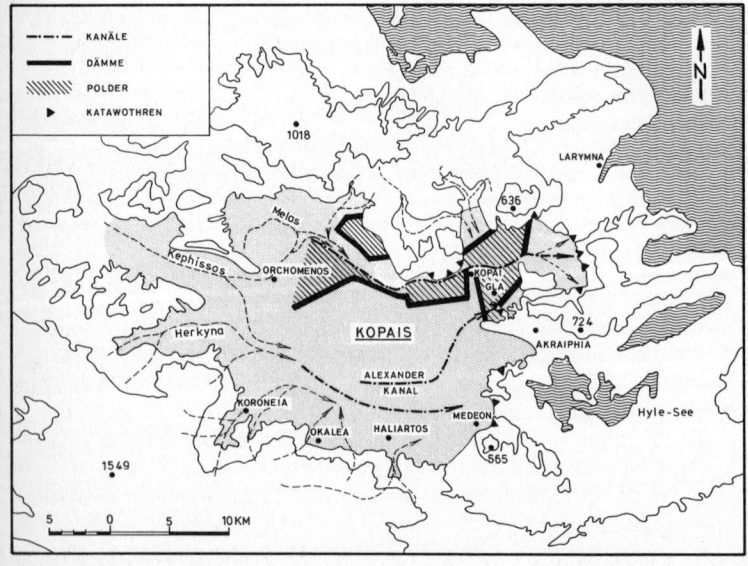

37: Kopais-Ebene in Böotien mit den antiken Fluß- und Seeregulierungsmaßnahmen.

dunstung und vom Abfluß durch eine Reihe von Felsklüften (Katawothren) am Ostrand der Ebene ein. Die Besiedlung der Kopais beschränkte sich naturgemäß auf die Randgebiete der Ebene oberhalb der wechselnden Seewasserstände (s. Abb. 37).

Der Augenschein der bei niedrigen Seewasserständen trockenfallenden weiten Flächen wird Anlaß gewesen sein, nach Mitteln zu suchen, dieses Areal ganz oder teilweise für eine permanente Besiedlung und landwirtschaftliche Nutzung zu sichern. Dazu war es bei den hydrologischen und topographischen Gegebenheiten erforderlich,

a) die Zuflüsse zu fassen und um die Ebene herum zu den Katawothren im Osten zu leiten, um die Seegröße zu vermindern, oder

b) die am höchsten gelegenen Randgebiete des Sees auszudeichen, oder

c) eine Kombination der beiden Maßnahmen a) und b) vorzunehmen.

Eine derartige Landgewinnung durch eine Regulierung des Sees ist Mitte des 2. vorchristlichen Jahrtausends durch die Minyer erfolgt, ein Volk, das wohl zusammen mit anderen mykenischen Griechen um 2000 v. Chr. nach Griechenland eingewandert ist (Knauss, Heinrich, Kalcyk, 1984). Die Baumaßnahmen der Minyer umfaßten dabei in der Hauptsache:

1. Die Fassung des Kephissos beim Eintritt in die Ebene und Ableitung in einem Kanal entlang des Nordrandes der Kopais zu deren Nordostecke, wo die leistungsfähigsten Katawothren liegen. Der Kanal vermochte normale Hochwasser des Kephissos von 75 bis 100 m^3/s abzuführen. Bei extremen Hochwassern wurden die überschüssigen Abflüsse in das ehemalige Seegebiet abgegeben.

2. Die Leitung der Zuflüsse von Süden her direkt oder durch das Seegebiet zu den Katawothren am Südostrand der Ebene.

3. Die Anlage von Poldern (Eindeichungen) in der Nordostecke der Kopais von insgesamt rund 40 km^2 Nutzfläche.

4. Den Bau eines Flügeldeiches zum Schutz der Ebene östlich von Orchomenos.

Diese Maßnahmen hatten folgende Auswirkungen:

– Der Kopaissee entstand nur noch für kurze Zeit während der regenreichen Wintermonate oder bei extremen Hochwasserabflüssen des Kephissos. Seine maximale Fläche war auch im ungünstigsten Fall gegenüber dem vorherigen Zustand um rund die Hälfte kleiner.

– Das ehemalige Seegebiet konnte im Sommer landwirtschaftlich genutzt werden.

– Rund 40 km^2 Fläche in der Nordostecke der Bucht waren permanent trockengelegt.

– Die Landwirtschaftsfläche östlich von Orchomenos war hochwassergeschützt.

Das System der Anlagen sowie deren Einzelausführung war auch nach dem heutigen Stand des Wissens und der Technik gut durchdacht und solide ausgeführt (Knauss, Heinrich, Kalcyk, 1984). Das Gesamtkonzept sowie die Dimensionierung der einzelnen Bauten zeugt davon, daß die Minyer ausgezeichnete Naturbeobachter waren und die Zusammenhänge zwischen dem Zufluß, der Seetopographie, der Verdunstung und dem Abfluß durch die Katawothren erkannt hatten. Wann und aus welchen Gründen das Kanal- und Poldersystem zerstört worden ist, darüber geben die Überlieferungen nur wenig Auskunft. Nach der Sage wird die Überflutung des orchomenischen Landes mit den Diensten des Herakles für die Thebaner in Verbindung gebracht. Herakles soll die Katawothren verstopft und den Kephissos so umgeleitet haben, daß er sich auf die Felder der Minyer ergoß. Wenn menschliche Einwirkungen auch nicht ausgeschlossen werden können, wird tatsächlich wohl das Zusammentreffen großer Abflüsse des Kephissos mit einer drastischen Verminderung der Leistungsfähigkeit der großen Katawothren durch Versturz, verursacht durch Erdbeben, zu einer Zerstörung der Kanäle und Deiche und damit zu einer Überflutung der Städte in den Poldern oder im Uferbereich des Restsees geführt haben.

Ein Jahrtausend später nahm Alexander der Große (356–323 v. Chr.) den Gedanken einer Trockenlegung der Kopais-Ebene wieder auf. Krates, ein Ingenieur Alexanders, stellte die alten minyschen Anlagen wieder her, ließ die Kanäle und Katawothren reinigen und ergänzte sie durch einen Abzugskanal (Alexanderkanal) aus dem Seegebiet zu den Katawothren am Ostrand des Beckens. Strabon berichtet, daß die von Krates ausgeführten Entwässerungsmaßnahmen so erfolgreich waren, daß die untergegangenen Städte wieder auftauchten. Krates wurde 331 v. Chr. abberufen, anscheinend bevor er alle geplanten Arbeiten zu Ende führen konnte. Die Ausführung des Gesamtprojekts scheiterte dann letztendlich jedoch an Unstimmigkeiten zwischen den Anliegern.

Aus römischer Zeit sind unter Kaiser Hadrian (117–138 n. Chr.) schließlich noch Flußregelungsmaßnahmen am Süd- und Westrand der Kopais überliefert.

Die Wasserversorgung von Tuşpa in Urartu

Der Name Urartu taucht erstmalig um 1250 v. Chr. in assyrischen Inschriften auf, und zwar als Bezeichnung der geographischen Region zwischen den Seen Van, Sevan und Urmia, im heutigen Dreiländereck Türkei–Iran–Sowjetunion. Die hier im armenischen Hochland lebenden Stämme hurritischen Ursprungs schlossen sich unter dem Druck der Feldzüge der Assyrer nach Norden etwa um 850 v. Chr. zu einem Reich Urartu zusammen. Assyrische Inschriften, Annalen und Siegesberichte sowie urartäi-

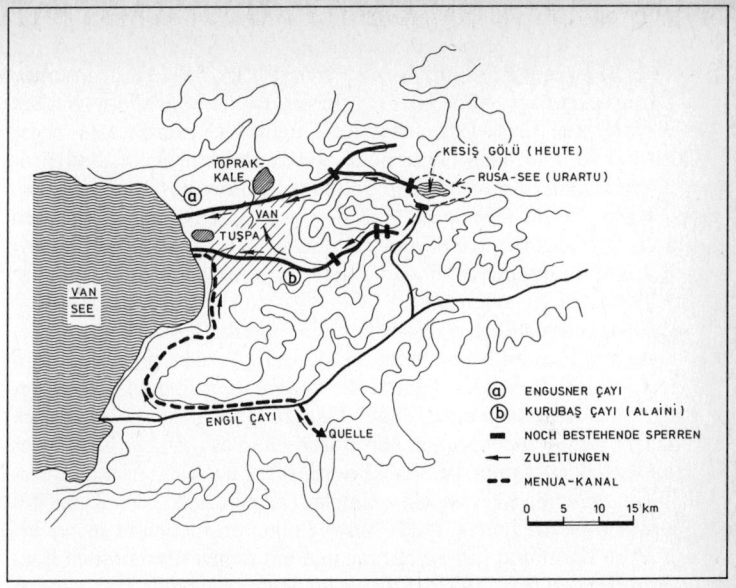

38: Wasserversorgung der urartäischen Hauptstadt Tuşpa durch eine Quellüberleitung und durch Speicherwirtschaft.

sche Inschriften und archäologische Funde weisen die Urartäer als ein Volk mit großen künstlerischen und technischen Fähigkeiten aus. Neben einer fortgeschrittenen Technik der Metallverarbeitung und hochentwikkelter Stein- und Felsarchitektur werden immer wieder die großartigen hydrotechnischen Anlagen Urartus hervorgehoben. Im gesamten Gebiet des Reiches finden sich Stauseen, Bewässerungsanlagen und Terrassierungen in großer Zahl. Intensive Bewässerungswirtschaft war in den regenarmen und wahrscheinlich dicht besiedelten alluvialen Tälern dieses Berglandes eine wesentliche Voraussetzung für die Entwicklung einer hochstehenden Zivilisation (Albrecht, 1972).

Tuşpa, das heutige Van, wurde 830 v. Chr. von Sadur I. zur Hauptstadt des Reiches gewählt (Abb. 38). Da das Wasser des Van-Sees wegen seines hohen Gehaltes an Natriumkarbonat als Trinkwasser nicht verwendbar ist und da die beiden in die Van-Ebene mündenden Flüßchen Engusner Çayi und Kurubaş Çayi nicht ganzjährig Wasser führen, mußte für eine gesicherte Wasserversorgung der Bevölkerung und der Landwirtschaft auf das Wasserpotential weiter entfernt liegender Gebiete zurückgegriffen werden (Garbrecht, 1975).

Die urartäischen Baumeister erschlossen zunächst eine rund 30 km (Luftlinie) von Tuşpa entfernte Quelle im Tal des Engil Çayi, deren mittlere Schüttung von 2 bis 3 m³/s auch in der Trockenzeit nicht unter 1,5 m³/s zurückgeht (s. Abb. 38). Das normalerweise in den 5 km von der Quelle entfernten Engil Çayi fließende Quellwasser wurde, wie in geschichtlicher Zeit so auch heute noch, durch einfache Stein- und Erddämme unmittelbar unterhalb der Quelle gefaßt und durch einen 56 km langen Kanal in die Ebene am Fuß des Van-Felsens, der ehemaligen Akropolis Tuşpa, geleitet. Bei einer mittleren Wasserführung von 2,5 m³/s wurden somit jährlich 75 Mio. m³ Wasser nutzbar gemacht (Lehmann-Haupt, 1926).

Das Alter geschichtlicher Wasserbauten außerhalb der Städte ist im allgemeinen schwer zu bestimmen, da Münzen, Tonscherben oder ähnliche Datierungshilfen meist fehlen. Bei diesem urartäischen Wasserversorgungskanal ist jedoch eine genaue Datierung möglich. 14 Inschriften entlang der Kanaltrasse nennen auf urartäisch in assyrischer Keilschrift als Erbauer König Menua, dessen Regierungszeit nach assyrischen Überlieferungen zwischen 805 und 785 v. Chr. lag (König, 1955). Der Kanal des Menua war über 2½ Jahrtausende hinweg ununterbrochen in seiner ursprünglichen Form und Linienführung und mit seinen urartäischen Bauwerken in Betrieb. Erst 1950 wurde er im Mittelteil seiner Trasse durch einen modernen, kürzeren Betonkanal ersetzt.

Um etwa 700 v. Chr. wurde die Hauptstadt des Reiches durch König Rusa von Van-Kale nach Toprak-Kale verlegt. Da die alte Zitadellenstadt mit ihren Gärten und Feldern nicht völlig aufgegeben wurde, das Wasser des Menua-Kanals also weiterhin in Tuşpa gebraucht wurde, erhob sich die Frage der Wasserversorgung des neuen Königssitzes und seiner Umgebung. Zeitpunkt und Konzept von Planung und Ausführung der für die Wasserbeschaffung erforderlichen Arbeiten sind auf einer Riesenstele überliefert, die Ende des vergangenen Jahrhunderts in den 30 km entfernten und 900 m höher gelegenen Randbergen des Keşiş Gölü gefunden wurde. Nach der Inschrift (König, 1955) hat Rusa:

– das flache Becken des Keşiş Gölü durch Staudämme an seinen natürlichen Auslässen in einen künstlichen Stausee umgewandelt,
– das Wasser von hier in seine neue Hauptstadt Rusahinili (Toprak-Kale) geleitet,
– das Gelände vor Rusahinili urbar gemacht sowie bewässerte Wein-, Obst- und Gemüsegärten angelegt und
– Wasser aus dem Fluß Alaini (nach Tuşpa) zusätzlich nach Rusahinili geleitet.

Es handelt sich dabei um zwei Staudämme an den beiden westlichen natürlichen Auslässen des Sees sowie um eine Anzahl von Zwischenspei-

39: Talsperre (Erdschüttung zwischen zwei Trockenmauern) am südlichen Auslauf des Keşiş Gölü (Rusasee).

40: Talsperre (Mauer) im Oberlauf des Kurubaş Çayi (Alaini).

chern unterhalb der Seedämme (s. Abb. 38). Das durch den Norddamm abfließende Wasser gelangte durch das Tal des Engusner Çayi direkt in die Gartenstadt von Rusahinili. Der Abfluß durch den Süddamm würde normalerweise über das Tal des Engil Çayi in den Van-See gelangen. Um auch dieses Wasser für die Ebene Tuşpa-Rusahinili nutzbar machen zu können, wurde der Durchfluß durch die südliche Mauer (Abb. 39) in das Einzugsgebiet des Kurubaş Çayi (Alaini) umgeleitet. Von zehn geschichtlichen (wahrscheinlich urartäischen) Zwischenspeichern im Alaini-Tal sind die beiden oberen noch völlig erhalten und betriebsfähig (Abb. 40).

Dieses urartäische Wasserversorgungssystem ist nicht nur wegen der Tatsache hervorzuheben, daß es teilweise über einen Zeitraum von mehr als 2500 Jahren in Betrieb gewesen ist. Bewundernswert ist vor allem auch, daß hier durch eine großmaßstäbliche Wasserspeicherung und durch den Wassertransfer aus einem benachbarten Einzugsgebiet die reichliche und zuverlässige Versorgung eines Wassermangelgebietes erreicht wurde. Die dabei verwendeten technischen Grundelemente und Prinzipien unterscheiden sich nicht von den Grundlagen moderner Wasserwirtschaftsplanungen.

Die Wasserversorgung von Ninive in Assyrien

Assyrien war ursprünglich die Bezeichnung für das von der Stadt Assur am mittleren Tigris beherrschte Land (s. Abb. 26). Assur, seit etwa 2500 v. Chr. nachweisbar, machte sich kurz nach 2000 v. Chr. von Babylon unabhängig. Nachdem bereits ein erstes großes assyrisches Reich um 1750 v. Chr. entstanden war, entwickelte sich Assyrien dann zwischen 1300 und 1200 v. Chr. neben dem babylonischen, dem hethitischen und dem ägyptischen Reich zu einer Großmacht im nahöstlichen Raum. Für die von Sargon II. neu gegründete Hauptstadt Ninive ließ sein Sohn Sanherib (705 bis 681 v. Chr.) ein hervorragend konzipiertes, überregionales Wasserversorgungssystem anlegen. Der Ausbau vollzog sich dabei in drei Stufen (Abb. 41):

703 v. Chr.: Wasserableitung aus dem Khosr mittels eines Wehres bei Kisiri. Bewässerung der Obstgärten von 18 Dörfern im Gebiet westlich von Ninive durch einen 16 km langen Kanal.

694 v. Chr.: Fassung und Überleitung von 18 Wasserläufen aus dem Gebiet Jebel Bashiqah zum Khosr und von hier Ableitung des Wassers zur Hauptstadt durch den Bau von 2 Dämmen (Wehre).

690 v. Chr.: Fassung und Ableitung von Wasser aus dem benachbarten Flußsystem Atrush-Gomel im Bereich der Engstelle Bavian und Überführung zum Khosr durch einen 55 km langen Kanal.

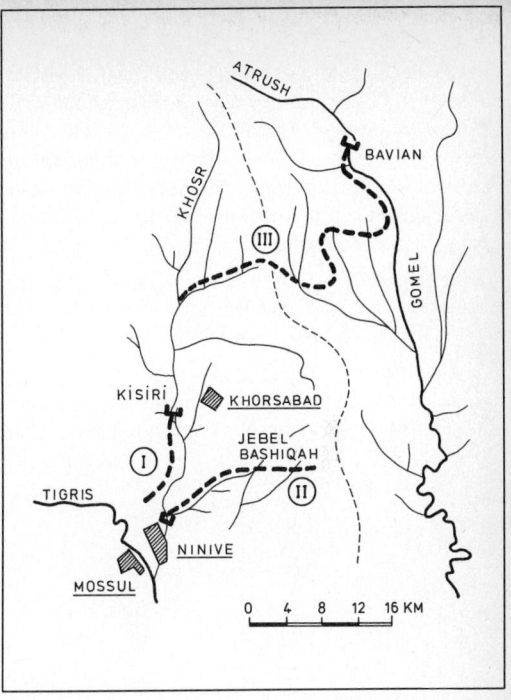

41: Wasserüberleitungen für die Versorgung der assyrischen Hauptstadt Ninive, unter Sanherib (705–681 v. Chr.) erbaut.

42: Aquädukt bei Jerwan im Zuge des Überleitungskanals vom Atrush zum Khosr, 690 v. Chr. erbaut.

Bemerkenswert an dem Überleitungskanal vom Atrush-Gomel sind seine kurze Bauzeit, die nach Tontafeln aus der Bibliothek von Ninive nur 15 Monate betrug, und seine große Leistungsfähigkeit, die nach den Abmessungen des Aquädukts von Jerwan in der Größenordnung von 50 m³/s gelegen haben muß. Die 300 m lange, 12 m breite und 7,50 m hohe Kanalbrücke bei Jerwan (Forbes, 1965) war ein gewaltiges Bauwerk (Abb. 42), das es in vergleichbarer Größenordnung bis dahin nicht gegeben hatte. Erst in der Neuzeit wurden vergleichbare Kanalüberführungen gebaut. Sanherib preist den Aquädukt in einer Inschrift:

«Ich ließ einen Kanal graben zu den Weiden von Ninive. Über tief eingeschnittene Schluchten spannte ich eine Brücke aus weißen Steinblöcken. Ich ließ die Wasser darüber fließen» (Lloyd, 1945, S. 40).

Wie die Anlagen von Tuşpa, so ist auch das Wasserversorgungssystem von Ninive zu den hervorragendsten planerischen und hydrotechnischen Leistungen aus der Zeit der Naturmythologie zu zählen.

Wasser, das schon vorbeigeflossen ist ...

... treibt die Mühle nicht, sagt ein Sprichwort. Und Geld, das man schon ausgegeben hat, bringt keine Zinsen.

Richtig angelegt dagegen, wirkt es belebend auf den Besitzstand wie Wasser auf die Mühle.

III Das Zeitalter der Naturphilosophie

1. Einleitung

Die Naturphilosophie umfaßt die Versuche des Menschen, mit Mitteln philosophischer Betrachtungen, d. h. durch logische Denkprozesse, die Natur in ihrer Ganzheit zu erfassen. Philosophische Erkenntnis unterscheidet sich dabei von technischem Wissen dadurch, daß die Philosophie kein (einem Zweck) ‹dienendes› Wissen ist, sondern ‹freies› Wissen, das um seiner selbst willen gesucht und ausgebildet wird.

Auf Aristoteles (um 384–322 v. Chr.) geht die Feststellung zurück, die Philosophie habe mit Thales von Milet (um 624 bis um 544 v. Chr.) angefangen. Er meinte damit eine Art von Philosophie (oder ‹diejenige› Philosophie), die sich als Wissenschaft mit den ersten Gründen und Ursachen aller Erscheinungen, d. h. der Natur, befaßt. Die mit Thales um etwa 600 v. Chr. entstandene ‹Ionische Schule› suchte eine auf der Materie begründete Erklärung der Welt unter Ausschluß aller mythischen und übernatürlichen Einflüsse und leitete damit eine völlig neue Entwicklung ein:

«Im Vergleich zu dem empirischen und fragmentarischen Wissen, das die Völker des Nahen und Mittleren Ostens während langer Jahrhunderte gesammelt hatten, stellt die griechische Wissenschaft ein wahres Wunder dar. Hier erfaßte der menschliche Geist zum erstenmal die Möglichkeit, eine beschränkte Zahl von Grundsätzen (Prinzipien) aufzustellen und von diesen in rigoroser Konsequenz Zusammenhänge und Wahrheiten abzuleiten» (Reymond, 1926, S. 217).

Diese grundsätzliche Veränderung der Geisteshaltung stellte einen gewaltigen Schritt vorwärts in der kulturgeschichtlichen Entwicklung der Menschheit dar. Mit Recht wird daher die Zeit um 600 v. Chr. als eine der bedeutendsten Zäsuren der Menschheitsgeschichte angesehen. In den Jahrhunderten von Thales bis zur Zeitenwende wurden im griechischen Lebensraum zwischen Syrakus und Ionien, zwischen dem Schwarzen Meer und Ägypten die Grundlagen der westlichen Kultur geschaffen.

2. Die Anfänge der Hydrologie

Allgemeines

Unter den halbariden Klimabedingungen des griechischen Lebensraumes (Abb. 43) ist das Vorkommen und das Verhalten des Wassers in der Natur von großer Bedeutung für die Erhaltung und die Qualität des Lebens. So haben sich die griechischen Naturphilosophen von Thales bis Aristoteles in ihren Gedanken, Hypothesen und Spekulationen auch mit diesem so wichtigen und unersetzlichen Element befaßt. Aus heutiger Sicht würde man sagen, daß versucht wurde, den hydrologischen Kreislauf und die ihn antreibenden Kräfte zu verstehen und zu erklären. Bei diesen Versuchen, das Naturgeschehen rational zu erfassen, standen jeweils Eingebungen, Ideen und aus Nachdenken geborene Lehren im Vordergrund. Systematische Messungen oder gar Experimente, wenn es sie überhaupt gab, spielten nur eine sekundäre Rolle.

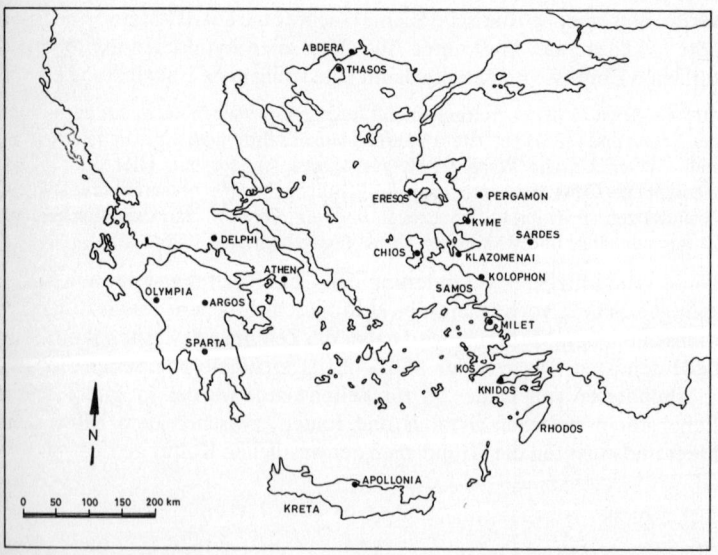

43: Der ägäische Kulturraum in der Zeit zwischen Thales von Milet (um 600 v. Chr.) und Aristoteles (um 350 v. Chr.).

Theorie des unterirdischen Wasserkreislaufs

Auf *Thales von Milet*, den Begründer der Naturphilosophie und einen der Sieben Weisen der Antike, geht nach Aristoteles der Ausspruch zurück, daß das ‹Wasser der Urgrund aller Dinge› sei. Er nimmt an, daß die Erde (und der gesamte Kosmos) dem Meer entstammt, das sie auch trägt und umschließt. Leben und Wachstum in jeder Form sind nach Thales nur durch das Wasser möglich. Die Vorstellung, daß die Erde wie ein Schiff auf dem Wasser schwimmt, beruht wahrscheinlich auf ägyptischen und babylonischen Mythen, die Thales auf seinen ausgedehnten Reisen kennengelernt hat. Diese Überlieferungen gehen von einem Urmeer aus, von einer Wasserwüste, aus der das Land, die Erde entstanden ist.

Es spricht vieles dafür, daß Thales und die von ihm ausgehende Ionische Schule auch die Begründer und Träger der Theorie des Wasseraufstiegs im Erdkörper gewesen sind. Danach nimmt das Wasser als Urelement die räumlich tiefste Lage ein und trägt so die Erde. In deren Inneres wird das Wasser wie von einem Schwamm aufgesogen und tritt in höherer Lage in Form von Quellen und Flüssen wieder an die Oberfläche (Abb. 44, Kreislauf A). Das Wasser ist ursprünglich salzhaltig und verliert die Salzanteile durch Filtration während des Aufsteigens durch die Erdporen. *Hippon von Rhegion* (um 470–400 v. Chr.) vertrat die gleiche

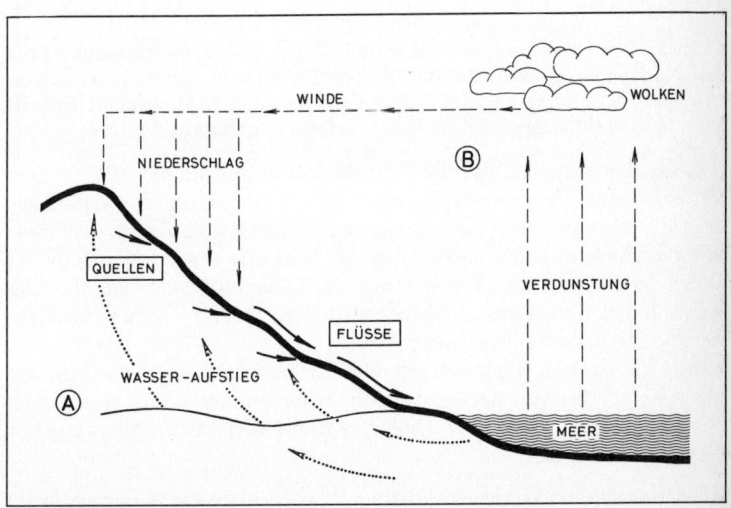

44: Naturphilosophische Ansätze über den Wiederaufstieg des Wassers aus dem Meer zu den Quellen der Bäche und Flüsse (A); atmosphärischer Kreislauf (B).

Auffassung, und *Platon* (427–347 n. Chr.) hat sie in seinem mythisch geprägten Dialog ‹*Phaidon*› übernommen.

Die Theorie, daß alles Wasser aus einem unterhalb der Erde befindlichen Meer stammt, hat sich neben der Lehre des atmosphärischen Kreislaufs noch über das ganze Mittelalter hin gehalten und ist erst mit dem Aufkommen der Naturwissenschaften nach der Renaissance ganz verschwunden.

Theorie des atmosphärischen Wasserkreislaufs

Der erste Vertreter der Auffassung eines Kreislaufs über die Atmosphäre (Abb. 44, Kreislauf B) war wohl *Xenophanes von Kolophon* (570 bis um 480 v. Chr.). Er ging davon aus, daß die Winde und Wolken auf Ausscheidungen aus dem Meer beruhen (Verdunstung und Wassertransport) und daß aus Wolken und Regen die Flüsse und Ströme entstehen. Den Salzgehalt des Meeres erklärte er aus dem Zusammenlaufen der Ströme, die beim Durchfließen der Länder irdische Stoffe aufnehmen. Die Verdunstung reinigt das Wasser von den Salzanteilen. Auch *Empedokles von Akragas* (um 500–430 v. Chr.) nahm an, daß sich alles Wasser im Meer sammelt und daß Quellen und Flüsse sich später, also sekundär, bilden. Den Salzgehalt des Meeres führte er auf Erdstoffe zurück, die aus der Erde gezogen und ins Meer getragen werden.

Anaxagoras von Klazomenai (um 500–428 v. Chr.) postulierte in seiner ‹*Meteorologie*›:

«Von der Feuchtigkeit auf der Erde entsteht das Meer, aus den Wassern der Erde und aus den Flüssen, die in das Meer fließen. Die Flüsse wiederum verdanken ihr Entstehen dem Regen und den Wassern innerhalb der Erde, denn die Erde ist hohl, und die Höhlungen sind mit Wasser gefüllt» (Anaxagoras, 59, 42, 4).

Anaxagoras erkannte also die Tatsache der unterirdischen Speicherung und erfaßte als Ursprung der Flüsse richtig den Regen und den Zufluß aus dem Untergrund. Wenn diese Speicher groß genug sind, fließen die Flüsse ununterbrochen; wenn nicht, fallen sie zeitweise trocken. In ähnlicher Weise beschrieb auch *Diogenes von Apollonia auf Kreta* (um 460–390 v. Chr.), daß Wasser aus dem Meer verdunstet und als Regen zurückkehrend wiederum die Flüsse speist.

Platon hat zwar im ‹*Phaidon*› mit dem mythischen Tartaros das Konzept eines unterirdischen, auf- und abschwellenden Reservoirs geschildert, beschreibt aber im späteren Dialog ‹*Kritias*› korrekt den Ursprung der Quellen und Flüsse:

«. . . und vor allem bekam es [das Land] von Zeus jedes Jahr sein Wasser, und dieses ging ihm nicht wie heute verloren, wo es aus dem kärglichen Boden ins Meer fließt, sondern weil das Land reichlich Erde hatte und das Wasser damit auftrank und es in

98

dem lehmhaltigen Boden bewahrte, ließ es das Naß von den Höhen herab in die Talgründe fließen und bot allerorten in Brunnen und Bächen reichliche Bewässerung. An den Orten, wo früher diese Quellen waren, sind auch heute noch Heiligtümer erhalten als Zeichen, daß das wahr ist, was ich jetzt von unserem Lande erzähle ...» (Platon, S. 314f.).

Die philosophische Entwicklung, die mit Thales von Milet begonnen hatte, erreichte in der Universalität und Wissenschaftlichkeit der Arbeiten des *Aristoteles* den höchsten Grad, der innerhalb des Rahmens der antiken Welt erreichbar war.

Sein Werk ‹*Meteorologica*› ist die älteste geschlossene Abhandlung über atmosphärische und hydrographische Fragen. Aristoteles deutete und erklärte darin weitgehend zutreffend die Verdunstung, die Kondensation bei abnehmender Temperatur, die Wolkenbildung sowie die Niederschläge Regen, Schnee, Tau und Reif. Wie viele seiner Vorgänger interpretierte allerdings auch Aristoteles die Kondensation als eine Verwandlung des Elements Luft in das Element Wasser. Das Meer sah Aristoteles im wesentlichen als tiefliegendes Becken, in dem sich alles durch die Flüsse aus höher gelegenen Gebieten zuströmende Wasser sammelt. Sein Salzgehalt stammt aus irdischen Stoffen, die über Verdunstung, Luftströmungen und Niederschläge in das Meer gelangen.

Die Römer mit ihrem rationalen, pragmatischen Zweckmäßigkeitsdenken waren die eigentlichen Ingenieure des Altertums. Während es den Griechen rein um das Wissen, die Erkenntnis ging, stand bei den Römern die Machbarkeit, die praktische Anwendung im Vordergrund. Sie erbrachten als Philosophen und Wissenschaftler kaum Leistungen, die denen der Griechen ebenbürtig gewesen wären oder sie auch nur annähernd erreichten. Über den Stand des Wissens auf dem Gebiet der Hydrologie in der Zeit des Römischen Reiches geben vor allem die Schriften folgender Autoren Auskunft:

– Marcus Vitruvius Pollio	1. Jahrh. v. Chr.
– Strabon	um 63 v. Chr. bis um 20 n. Chr.
– Lucius Annaeus Seneca	3 v. Chr. bis 65 n. Chr.
– Gaius Publius Plinius Secundus	24 bis 79 n. Chr.

Vitruv gab im Alter ein zehnbändiges Werk über die Architektur heraus (‹*De Architectura Libri Decem*›) und widmete es dem Kaiser Augustus (etwa 25 v. Chr.). Diese Schrift ist die einzige Darstellung der Baukunst der Antike, die vollständig erhalten geblieben ist. Fragen in bezug auf Wasser, Quellen, Brunnen und Wasserleitungen werden im 8. Buch behandelt. Die Darstellungen erscheinen dabei als eine Mischung von richtig gedeuteten Naturbeobachtungen, mythologisch bestimmten Anschauungen, magischen Deutungen, kritiklos wiedergegebenem Hörensagen und vernünftigen technischen Regeln. Sie sind historisch von Interesse, gehen jedoch nirgends genügend ins Detail, um klaren Aufschluß über das tatsächliche Verständnis der Römer über das Vorkommen und die Verteilung des Wassers in der Natur zu geben. Grundsätzlich scheint das hydrologische Wissen Vitruvs nicht den Kenntnisstand der Griechen zu überschreiten, teilweise erreicht es ihn nicht.

Strabon in seiner ‹Geographica› und *Plinius* in seiner ‹Naturalis Historica› erwähnen rein beschreibend hydrologische Vorgänge in der Natur. Die Darstellungen sind gewissenhaft und zuverlässig, Erklärungsversuche für die beobachteten Phänomene fehlen jedoch.

Seneca führt im 3. Buch seines Werkes ‹*Quaestiones naturales*› zunächst die älteren Auffassungen über den Ursprung und das Vorkommen des Wassers in und auf der Erde an: Die Theorie des Wasseraufstiegs (Thales, Hippon), die atmosphärische Theorie (Xenophanes, Diogenes, Anaxagoras), die Theorie des Bestehens großer Meere und Seen im Erdinnern (ohne Angabe griechischer Autoren) und schließlich die aristotelische Darstellung.

Den ersten drei Auffassungen widersprach Seneca, der des Aristoteles schloß er sich an, fügte jedoch als eigenständige Ansicht hinzu, daß sich im Erdinnern nicht nur Luft, sondern auch Erde in Wasser umwandelt. Insgesamt ging das Wissen Senecas über die Erkenntnisse der griechischen Philosophen wohl nicht hinaus.

Erosion und Sedimentation

Wasser und Boden sind die Grundlagen der landwirtschaftlichen Produktion. Während die ungleichförmige örtliche und zeitliche Verteilung des natürlichen Wasserdargebots weitgehend durch Wasserüberleitung und Wasserspeicherung ausgeglichen werden kann, ist die Erhaltung und Gewinnung von Ackerland ein sehr viel schwierigerer, teurerer und zeitaufwendigerer Prozeß. Darüber hinaus ist Bodenverlust durch Erosion ein irreversibler Vorgang.

Werden einmal die natürlichen Auswirkungen von Klimaänderungen oder langfristigen Wetterschwankungen außer acht gelassen, dann sind die Hauptursachen für die Zerstörung landwirtschaftlich nutzbarer Böden die vom Menschen in Gang gesetzten (anthropogenen) Prozesse der Überbeweidung, des Ackerbaus unter ungeeigneten Bedingungen und vor allem der Abholzung der Wälder. Diese Probleme sind nicht neu, sie haben jedoch heute bei der gegenwärtigen Bevölkerungsdichte der Welt alarmierende Ausmaße angenommen. Die Bodenzerstörung begann bereits, als der Mensch vor 5000 oder 6000 Jahren seßhaft wurde. Platon gibt im Dialog ‹Kritias› im Rahmen einer Darstellung der Zustände, wie sie 9000 Jahre vor seiner Zeit bestanden haben sollen, eine plastische und einprägsame Beschreibung der hydrologischen und morphologischen Bedingungen in Attika:

«An Fruchtbarkeit aber habe unser Land jedes andere übertroffen; darum sei es damals auch in der Lage gewesen, ein großes Heer von Leuten zu ernähren, die sich nicht mit dem Landbau beschäftigten. Und es ist ein schlagender Beweis für seine Fruchtbarkeit, daß nämlich das, was von ihm heute noch übrig ist, sich mit jedem anderen messen kann, sowohl durch die Mannigfaltigkeit und Schönheit seiner Früchte als auch durch die herrlichen Weiden, die es allen Tieren bietet. Damals aber waren die Früchte, die es trug, nicht nur schön, sondern auch in großer Fülle. Wie sollen wir das nun glauben können, und nach welchen Spuren, die vom damaligen Land noch übrig sind, dürfen wir diese Aussagen als richtig betrachten? Das ganze Land erstreckt sich ja vom übrigen Festlande weg wie ein Vorgebirge weit ins Meer hinaus, und das Meeresbecken ringsum fällt nahe der Küste in große Tiefe ab. In den neuntausend Jahren – so viele sind es nämlich seit jener Zeit bis heute gewesen – ereigneten sich zahlreiche gewaltige Überschwemmungen, und in dieser langen Zeit und unter diesen Ereignissen hat die Erde, die von den Höhen herabgeschwemmt wurde, nicht etwa einen mächtigen Damm gebildet, wie das an anderen Orten geschieht, sondern sie wurde jeweils ringsum getrieben und verschwand in der Tiefe. Wie man das bei den kleinen Inseln sehen kann, ist also, wenn man den heutigen Zustand mit dem damaligen vergleicht, gleichsam noch das Knochengerüst eines Leibes übrig, der von einer Krankheit verzehrt wurde: ringsum ist aller fette und weiche Boden weggeschwemmt worden, und nur das magere Gerippe des Landes ist übriggeblieben. Aber damals war dieses Land noch unversehrt, mit hohen, von Erde bedeckten Bergen, und die Ebenen, die man heute als rauh und steinig bezeichnet, hatten fetten Boden in reichem Maße, und auf den Höhen gab es weite Wälder, von denen noch heute deutliche Spuren sichtbar sind. Einige von diesen Bergen bieten jetzt einzig den Bienen noch Nahrung; es ist aber gar nicht so lange her, da waren von den großen Häusern, für deren Bedachung man dort die Bäume gefällt hatte, die Dächer noch wohlerhalten ...» (Platon, S. 313f.).

Diese Darstellung ist die älteste und dabei eine in jeder Hinsicht korrekte Beschreibung des Vorganges der Erosion und (implizit genannt) ihrer Hauptursache, der Abholzung der Wälder. Ein Beispiel für die Verhältnisse, wie sie Platon im ägäischen Raum vor Augen hatte, ist die Mündung des Großen Mäanders in Ionien, die sich unter Auffüllung einer tiefen Meeresbucht mit Erosionsmaterial im Verlauf der vergangenen 2500 Jahre rund 45 km nach Westen vorgeschoben hat (Abb. 45).

Recht und Verwaltung

Die ältesten in Gesetzen fixierten Regeln im Zusammenhang mit der Nutzung des Wassers und mit dem Schutz des Wassers finden sich in der Gesetzessammlung Hammurabis (s. S. 72). Dabei handelt es sich nicht um allgemeine Rechtsnormen, sondern um konkrete Sachverhalte und die zugehörigen Strafen. Auch im ägyptischen Kulturraum gab es zunächst kein kodifiziertes Gesetz, sondern Entscheidungen auf der Basis des Ge-

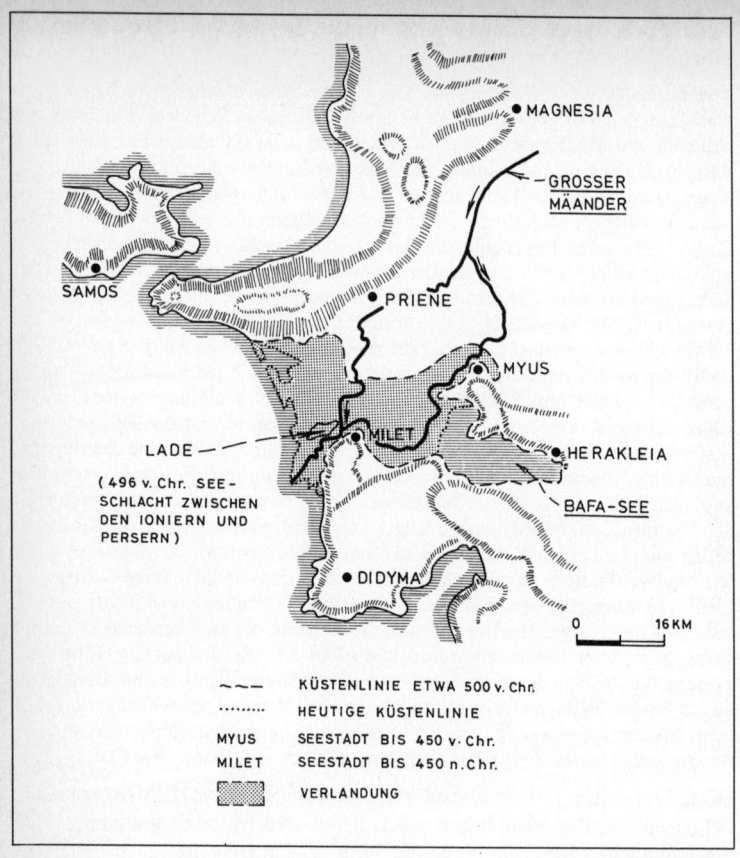

Within the map:

MAGNESIA

GROSSER
MÄANDER

SAMOS

PRIENE

MYUS

LADE

(496 v. Chr. SEE-
SCHLACHT ZWISCHEN
DEN IONIERN UND
PERSERN)

MILET

HERAKLEIA

BAFA-SEE

DIDYMA

0   16 KM

~ ~ ~   KÜSTENLINIE ETWA 500 v. Chr.
········· HEUTIGE KÜSTENLINIE
MYUS   SEESTADT BIS 450 v. Chr.
MILET   SEESTADT BIS 450 n. Chr.
▓▓▓   VERLANDUNG

45: Sedimentation vor der Mündung des Großen Mäanders und Verlandung der Seestädte Myus und Milet.

wohnheitsrechts durch die Ältesten-Gerichte oder Präzedenzentscheidungen durch den Pharao bzw. seine Wesire (Jürss, 1982). Erst später ist ein einheimisches, auf die speziellen Bedingungen Ägyptens zugeschnittenes Wasserrecht entstanden.

Im griechischen Siedlungsraum nach Abschluß der großen Kolonisation hat es offensichtlich ein systematisch durchgearbeitetes und zusammengefaßtes Wasserrecht nicht gegeben. Es bestand jedoch ein natürlich gewachsenes Rechtsgut, das Entscheidungen in wichtigen Fragen der Wasserversorgung ermöglichte. Obwohl Griechenland und seine Kolonien in eine große Anzahl von Stadtstaaten aufgesplittert waren, die alle ihre eigene Rechtsprechung hatten, stimmten die Wasserrechtsordnungen und -satzungen weitgehend überein (Koerner, 1970). Als früheste Verordnung ist ein Gesetz von Solon (um 600 v. Chr.) bekannt, das primär die Versorgungsregelung behandelte (Benutzung öffentlicher Brunnen, Bau eigener Brunnen, Kienast, 1979). Mit der gleichen Frage befaßte sich 200 Jahre später Platon, der versuchte, das geltende Recht im Zusammenhang mit seiner Ideenlehre auf überzeitliche Normen zurückzuführen. Der Grundanspruch im griechischen Wasserrecht war dabei jeweils, daß niemand an der Benutzung des Wassers gehindert werden durfte.

In bezug auf das Wassereigentum und die Rechtsansprüche von Privaten war wesentlich, daß einerseits das Wasser an Liegenschaften gebunden sein konnte und deren Besitzer damit das Wassereigentum innehatten, daß zum anderen aber Wasser rechtlich auch Einzelpersonen oder privaten Korporationen gehören konnte. Da im wasserarmen Griechenland der Anspruch auf genügend Wasser zum Leben und zum Wirtschaften offenbar ein allgemein anerkanntes Grundrecht war, bestanden auch rechtliche Regelungen, die das private Wassereigentum zugunsten anderer, weniger privilegierter Personen oder Gruppen einschränken konnten.

Das öffentliche Wasserrecht umfaßte im allgemeinen Anordnungen und Maßnahmen über die Wasserversorgung und Wasserbenutzung im Rahmen der Gemeinschaft, behandelte jedoch auch Fragen des Wasserschutzes (Sauberhaltung), der Wasserleitung (Zufuhr, Entwässerung) und der Wasserverteilung. Die Strafen für Übertretungen der wasserrechtlichen Ordnung waren empfindlich. Fremde und Sklaven wurden mit Schlägen oder Gefängnis bedroht, Einheimische mit Geldstrafen.

In den griechischen Gemeinwesen wurde die Wasserversorgung (Aufsicht, Planung, Bau, Unterhaltung) durch besondere Magistrate geregelt (Lexikon, 1965). Wie wichtig diese Aufgabe genommen wurde, geht nicht nur aus den Gesetzen selbst hervor, sondern auch aus der Tatsache, daß neben den Aufsehern für Militär- und Festausgaben auch das Amt des Verantwortlichen für die Wasserverwaltung durch Wahl (Handaufheben) besetzt wurde und nicht durch Los, wie alle anderen städtischen Beamtenstellen (Lang, 1968; Kienast, 1979). In Athen hatten u. a. Themistokles (Anfang 5. Jahrhundert v. Chr.) und Pytheas (Ende 4. Jahrhundert v. Chr.) dieses Amt inne.

Im Römischen Reich spielte sich das Leben im Grundsatz in den drei Bereichen Familie, Gemeinde und schließlich Imperium Romanum ab. Nur wenige Sektoren erforderten dabei eine über die Familie hinausgehende Regelung, so z. B. der Schutz vor äußeren Feinden, die Befriedigung der Ansprüche der Götter und Streitigkeiten zwischen den Angehörigen verschiedener Familien. Zum Teil gehörte auch die Sicherung der Versorgung der Gemeinden mit Trinkwasser dazu (Eck, 1983).

Die Wasserversorgung der Hauptstadt Rom war seit dem 4. Jahrhundert v. Chr. als gesamtheitliche Aufgabe anerkannt. Ihre Sicherung lag jedoch, von allgemeinen öffentlichen Direktionen abgesehen, zunächst in privaten Händen. In republikanischer Zeit stand das Wasser über die Laufbrunnen der Stadt der Bevölkerung frei zur Verfügung. Vom Überlaufwasser abgesehen, wurden reine Privatleitungen von der Volksversammlung nur bei besonderen Verdiensten um die Allgemeinheit bewilligt. Die Regelung von Streitfragen oblag den Ädilen. Nach dem Tod des Agrippa 12 v. Chr. wurden alle Maßnahmen, die das Wasserwesen Roms betrafen, direkt von den Kaisern veranlaßt. Zuständig für die Gesamtaufsicht war ein ‹curator aquarum›, dem neben der Durchführung der technischen Maßnahmen auch die Entscheidung in rechtlichen Streitfragen und die Ahndung strafrechtlicher Vorkommnisse oblag (Eck, 1982).

Zusammenfassend läßt sich sagen, daß es in der Antike eine gesonderte Wasserrechtsgesetzgebung nicht gegeben hat. Die Hoheit über das Wasser und das Land lag in den alten Kulturen beim Pharao oder beim König, dem es als Mittler zwischen den Göttern und den Menschen oblag, für die Wohlfahrt der Gesellschaft Sorge zu tragen. Die Administration der Versorgung erfolgte durch staatliche Institutionen, oft unter unmittelbarer Einflußnahme des Herrschers. Später übernahmen die Gemeinden die Verpflichtungen. Die Einhaltung von allgemeinen, in der Tradition (dem Gewohnheitsrecht) und in den jeweiligen Gesellschaftsordnungen (geltende Rechtsnormen) verankerten Regeln wurden von staatlich eingesetzten Institutionen überwacht. Rechtsabweichungen wurden mit Strafen belegt, deren Maß kodifiziert war oder jeweils für den besonderen Fall nach den allgemeinen strafrechtlichen Grundsätzen festgelegt wurde.

Zusammenfassung

Die griechischen Naturphilosophen haben in ihrem Bestreben, sich aus den mythologischen Betrachtungsweisen zu lösen und die Abläufe des Geschehens in der erkennbaren Welt rational zu erklären, auch meteorologisch-hydrologische Vorgänge behandelt. Xenophanes, Diogenes von Appolonia, Anaxagoras und Aristoteles haben den hydrologischen Kreislauf in seinem grundsätzlichen Ablauf erkannt und beschrieben. Wird von der Annahme der Umwandlung von Luft in Wasser innerhalb der Erde abgesehen, so haben alle den Ursprung der Quellen und Flüsse richtig gedeutet. Auch Platon beschreibt diesen Vorgang in seinem ‹Kritias› korrekt.

Das wesentliche Ergebnis der philosophischen Bestrebungen in den drei Jahrhunderten von 600 bis 300 v. Chr. war der Durchbruch zu einer wissenschaftlichen Durchdringung der Naturphänomene. Die überragende

Bedeutung des Elements Wasser in der Natur wurde klar erkannt und formuliert. Thales sah das Wasser als den Ursprung allen Seins an, und Platon vermochte sich den Idealstaat nicht anders vorzustellen als von Kanälen durchzogen.

Die Hoheit über Wasser und die Verwaltung der Wasserversorgung einschließlich der Rechtsprechung lag unmittelbar beim Herrscher bzw. bei den von ihm eingesetzten Institutionen.

3. Hydrostatik und Hydraulik

Die Hydrostatik des Archimedes

Während im Wissen über den Ursprung und das Vorkommen des Wassers auf der Erde (Hydrologie) im Zeitraum zwischen 600 v. Chr. und 300 v. Chr. große Fortschritte erzielt wurden, blieb es bei den Kenntnissen über das Verhalten des Mediums Wasser (Hydraulik) zunächst völlig bei den qualitativen Erfahrungsregeln der naturmythologisch geprägten Vergangenheit.

Es war dann Archimedes (287–212 v. Chr.), der mit seinen Gedanken das Wissen um die Eigenschaften und das Verhalten des Wassers im Zustand der Ruhe einen gewaltigen Schritt voranbrachte. Archimedes war als Wissenschaftler seiner Zeit weit voraus und gilt als ‹ein Genie, das sich nur mit Galilei oder Newton vergleichen läßt›. In der Überlieferung lebt er sowohl als Physiker und Mathematiker wie auch als hervorragender Techniker und Ingenieur.

Archimedes analysierte physikalisch und mathematisch korrekt Fragen des Auftriebs und der Stabilität des Schwimmens. Seine Hydrostatik war eines der die Zeiten überdauernden Werke der Griechen. Bis ins Mittelalter hinein ist die physikalische Begründung und der mathematische Nachweis der Richtigkeit seiner Auffassungen wahrscheinlich nur von wenigen verstanden worden. Der große Mathematiker Lagrange vermerkte rund 2000 Jahre später, daß die Arbeiten des Archimedes hervorragende Monumente sind und seine Genialität unter Beweis stellen. Die Neuzeit hat der Theorie der Stabilität schwimmender Körper nur wenig hinzugefügt.

Mit Archimedes, dem Schöpfer einer rein mathematisch-physikalischen Betrachtungsweise (die dann seit etwa der Renaissance die erstaunliche Entwicklung der Technischen Mechanik bewirkte), fand die große Zeit der griechischen und damit der antiken Wissenschaft ihr Ende.

Hydraulische Maschinen

Aus den letzten Jahrhunderten v. Chr. ist eine ganze Reihe von Schriften erhalten, in denen über Erfindungen berichtet wird, die in Verbindung mit Wasser stehen. Alle Verfasser haben ganz oder zeitweise in Alexandria gelebt, der Stadt, die in den Jahrhunderten um die Zeitwende im Mittelmeerraum führend in der kulturellen Entwicklung war.

Ktesibius, der zur Zeit Ptolemaios II. (285–246 v. Chr.) in Alexandria lebte, war, wenn der Vergleich erlaubt ist, der ‹Edison› seiner Zeit. Auf ihn gehen die Erfindungen der doppelt wirkenden Wasserpumpe, der Wasserorgel, der Metallfedern und einer Reihe von Wasseruhren zurück. Die Wasserpumpe war eine durchaus brauchbare Maschine, und Überreste mehrerer Pumpen dieser Art aus der Antike sind gefunden worden. Die Orgel bestand aus einer zweigliedrigen Luftpumpe, die über einen Windkessel und über Rohre mit einem Satz von Pfeifen verbunden war. Die Handhabung erfolgte über eine Klaviatur zur Bedienung der zwischengeschalteten Ventile, die sich über die Wirkung von Eisenfedern zurückstellten. Für seine Wasseruhren benutzte Ktesibius drei Gefäße: ein Zulaufgefäß, ein Überlaufgefäß mit konstantem Ausfluß und ein Meßgefäß, in dem ein Korkenschwimmer gleichmäßig aufstieg.

Philon von Byzanz war möglicherweise ein Schüler des Ktesibius. In seinen Schriften, soweit sie erhalten geblieben sind, werden pneumatische und hydraulische Vorrichtungen, Katapulte, Kriegsausrüstungen und Belagerungsmaschinen dargestellt. Viele der Apparate waren trickreiche mechanische Spielzeuge (teilweise für Tempelzwecke). Dabei verwendete Philon u. a. auch Wasserräder in vielfältiger Form. Die von ihm beschriebenen Schaufelräder sind der erste belegte Fall einer Nutzung der Energie des fließenden Wassers (s. S. 110).

Der fähigste der Erfinder und Konstrukteure war zweifellos *Heron von Alexandria* (wahrscheinlich 1. Jahrhundert n. Chr.). In seinen Schriften befaßt er sich mit Mechanik, Pneumatik, Belagerungsmaschinen, Automatentheatern, Vermessungsinstrumenten, geometrischen Fragen und Spiegeln (Optik). Seine Beschreibungen wiederholen, modifizieren und erweitern die Erfindungen von Ktesibius und Philon. Heron war darüber hinaus auch ein geschickter Mathematiker und kam nahe daran, über seine Betrachtung der Hebelwirkung den modernen Begriff ‹Arbeit = Kraft × Weg› zu entwickeln. Die von ihm gegebene Darstellung eines auf einen Schwimmer montierten Hebers, der einen konstanten Abfluß liefert, war vielleicht der erste implizite Ausdruck des Zusammenhangs zwischen Druckhöhe und Abfluß. Eine sich unter der Wirkung von zwei austretenden Dampfstrahlen drehende Kugel ist die erste bekannte Anwendung des Reaktionsprinzips für die Bewegung von Körpern (Abb. 46).

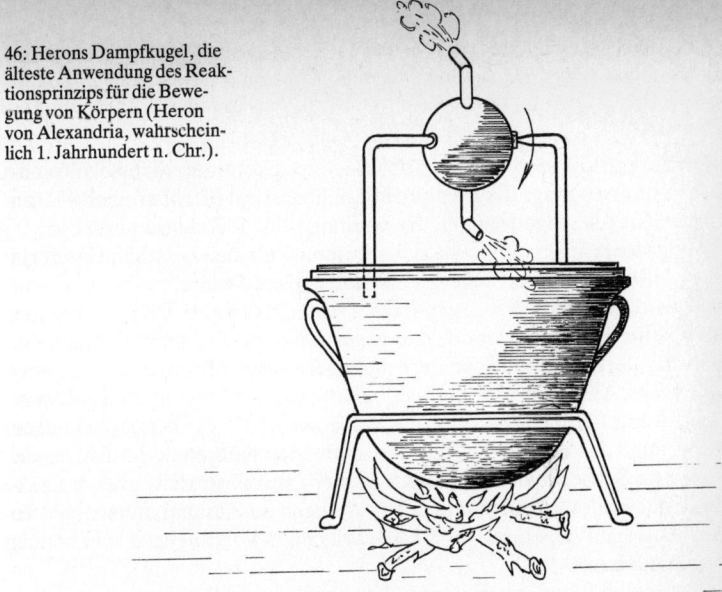

46: Herons Dampfkugel, die älteste Anwendung des Reaktionsprinzips für die Bewegung von Körpern (Heron von Alexandria, wahrscheinlich 1. Jahrhundert n. Chr.).

Die Originalität aller dieser hydraulisch-technischen Erfindungen ist unbestritten und wurde über viele Jahrhunderte hinweg bewundert. Eine wesentliche Erweiterung des Wissens, d. h. der wissenschaftlichen, grundsätzlichen Erkenntnisse erbrachten sie jedoch nicht. Sie beruhten auf Probieren, auf ‹Versuchen› im Wortsinne, ohne daß allgemeingültige Gesetze abgeleitet oder formuliert wurden.

Erste Ansätze der Hydraulik

Eine Ausnahme von der vorstehend gemachten Feststellung, daß grundsätzliche Zusammenhänge nicht erkannt und formuliert wurden, findet sich bei Heron. Er hat als erster in der Geschichte der Wissenschaften vom Wasser die Bedeutung des Zeitelements bei der Bestimmung des Abflusses erkannt. Er war der erste und anscheinend der einzige, der zu dieser Zeit im Begriff ‹Volumen je Zeiteinheit› zu denken in der Lage war. Im Zusammenhang mit Empfehlungen für die mengenmäßige Bestimmung von Quellschüttungen schreibt er:

«... Man muß jedoch wissen, daß es, um zu erkennen, wieviel Wasser die Quelle liefert, nicht genügt, die Ausdehnung des Abflußstromes zu kennen ... sondern man auch seine Geschwindigkeit kennen muß. Denn ist der Abfluß ein geschwinderer, so liefert die Quelle mehr, ist er ein langsamerer, so liefert sie weniger Wasser.

107

Man muß daher unterhalb des Quellabflusses ein Reservoir graben und mit einer Sonnenuhr beobachten, welches Quantum Wasser in einer bestimmten Zeit abfließt ... denn die Leistungsfähigkeit wird durch die Zeit klar ...» (Heron, Kap. XXXI, S. 287)

Die Erkenntnis, daß bei der Erfassung eines kontinuierlich ablaufenden Strömungsvorgangs die Zeit einzubeziehen ist, ist offenbar über Alexandria nicht hinausgedrungen. Es mußten noch 1500 Jahre vergehen, bis Leonardo da Vinci und Castelli die Zusammenhänge zwischen Geschwindigkeit, Querschnittsfläche und Abfluß neu entdeckten.

Aus den Schriften Vitruvs (*De Architectura Libri Decem*) ergeben sich keine Hinweise darauf, daß gegen Ende des letzten vorchristlichen Jahrhunderts ‹hydraulische Berechnungen› ausgeführt wurden. Nur einer der sechs Abschnitte im 8. Buch befaßt sich mit Fragen der Hydraulik. Vitruv empfiehlt ein Gefälle von 0,25 % bis 0,50 % für Wasserkanäle, berührt vage das Prinzip der kommunizierenden Röhren und weist auf Gefahr von Schäden an den Rohrkrümmern von Druckleitungen hin. Die fehlenden oder unzutreffenden Erklärungen im Zusammenhang mit diesen Aussagen zeigen, daß er die beschriebenen Vorgänge nur sehr bedingt verstanden hat.

Über den Stand des Wissens über hydraulische Zusammenhänge gibt noch am ehesten die Schrift des Frontinus über die Wasserversorgung der Stadt Rom Auskunft. Frontinus war von 97 bis 103 n. Chr. ‹curator aquarum› und hat eine ausführliche Darstellung der Anlagen und der Verwaltung der stadtrömischen Wasserversorgung hinterlassen.

Voraussetzung für eine Verteilung des Wassers in Rom war die Kenntnis der zur Verfügung stehenden Menge, die nur durch Messungen in den Zuflußkanälen bestimmt werden konnte. Seit alters her waren Längen-, Flächen-, Hohlmaße und Gewichte bekannt. Beim Schöpfen von Wasser aus Brunnen oder Becken eigneten sich Hohlmaße zur quantitativen Bestimmung. Für ein in Kanälen ununterbrochen fließendes Wasservolumen gab es zur Mengenermittlung aus der Überlieferung oder aus der gängigen Meß- und Wägepraxis passende Einheiten jedoch nicht. Es ist heute bekannt, daß diese Einheit das auf die Zeit bezogene Volumen (m^3/s) ist. Die Römer vermochten noch nicht, die Zeit quantitativ über die Geschwindigkeit in das Meßsystem einzubeziehen und versuchten sich daher mit den gewohnten Dimensionen zu behelfen. Nach den Ausführungen des Frontinus' wurde bei Freispiegelkanälen die durchflossene Querschnittsfläche durch Multiplikation der Abflußtiefe mit der Wasserspiegelbreite in Quadratfuß errechnet und dadurch der Abfluß bestimmt. Die Einheit des Abflusses war die Flächeneinheit quinaria, die nach Frontinus 4,2 cm^2 betrug.

Frontinus war ein guter Beobachter und erwähnt mehrfach, daß offensichtlich auch ein Zusammenhang zwischen dem Gefälle und der Wassergeschwindigkeit besteht und daß die Größe des Abflusses von der

Geschwindigkeit beeinflußt wird. Den erahnten bzw. erfühlten Zusammenhang zwischen Abfluß und Fließgeschwindigkeit vermochte er jedoch nicht, wie Heron, in Worten eindeutig zu formulieren oder gar bei seinen Messungen zu berücksichtigen.

Die Lebenszeit Herons ist nicht bekannt. Vermutungen reichen vom 2. Jahrhundert v. Chr. bis zum 1. Jahrhundert n. Chr. oder sogar noch später. Da er Angaben über eine in Alexandria und Rom gleichermaßen sichtbare Mondfinsternis macht, die nach heutiger Kenntnis im fraglichen Zeitraum nur am 13. März 62 n. Chr. stattgefunden haben kann, ist anzunehmen, daß er im späten 1. Jahrhundert n. Chr. gelebt hat. Wenn auch Alexandria im Römischen Reich lag, so waren die Schriften Herons und damit seine Erkenntnisse über die Wassermessung in Rom offensichtlich nicht bekannt.

4. Erste Nutzungen der Wasserkraft

Allgemeines

Im täglichen Leben menschlicher Gesellschaften gibt es eine große Zahl von Arbeiten und mechanischen Verrichtungen, zu deren Durchführung beträchtliche Energie aufgewendet werden muß. Als Energiequelle stand dafür im Altertum nur die Muskelkraft (Mensch, Tier) zur Verfügung. Die Anwendung physikalischer Gesetze (Hebel, Winde, Flaschenzug) erlaubte es zwar, die Wirkungen dieser Kräfte begrenzt zu vergrößern, eine Erweiterung des verfügbaren Energiepotentials war jedoch nur durch eine Heranziehung von anderen Kräften aus der unbelebten Natur möglich.

Die erste Nutzung sich immer erneuernder Naturkräfte war die Erhöhung des Transportvermögens (größere Lasten, größere Entfernungen) von Fluß- und Küstenschiffen durch die Einführung des Segels. Windkräfte übertreffen die menschliche Muskelkraft (rudern, staken, treideln) um ein Vielfaches. Da die ältesten bekannten ägyptischen Schiffe hydrodynamisch bereits gut durchgebildet waren und auch Segel trugen, muß der Beginn der windunterstützten Schiffahrt auf den Flüssen und entlang der Küsten bereits vor 3000 v. Chr. gelegen haben.

Eine Nutzung der dem Wasser innewohnenden Kräfte zum Antrieb von Schöpfwerken oder Mühlen ist dagegen erst aus den letzten Jahrhunderten vor Christi Geburt bekannt, mehr als 2500 Jahre nach der ersten Nutzung der Windkraft. Das Arbeitsvermögen des Wassers in der Natur beruht grundsätzlich auf seinem Potential an Höhe, das im Rahmen des hydrologischen Kreislaufs durch die Zuführung von Sonnenenergie (Verdunstung) gewonnen wird. Ein Höhenpotential ist gleichbedeutend mit einem Druckpotential, das in Geschwindigkeit umgewandelt werden kann. Die Einrichtung, über die Wasserdruck, Wassergeschwindigkeit oder Wassergewicht in mechanische Arbeit umgesetzt werden können, ist dabei von den ersten Anfängen bis heute unverändert das Rad, zunächst in der einfachen Form des Wasserrades, später in der verfeinerten Form der Wasserturbine.

Durch Wasserkraft angetriebene Schöpfwerke

Das ursprüngliche manuelle Schöpfen und Heben von Wasser mit Kürbisflaschen, Krügen oder Eimern wurde im Verlauf der Entwicklung zunächst durch den Einsatz einfacher mechanischer Hilfsmittel erleichtert und dann durch den Einsatz tierischer Muskelkraft ergänzt (s. S. 48 ff). Wasserhebeeinrichtungen dieser Art wurden in der Antike nicht nur in Verbindung mit Wassernutzungen, sondern auch zur Wasserhaltung im Bergbau verwendet. So wurden aus der römischen Kaiserzeit in spanischen, portugiesischen, englischen und rumänischen Gruben eine ganze Reihe von Wasserheberädern gefunden, die alle durch Menschenkraft betrieben worden waren. Das bekannteste Beispiel für derartige Anlagen sind die Wasserräder aus den Kupferminen bei Huelva im Gebiet des Rio Tinto in Spanien, in denen u. a. eine Anlage von acht Radpaaren mit einer Gesamtförderhöhe von 29 m betrieben wurde.

Wie bei den mit Muskelkraft betriebenen Schöpfwerken, so sind auch bei den Wasserkraftmaschinen die frühesten Anlagen nur aus literarischen Zeugnissen bekannt. Die Beschreibungen lassen jedoch oft eine recht genaue Rekonstruktion zu. Darüber hinaus ist davon auszugehen, daß viele der heute im Mittelmeerraum noch betriebenen Anlagen ihren historischen Vorgängern weitgehend gleichen.

Die älteste Beschreibung eines wassergetriebenen Schöpfwerks aus dem ausgehenden 3. Jahrhundert v. Chr. geht auf Philon von Byzanz zurück. Er beschreibt eine über zwei Achsen laufende, endlose Eimerkette, bei der die Antriebseinrichtung (wahrscheinlich eine Art unterschlächtiges Wasserrad) an der unteren Achse befestigt ist. Die Leistung dieser Anlage (Schöpfmenge und -höhe) wird durch die Stärke des treibenden Wasserstroms bestimmt (Abb. 47). Das quasi-kontinuierliche Heben von Wasser über Metallbehälter an einer endlosen Gliederkette, angetrieben durch ein Wasserrad, ist bereits eine recht anspruchsvolle Konstruktion. Es kann daher wohl davon ausgegangen werden, daß dieses Schöpfwerk einfachere Vorläufer hatte.

Die nächste Erwähnung von wassergetriebenen Hebewerken findet sich bei Lucretius (97–55 v. Chr.). Er versuchte in seinem Werk ‹De rerum natura› zu erklären, wie sich die Sphäre mit den Himmelskörpern um die Erde dreht und zieht dabei als plastischen Vergleich Wasserräder

47: Durch ein unter-
schlächtiges Wasserrad
angetriebene Schöpfei-
merkette. Nach Philon
von Byzanz, um 230
v. Chr.

heran: «... so wie wir sehen, daß die Flüsse Wasserräder und Schöpfräder drehen ...» Wenn ein solches Bild zum Vergleich herangezogen wird, dann ist wohl anzunehmen, daß von der Strömung angetriebene Räder zu dieser Zeit allgemein bekannt waren.

Vitruv befaßt sich im 10. Buch seiner ‹De architectura libri decem› u. a. mit den verschiedenen Arten, Wasser zu heben und beschreibt recht detailliert strömungsgetriebene Schöpfräder:

«Es werden aber auch in Flüssen Schöpfräder nach den gleichen, oben beschriebenen Methoden gebaut. Ringsum werden an ihren Mänteln Schaufeln befestigt, und wenn diese von der Wasserströmung erfaßt werden, zwingen sie durch ihr Vorrükken das Rad, sich herumzudrehen. So schöpfen sie mit Kästen das Wasser, tragen es, ohne daß Arbeiter eine Tretvorrichtung in Bewegung setzen, durch die Strömung des Flusses in Drehung versetzt, nach oben und liefern so das Wasser ab, das notwendig gebraucht wird» (Vitruv, S. 483).

In den Zeugnissen von Philon, Lucretius und Vitruv werden jeweils durch Wasserströmungen angetriebene Schöpfwerke beschrieben. Da alle drei Autoren in der Zeit zwischen 220 v. Chr. und der Zeitenwende lebten, ist zu vermuten, daß die früheste Nutzung der Kraft fließenden Wassers im 3. oder vielleicht auch bereits im 4. Jahrhundert v. Chr. erfolgte. Schöpf-

räder der Art, wie sie Vitruv beschreibt, werden in den verschiedensten
Formen und Größen unter dem Namen Noria noch heute in fast allen
Bewässerungsländern verwendet (Abb. 48).

Wassergetriebene Mühlen

Die ursprüngliche, mühsame Art der Mehlherstellung durch das manuelle Zermahlen von Getreide zwischen zwei Steinen wurde zunächst
durch die Erfindung der Hebelmühle erleichtert, bei der ein kreisrunder
Stein um seinen Mittelpunkt vor- und zurückgedreht werden oder auch
eine komplette Kreisbewegung ausführen konnte. Walzen- und Glocken-
mühlen erlaubten dann im weiteren Verlauf der Entwicklung ein kontinu-
ierliches Kreisen der Mahlsteine und damit den Einsatz von Tieren für
den Antrieb der Mühlen.

Bei der reinen Drehmühle mit flachen, kreisrunden Mahlsteinen ist
auch ein Antrieb durch Wasserräder möglich. Den ältesten Hinweis für

112

diesen Schritt von der Muskelkraft zur Wasserkraft gibt ein griechisches Epigramm in der Palatinischen Anthologie. Es schildert die Befreiung der Bediensteten (Mägde, Sklaven) von der Fronarbeit des Mahlens mit der Hand:

«Laßt die Hände nun ruhen, ihr Mädchen, vom Mahlstein, schlaft länger, wenn auch das Krähen des Hahnes den Morgen ankündet. Ceres hat ihren Nymphen befohlen, eurer Hände frühere Arbeit zu tun. Von oben auf das Rad springen die Geister des Wassers, drehen die Achsen und mit ihr die Speichen des Rades, das wirbelnd umläuft, dadurch die schweren zermalmenden Mühlsteine tanzen lassend» (Camp, 1964, S. 283).

Es wird allgemein als sicher angenommen, daß der Autor dieser Schrift Antipatros von Thessaloniki war, der gegen Ende des letzten Jahrhunderts v. Chr. in Italien lebte.

Vitruv beschreibt im 19. Buch seines Werkes eine Anlage, bei der die Drehung eines unterschlächtigen Wasserrades (horizontale Achse) über ein Kammradgetriebe auf die vertikale Achse des Mühlsteins übertragen wird (Abb. 49):

«Nach demselben Prinzip [wie das Wasserschöpfrad] werden auch Wassermühlen getrieben, bei denen sonst alles ebenso ist, nur ist an dem einen Ende der Welle ein Zahnrad angebracht. Dies ist senkrecht auf die hohe Kante gestellt und dreht sich gleichmäßig mit dem Rad in derselben Richtung. Anschließend an dieses größere Zahnrad ist ein (kleineres) Zahnrad horizontal angebracht, das in jenes eingreift.

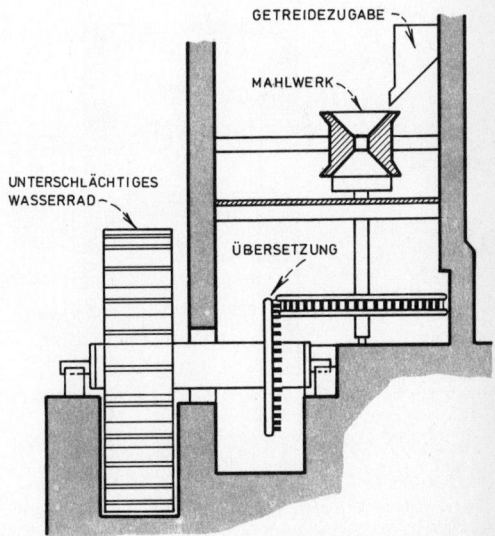

49: Rekonstruktion einer Getreidemühle mit Antrieb durch ein unterschlächtiges Wasserrad nach der Beschreibung von Vitruv.

So erzwingen die Zähne jenes Zahnrades, das an der Welle (des Schaufelrades) angebracht ist, dadurch daß sie die Zähne des horizontalen Zahnrades in Bewegung setzen, eine Umdrehung der Mühlsteine. Bei dieser Maschine führt ein Rumpf (Mühlentrichter), der darüber hängt, das Getreide zu, und durch dieselbe Umdrehung wird das Mehl erzeugt» (Vitruv, S. 484).

Strabon, ein Zeitgenosse des Antipatros, erwähnt, daß im Königreich des Mithridates (132–63 v. Chr.) bei Kabera im Pontus (Kleinasien) eine wassergetriebene Mühle bestanden hat.

Diese Zeugnisse belegen die Verwendung von Wasserkraft zum Antrieb von Mühlen für die Zeit um bzw. nach 100 v. Chr. Wassermühlen scheinen damit etwas jünger zu sein als wassergetriebene Schöpfräder. Noch heute werden in vielen Ländern des Mittelmeerraumes und des Nahen Ostens Wassermühlen in der gleichen Art und Weise gebaut und betrieben, wie sie Vitruv dargestellt hat.

Oberschlächtige Wasserräder sind dagegen erst aus den Jahrhunderten nach der Zeitenwende belegt. Die erste Schiffsmühle wurde 537 n. Chr. in Rom gebaut. Die die Stadt belagernden Goten hatten alle Wasserzuleitungen zerstört und damit auch den Betrieb der wassergetriebenen Mühlen unterbunden. Der Feldherr Belisar ließ daraufhin Mühlwerke auf Schiffe setzen, die dann im Tiber verankert wurden.

Im Gedicht des Antipatros von Thessaloniki wird von den Geistern des Wassers gesprochen, «die von oben auf das Rad springen». Das ist eine

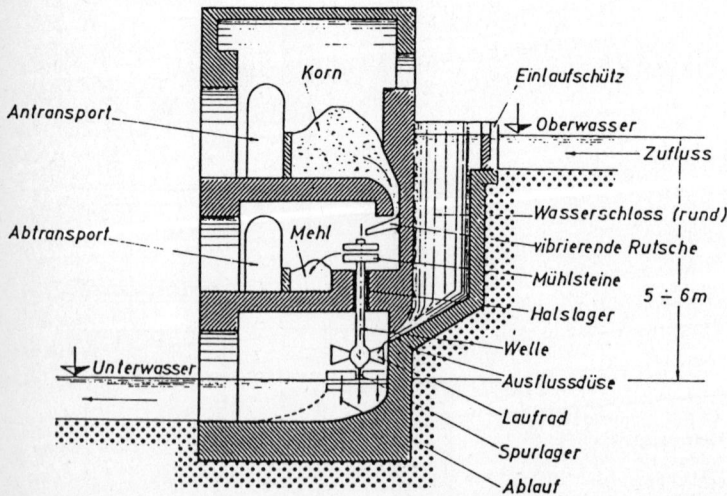

50: Querschnitt einer altiranischen Mühle vom Typ der Arubah-Mühlen.

114

Formulierung, die sich auch dahingehend deuten läßt, daß hier ein horizontales Wasserrad mit vertikaler Wasserzuführung beschrieben wird. Philon und Vitruv weisen ebenfalls darauf hin, daß es außer den unterschlächtigen Rädern noch andere Arten von Wasserrädern gegeben hat.

Der Vorteil von Wasserrädern mit vertikaler Achse ist, daß der darüber liegende Mahlstein direkt und ohne Kupplung angetrieben werden kann. Derartige Anlagen sind technisch anspruchsvoller, und ihre Effizienz hängt weitgehend von der Form des Rades und vor allem von der Art der Wasserzuführung zum Rad ab. Nur wenn das Wasser gebündelt und schräg in das Rad eintritt, können gute Wirkungsgrade erzielt werden. Wird das Rad nicht direkt aus einer offenen Schußrinne beschickt, sondern wird ihm zum Zweck der Strahlzusammenfassung ein Druckschacht vorgeschaltet, dann können mit derartigen Mühlen auch größere Druckhöhen genutzt werden (Abb. 50).

Mühlen dieser Art, die sogenannten Arubah-Mühlen, sind besonders für bergige Regionen mit geringem Wasserdargebot geeignet. Im südlichen Persien sind derartige Anlagen aus sassanidischer Zeit (226–800 n. Chr.) in großer Zahl gefunden worden. Das Stauwerk Bend-e-Amir südlich von Persepolis wurde um 1000 n. Chr. als oberste von sechs Staustufen einer Staukette am Kor-Fluß und als Mehrzweckanlage zur Bewässerung und zum Betrieb von Arubah-Mühlen gebaut. Die sechs Staustufen haben 5 bis 10 m Höhe, bis zu 220 m Länge und versorgten bis zu je 30 solcher Mühlen (Hartung, 1972).

51: Überreste der römischen Mühlenanlage bei Arles in Südfrankreich.

115

52: Versuch einer Rekonstruktion der Mühlenanlage bei Arles.

Die wohl größte und leistungsfähigste Mühlenanlage der Antike wurde (wahrscheinlich zu Beginn des 4. Jahrh. n. Chr.) bei Barbegal in der Nähe von Arles in Südfrankreich gebaut. Sie stand auf einem etwa 25 m hohen, 1:3 geneigten, felsigen Geländeabfall (Abb. 51) und erhielt ihr Wasser durch einen Kanal aus dem Tal Les Baux. Der Abfluß von 250 bis 300 l/s teilte sich nach Passieren des Felsrückens hälftig auf zwei Reihen von je acht hintereinander gestaffelten Wasserrädern auf. Ob die Beaufschlagung oberschlächtig oder unterschlächtig erfolgte, ist aus den archäologischen Befunden mit letzter Sicherheit nicht bestimmbar. Die meisten Autoren gehen von oberschlächtigen Wasserrädern aus (Abb. 52).

Die rechts und links einer mittigen Treppenpassage liegenden jeweils acht Stufen haben je etwa 2,60 m Höhe. Die an der Außenseite der beiden Mühlentrakte angeordneten Wasserräder waren 60 bis 70 cm breit und besaßen einen Außendurchmesser von etwa 2,10 m. Die Kupplung durch Kammräder lag unter den eigentlichen Mahlstuben. Die unteren (festen) Mühlsteine hatten bei 45 cm Stärke einen Durchmesser von 90 cm. Die Leistung der Gesamtanlage dürfte in der Größenordnung von 30 bis 40 kW gelegen haben. Die Schätzwerte über die Mehlproduktion dieser Großanlage gehen weit auseinander. Vielleicht ist es realistisch, von einer Erzeugung von 300 bis 500 kg Mehl je Stunde auszugehen.

116

Zusammenfassung

Die älteste Nutzung einer Naturkraft, die des Windes zur Fortbewegung von Schiffen, liegt bereits in vorgeschichtlicher Zeit. Das Potential der natürlichen Wasserkräfte zur Ergänzung bzw. zum Ersatz von Muskelkraft (Mensch, Tier) wurde erst verhältnismäßig spät gegen Ende des letzten vorchristlichen Jahrtausends genutzt. Zunächst wurden unterschlächtige Wasserräder zum Heben von Wasser für Bewässerungszwecke und zur Trinkwasserversorgung verwendet und kurz darauf auch zum Antrieb von Mühlen. Zeugnisse über Wasserkraftnutzung durch die effizienteren oberschlächtigen Wasserräder liegen erst aus dem 4./5. Jahrhundert n. Chr. vor. Die ersten Schiffsmühlen wurden 537 n. Chr. bei der Belagerung Roms durch die Goten gebaut.

Es ist immer wieder erstaunlich festzustellen, wie wenig sich die Formen der Wasserkraftnutzung von der Antike bis heute verändert haben. Viele der wasserbetriebenen Schöpfwerke und Mühlen, die heute noch allerorts im Nahen Osten anzutreffen sind, errichtet und betrieben nach örtlichen Traditionen, erwecken den Anschein, als ob sie nach den Vitruvschen Anweisungen gebaut wurden. Auch das Rad, mittels dessen die Wasserkraft in mechanische Arbeit umgesetzt wird (unterschlächtiges oder oberschlächtiges Wasserrad, Pelton-, Francis-, Propellerturbine), hat sich über die Jahrtausende hinweg zwar in der Form gewandelt, ist aber im Grundsatz unverändert geblieben.

5. Flußbau

Flußbaumaßnahmen in Ägypten

Die älteste unter den Begriff Flußbau einzuordnende Großbaumaßnahme in Ägypten dürfte eine Verlegung des Nils durch König Min (Menes) um 3000 v. Chr. gewesen sein. Herodot, der Ägypten 445 v. Chr. besuchte, schreibt dazu:

«... von Min, dem ersten König Ägyptens, erzählen die Priester, daß er das Land abgedämmt habe, auf dem die Stadt Memphis steht. Denn weil der Fluß ehedem seinen Lauf entlang dem sandigen Gebirge auf der libyschen Seite hatte, ließ dieser König etwa hundert Stadien oberhalb von Memphis einen Damm aufwerfen und zwang den Fluß zu der Einbiegung auf der Südseite der Stadt, das alte Bett aber legte er trocken und bewirkte, daß der Fluß fortan inmitten der beiden Gebirge in einem Kanal strömte. Diese Biegung des Flusses wird noch jetzt von den Persern fleißig bewahrt und behütet, damit der Damm nicht durchbreche, und alle Jahre aufs neue befestigt. Denn gelänge es dem Nil, an dieser Stelle durchzubrechen, stünde ganz Memphis in Gefahr, überflutet zu werden. Nachdem also das abgedämmte alte Bett trockengelegt war, habe dieser Min, der erste König, dort eine Stadt gegründet, die jetzt Memphis heißt ...» (Herodot, S. 157).

Dieser ‹Damm› des Königs Min war aus Natursteinen errichtet, Überreste existierten noch um 1920 (Prelini, 1921). Es handelt sich hier offensichtlich um ein Umleitungsbauwerk, das auf Grund der Flußabmessungen an dieser Stelle mindestens 400 m lang und 15 m hoch gewesen sein muß. Es bestand über fast vier Jahrtausende hinweg bis in die Zeit der Kalifen. Fehlende Unterhaltung führte schließlich zur Zerstörung und, als Konsequenz, erneut zu Überschwemmungen der tiefer liegenden Teile von Memphis. Die Verlegung eines Stromes von der Größenordnung des Nils vom Westufer der Talebene an das Ostufer war, unter Berücksichtigung der begrenzten technischen Mittel der damaligen Zeit, sicherlich in Planung, Ausführung und in der anschließenden Unterhaltung eine hervorragende Ingenieurleistung.

Inschriften auf den Felseninseln bei Philae in Oberägypten zeigen, daß um 2000 v. Chr. zur Umgehung des 1. Katarakts für die Schiffahrt ein Kanal (79 m lang, 10,5 m breit, 8 m tief) durch diese Felsbarriere geschlagen wurde (Merckel, 1899).

Flußbaumaßnahmen in Mesopotamien

In Ägypten bildeten die Überschwemmungen die Grundlage der Beckenbewässerung. Schutzmaßnahmen waren nicht erforderlich, da die Hochwasser und die Wassernutzung Hand in Hand gingen. In Mesopotamien lagen die Verhältnisse grundsätzlich anders, der Hochwasserschutz gehörte hier zu den grundlegenden Voraussetzungen für die Landwirtschaft (s. S. 68 ff). Da Holz, Steine oder andere beständige Baumaterialien in Mesopotamien fehlen, war hier die Durchführung von Wasserbauarbeiten, insbesondere der Damm- und Deichbau, außerordentlich schwierig. Auch bei einer Stabilisierung der aus Sand, Schlamm und luftgetrockneten Backsteinen bestehenden Bauten durch Gras- und Schilfmatten sind daher nur wenige der antiken Hochwasserschutzbauten erhalten geblieben. Ihr Vorhandensein ist jedoch vielfach überliefert:

«... im Jahr, da Narasin die Mündung des Kanals E-ersinna nach Nippur leitete ...» (2300 v. Chr.)
«... er sicherte die Ufer des Tigris, die Ufer des Euphrats ...» (2050 v. Chr.)
«... den Euphrat grub ich gen Sippar zu ab und ließ einen Sicherheitsdamm dafür entwerfen ...» (1600 v. Chr.) (nach Hartung, 1976, 1977).

Herodot erwähnt, daß die Königin Semiramis (um 800 v. Chr.) dort bewundernswerte Dämme geschaffen hatte, wo vorher der Euphrat die ganze Ebene zu überschwemmen pflegte. Auch der Gesetzeskodex des Hammurabi läßt die Wichtigkeit des Hochwasserschutzes in Mesopotamien erkennen. So wird z. B. mit dem Verkauf in die Sklaverei bestraft, wer die Deichunterhaltung vernachlässigt.

Die Personifizierung der Flüsse, das Implizieren von menschlichen Eigenschaften und ihre Beurteilung nach menschlichen Verhaltensweisen in der Ära der Naturmythologie führte andererseits auch dazu, daß kraftvolle Herrscher sie nach ihren Machtmaßstäben behandelten. So berichtet Herodot über den persischen König Kyros (550–529 v. Chr.):

«... Als nun Kyros auf seinem Zug gegen Babylon zum Fluß Gyndes kam, der so breit ist, daß man mit Schiffen hinübersetzt ... da sprang ihm eines der heiligen weißen Rosse aus Übermut hinein und wollte durchschwimmen, aber der Strom ergriff es, riß es unter Wasser und trug es mit sich fort. Über diesen Frevel erzürnte Kyros in höchstem Maße und bedrohte ihn, er wolle ihn so klein machen, daß hinfort selbst Weiber ihn durchschreiten könnten, ohne das Knie naß zu machen. Und er unterbrach den Zug nach Babylon, teilte sein Heer in zwei Teile und stellte sie in langen Reihen an den beiden Ufern des Flusses auf; darauf maß er an jedem Ufer je hundertachtzig schnurgerade Gräben ab, nach den verschiedensten Richtungen hin, wies jedem seinen Ort an und befahl ihnen zu graben. Obgleich nun aber eine so große Menge bei dieser Arbeit war und das Werk schnell vonstatten ging, so verbrachten sie doch darüber die ganze Sommerzeit. Nachdem Kyros sich in dieser Weise an dem Fluß Gyndes gerächt hatte, indem er ihn in dreihundertundsechzig Gräben zerteilte, und als der neue Frühling anbrach, zog er nun gegen Babylon ...» (Herodot, S. 98 f.).

Ähnlich verhielt sich 60 Jahre später Xerxes, der den Hellespont auspeitschen und fesseln ließ, weil der die erste Brücke, die der König hatte bauen lassen, mit seinen Strömungen und seinen Wellen zerstört hatte.

Gewässerausbau in griechisch-römischer Zeit

Aus dem griechischen Kulturraum ist über flußbauliche Arbeiten wenig bekannt. Die älteste Baumaßnahme dürfte aus mykenischer Zeit stammen. Etwa 8 km oberhalb von Tyrins wurde der Lakissa-Bach durch einen Damm in einen neuen Lauf umgeleitet, wahrscheinlich zum Hochwasserschutz des am Fuß der Akropolis von Tyrins liegenden Gebietes (Schnitter, 1984). Über die Flußbauarbeiten der Minyer in der Kopais ist bereits berichtet worden (s. S. 86ff).

Thales von Milet (um 624–546 v. Chr.) war nicht nur ein zerstreuter und weltfremder Gelehrter (wie er oft beschrieben wird), sondern er befaßte sich durchaus auch mit praktischen Aufgaben. So leitete er z. B. in Milet eine nautische Schule und gab brauchbare politische Ratschläge (Hirschberger, 1957). Aus dem Gebiet des Flußbaus wird berichtet, daß er für den lydischen König Kroisos einen Kanal gebaut habe, um das Wasser des Halys (des heutigen Kizil Irmak) abzuleiten. Über den Zweck dieser Maßnahme geben die Quellen keinen Aufschluß.

Kleinere Ufersicherungsarbeiten an Bächen und Flüssen hat es mit Sicherheit im ganzen griechischen Siedlungsraum immer dort gegeben, wo eine dichte Bebauung vorlag. So berichtet z. B. Geroulanos von Regulierungsarbeiten (Uferbefestigungen durch Bruchsteinmauern) im Nikolaos-Bach in Trachones/Athen (Mitt. LWI, 1981).

Flußausbauten sind im allgemeinen wesentlich weniger beständig als die großen, massiven Bauten für die Wasserversorgung. Römische Gewässerausbaumaßnahmen sind daher in der Regel nur schriftlich belegt. So vermerkt z. B. Plinius in seiner ‹Naturgeschichte› über den Tiber, den Hausfluß Roms:

«... keinem anderen Flusse wird weniger Freiheit gestattet, indem er von beiden Seiten eingedämmt ist ...» und «... er ist zuerst unbedeutend und kann nur ... dadurch schiffbar gemacht werden, daß man sein Wasser in Teiche zusammenleitet und dann wieder losläßt. Zu diesem Einsammeln sind neun Tage notwendig, wenn nicht Regengüsse behilflich sind ...» (Plinius, 3, 9).

Über römische Hochwasserschutzmaßnahmen im nordeuropäischen Bereich wird berichtet:

«Claudius Drusus und Paulinus Pompejus deichten das zwischen dem Rhein und der Maas liegende Land, das von den Batavern bewohnt wurde, ein und schützten es hierdurch gegen die Überschwemmung sowohl des Meeres als der beiden genannten Flüsse. Die Arbeiten begannen im Jahre 13 v. Chr. unter Drusus und endigten 60 Jahre später ... Im Jahre 12 v. Chr. ließ Drusus Germanicus einen Kanal von dem Rhein nach der Yssel führen, dessen Zweck die Schaffung einer schiffbaren Verbindung zwischen dem Rhein und dem Zuidersee war. Dieser Kanal nahm nach und nach an Breite und Tiefe zu, wodurch dem Rhein eine beträchtliche Wassermenge entzogen und ein wesentlicher Einfluß auf dessen Verhältnisse ausgeübt wurde. Dieselbe Wirkung hatte ein zweiter Kanal, der wahrscheinlich durch Corbula im Jahre 51 n. Chr. hergestellt wurde. Dieser verband den Rhein mit der Waal und erhielt später den Namen Lek. Die so entstandene Rinne hat im Laufe der Zeit den ganzen Rhein aufgenommen ...» (Merckel, 1899, S. 176).

Diese Flußbauten sowie auch die Hochwasser-Schutzmaßnahmen für die fruchtbare, 1600 km² große sirmische Ebene östlich von Belgrad sind sicherlich Maßnahmen, die nach Konzeption und Maßstab hohe Achtung verdienen.

In das Zeitalter Roms fällt auch der Bau einer Flußumleitung im Königreich der Nabatäer. Den einzigen Zugang zum Felsenkessel von Petra (heute Jordanien) bildet die enge Schlucht Bab es-Sik, durch die das Wadi Musa (Moses-Tal) führt. Die Wasserführung im Wadi ist, je nach Jahreszeit, außerordentlich unterschiedlich. Geringen oder völlig versiegenden Wasserführungen im Sommer stehen, bei starken Regengüssen, im Winter, reißende Abflüsse gegenüber, die den Zugang zur Stadt unpassierbar machen. Etwa um die Zeitwende leiteten die Nabatäer die Flutwellen des Wadi Musa mit Hilfe eines 43 m langen und 14 m hohen Damms (wahrscheinlich Steinschüttdamm) durch einen Tunnel in die nördlich des Bab es-Sik gelegenen Schluchten um und hielten damit den Zugang zur Stadt offen. Im Stadtgebiet selbst sind noch antike Ufereinfassungen aus Trokkenmauerwerk erhalten.

Zusammenfassend läßt sich für die römische Zeit sagen, daß im Vergleich zu den vorhergegangenen Jahrtausenden die mythologischen Aspekte des Verhältnisses Mensch–Wasser in den Hintergrund getreten sind und weitgehend einem rationalen, pragmatischen Zweckmäßigkeitsdenken Platz gemacht haben. Die Hochwassergewalten der Flüsse waren zwar nach wie vor gefürchtet, aber es wurde versucht, Schaden nicht mehr in erster Linie durch Gebet und Opfer abzuwenden, sondern durch gezielte, kalkulierte Baumaßnahmen.

Wie die genannten Beispiele zeigen, stand in den Jahrtausenden bis 500 n. Chr. bei Eingriffen in natürliche Flüsse vor allem der Hochwasserschutz im Vordergrund. Maßnahmen zur Verbesserung der Schiffahrt spielten vergleichsweise eine nur untergeordnete Rolle.

6. Beispiele hervorragender Wassernutzungsprojekte aus der Zeit um 600 v. Chr. bis 300 n. Chr.

Allgemeines

Die Orte von Herrschersitzen, Handelsniederlassungen und Siedlungen, die sich dann später zu kulturellen oder politischen Zentren entwickelten, wurden in erster Linie meist auf Grund von militärischen, verkehrsmäßigen oder politischen Erwägungen gewählt. Langfristige wasserwirtschaftliche Betrachtungen spielten sehr oft eine nur untergeordnete Rolle, da das Wasserdargebot der näheren Umgebung zunächst durchaus für eine Versorgung von Mensch, Tier und Landwirtschaft ausreichte. Mit dem Wachsen der Bevölkerung und der Entwicklung der ursprünglich kleinen Orte zu Weltstädten ergaben sich dann jedoch Versorgungsprobleme, da das vorhandene Dargebot und der zunehmende Bedarf örtlich und jahreszeitlich in immer stärkerem Maße auseinanderklafften.

Baumeister und Techniker standen damit, seit im 4. Jahrtausend v. Chr. die ersten großen Städte entstanden, vor der Aufgabe, für Haushalt, Gewerbe und öffentliche Einrichtungen (Brunnen, Bäder) immer wieder neues Wasser aufzufinden, es heranzuschaffen, gegebenenfalls zu speichern, zu verteilen und dann das Abwasser wieder abzuleiten.

Der begrenzte Umfang dieses Buches erlaubt es nicht, darauf im einzelnen und umfassend einzugehen. Es soll daher, stellvertretend für viele andere Bauwerke, eine Auswahl von hydrotechnischen Anlagen kurz beschrieben werden, die in ihrer gedanklichen Konzeption sowie in ihrer vorausschauenden Planung und zweckmäßigen Ausführung technische

Spitzenleistungen ihrer Zeit waren. Wenn diese Anlagen auch weniger bekannt sind als die großen, mit Recht bewunderten künstlerischen und architektonischen Leistungen ihrer Zeit, so gebührt ihnen in der Geschichte der Zivilisation jedoch zweifellos ein vergleichbarer Rang.

Der Tunnel des Eupalinos auf Samos

Die antike Stadt Samos lag auf der Südseite der gleichnamigen Insel vor der kleinasiatischen Küste. Daß es in dieser Stadt eine Wasserleitung von besonderer Bedeutung gegeben hat, berichtet bereits Herodot:

«... ich habe mich deshalb über die Samier so ausführlich ausgelassen, weil sie die drei größten Bauwerke geschaffen haben, die es in Hellas gibt. Erstens haben sie durch einen hundertundfünfzig Klafter hohen Berg einen Tunnel gebohrt, der am Fuße des Berges beginnt und nach beiden Seiten hin Mündungen hat. Seine Länge beträgt sieben Stadien, die Höhe und Breite je acht Fuß, und durch seine ganze Länge ist ein zweiter Kanal gegraben, zwanzig Ellen tief und drei Fuß breit, durch den das Wasser aus einer starken Quelle herbeigeführt und durch Röhren in die Stadt geleitet wird. Der Baumeister dieses Tunnels war Eupalinos, Naustrophos' Sohn aus Megara. Dies ist eines der drei Werke. Das andere ist eine Aufschüttung im Meer zum Schutz des Hafens, etwa zwanzig Klafter tief und mehr als zwei Stadien lang. Zum dritten haben sie den größten Tempel erbaut von allen, die ich kenne; dessen erster Baumeister war ein Samier über der Insel Rhoikos, Phileas' Sohn. Um dieser Werke willen habe ich mich etwas ausführlicher den Samiern gewidmet ...» (Herodot, S. 230).

Dieser Hochachtung, die Herodot dem Wasserleitungstunnel des Eupalinos zollt, muß man sich auch heute noch anschließen, und zwar vor allem deswegen, weil Eupalinos es mit den einfachen und begrenzten Mitteln seiner Zeit gewagt hat, den Bau eines 1040 m langen Tunnels gleichzeitig von beiden Enden her zu beginnen (Kienast, 1977, 1983).

Die Wasserleitung, die unter der Herrschaft des Polykrates (um 540 bis um 524 v. Chr.) gebaut wurde, besteht aus drei Teilen: der Zuleitung, der Durchtunnelung des Stadtberges und der Leitung zur Stadt (Abb. 53). Das Wasser wurde auf der gesamten Länge in Tonrohren (Innendurchmesser 25 cm) geführt. Diese Form der Leitung entspricht der griechischen Eigenart, Trinkwasser grundsätzlich nicht mit frei zugänglichem Wasserspiegel zu leiten (Fahlbusch, 1982).

Das Kernstück der Leitung ist der rund 1 km lange Durchbruch durch den Berg. Der etwa horizontal verlaufende Arbeitstunnel hat einen quadratischen Querschnitt von rund 1,80 m × 1,80 m (Abb. 54, 55) und wurde von zwei nebeneinander arbeitenden Hauern vorangetrieben. Die eigentliche Wasserleitung liegt in einem etwa 0,70 m breiten Einschnitt an der östlichen Seite des Tunnels. Sie beginnt am Nordeingang 3,50 m unter der Tunnelsohle, endet am Südausgang 8,50 m unter der Sohle und hat ein

53: Lageplan der
Wasserleitung des
Eupalinos auf Samos.

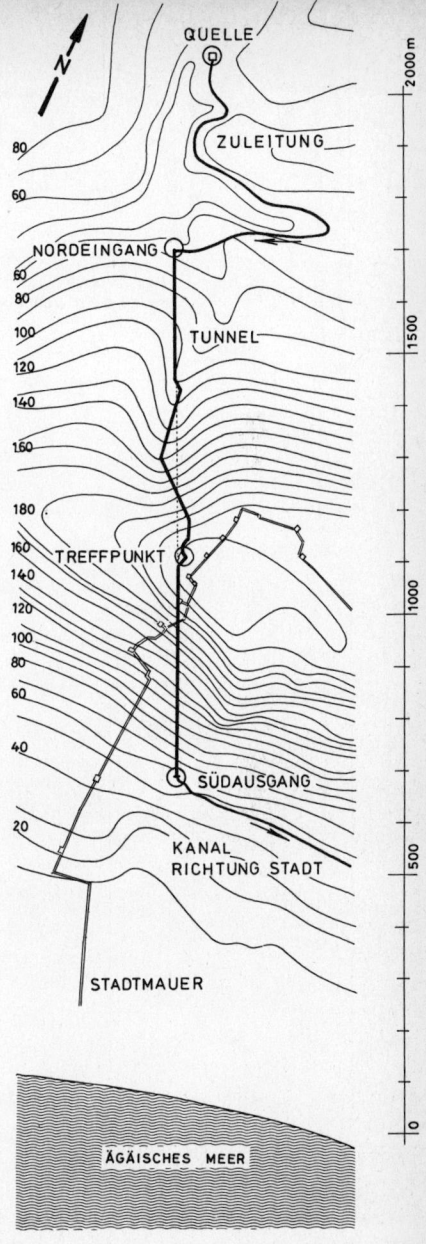

54: Querschnitte des Tunnels (Arbeitstunnel und Wasserleitung).

+1.80

±0

−3.50

−8.50

SCHNITT AM SÜDAUSGANG
DES TUNNELS

1.80

1.80

ARBEITS-
TUNNEL

TUNNEL MIT
WASSERLEITUNGS-
GRABEN AM NORDEINGANG

55: Blick von Norden in den südlichen Teil des Tunnels.

124

Gefälle von 1 m auf 200 m. Der 3,50 m bis 8,50 m tiefe Graben ist nicht auf ganzer Länge in vollem Querschnitt ausgehoben worden. Zur Arbeitsersparnis wurden in Abständen Felsbänke stehen gelassen und untertunnelt (s. Abb. 54).

Von besonderem Interesse ist, wie Eupalinos die Richtung und die Höhenlage des Tunnels bei gleichzeitigem Vortrieb von beiden Seiten her bestimmt hat. Dabei ist davon auszugehen, daß das ursprüngliche Konzept einen völlig geraden Tunnel vorsah:

«... zur Realisierung dieses Plans steckte er über den Berg hinweg eine Gerade mit Fluchtstangen ab. Diese Gerade war zunächst ohne Berücksichtigung der Eingänge möglichst weit ausgesteckt, um einerseits eine große Genauigkeit zu erreichen und um andererseits die Projektion rückwärts in den Tunnel hinein zu erleichtern. Nach Fertigstellung der Geraden wurden durch ein exaktes Nivellement – wahrscheinlich um den Berg herum – die Eingänge im Schnittpunkt mit der Geraden festgelegt. Die meßtechnischen Voraussetzungen für den Vortrieb waren damit geschaffen, beide Eingänge lagen auf gleichem Niveau und auch auf ein und derselben Geraden, die durch die Fluchtung vorgegeben war ... Die Kontrolle des Vortriebs geschah durch einfaches Peilen rückwärts aus dem Tunnel heraus über die ausgesteckten Fluchtstangen und bereitete keinerlei Probleme, solange beide Stollen in der vorgegebenen Geraden blieben ... Unter einer Vielzahl von aufgefundenen Markierungen, die beim Erbauungsvorgang mit roter Farbe auf die Felswand aufgemalt wurden und auch heute noch sichtbar sind, konnte ein Meßsystem erkannt werden, das von beiden Eingängen jeweils nach innen zählt und somit den Tunnelvortrieb wiedergibt. Bei der Auswertung unserer Meßergebnisse hat sich gezeigt, daß der N-Stollen von Beginn an rund 0,7° von der Ideallinie abweicht. Wenn man diesen Fehler rechnerisch rückgängig macht, ergeben sich eindeutige Überschneidungen mit den Markierungen, so daß kein Zweifel mehr an der Entstehung der Trasse bleibt ...» (Kienast, 1983).

Im Zusammenhang mit dem Tunnel des Eupalinos bestehen jedoch noch Fragen, für die es zwar eine Reihe von Deutungsversuchen und Hypothesen gibt, die aber letztendlich bisher noch nicht zweifelsfrei geklärt sind. So ist z. B. nicht verständlich, warum der quadratische Arbeitstunnel an seinem Beginn 3,50 m über der Wasserleitung liegt. Ein um diesen Wert tieferes Niveau hätte den Aushub des eigentlichen Wasserleitungsgrabens wesentlich erleichtert.

Des weiteren ist Eupalinos im Verlauf der Arbeiten im Nordteil des Tunnels beträchtlich von der idealen, geraden Trasse abgewichen. Der Tunnel verläuft hier nur 200 m geradlinig, biegt dann nach einer kleinen Unregelmäßigkeit weit nach Westen ab, führt wieder nach Osten zurück bis zu einem Abschnitt, der parallel zur Ideallinie verläuft, und trifft schließlich in einem Bogen auf den Süd-Stollen (s. Abb. 53). Über Grund, Art und Ausmaß dieser verwickelten Linienführung ist viel gerätselt worden. Dazu kommt, daß scheinbar ein Zusammenhang mit den Konturen der Bergoberfläche besteht und daß der Treffpunkt der beiden

Stollen (620 m vom Nordeingang, 420 m vom Südausgang) genau unter dem Bergkamm liegt. Sicher ist, daß die mehrfachen Richtungsänderungen, wodurch sie im Verlauf des Baus auch immer erzwungen sein mögen, genau geplant und kontrolliert waren. Eupalinos hat zu jeder Zeit des Vortriebs genau gewußt, an welcher Stelle sich die Hauer befanden. Das ist eine vermessungstechnische Leistung aus dem 6. Jahrhundert v. Chr., die höchsten Respekt abverlangt.

Die Wasserversorgung von Pergamon

Pergamon trat im Vergleich zu den anderen großen Städten Griechenlands und Kleinasiens verhältnismäßig spät ins Licht der Geschichte. Die Siedlung auf dem befestigten Burgberg entwickelte sich erst unter den Attaliden (281–133 v. Chr.) durch allmähliche Einverleibung der gesamten ehemaligen persischen Satrapie Mysien mit dem an Rohstoffen reichen Hinterland zu einem bedeutenden Stadtstaat und schließlich zum Zentrum eines bedeutenden Reiches im östlichen Mittelmeerraum. Nach der Übernahme Pergamons durch Rom im Jahre 133 v. Chr. spielte die Stadt zwar politisch keine Rolle mehr, besaß kulturell jedoch nach wie vor Bedeutung. In der 350jährigen Friedensperiode der Pax Romana wuchs

56: Blick von Westen auf den Burgberg Pergamons in römischer Zeit, 2. Jahrhundert n. Chr. (vgl. Tabelle 2).

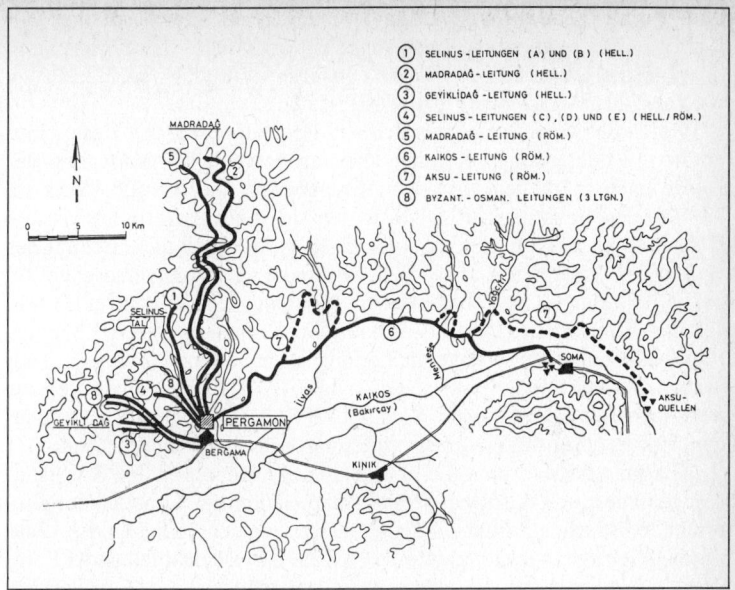

57: Übersichtsplan der Wasserleitungen nach Pergamon.

Pergamon schließlich zu einer Großstadt mit 160 000 Einwohnern an (Abb. 56).

Basis der Wasserversorgung der Stadt war zunächst eine große Anzahl von Felszisternen, in denen Niederschläge von den Dächern und befestigten Plätzen der Stadt gesammelt wurden. Der zunehmende Bedarf mit wachsender Größe und höhere Ansprüche an die Wasserqualität führten dann in den vier Jahrhunderten zwischen 250 v. Chr. und 150 n. Chr. zum Bau von insgesamt zehn Zuleitungen von den Quellen im Umkreis der Stadt. Drei weitere Leitungen wurden in byzantinisch-osmanischer Zeit angelegt (Abb. 57).

Die ältesten Leitungen (1) aus dem oberen Bereich des Selinustales (A: einsträngige Tonrohrleitung, B: doppelsträngige Tonrohrleitung) wurden wahrscheinlich in der Regierungszeit von Attalos I. (241–197 v. Chr.) gebaut. Zeitlich folgt darauf die Madradag-Leitung (2), die wohl von Eumenes II. (197–159 v. Chr.) im Zusammenhang mit dem Um- und Neubau der Königsstadt angelegt wurde. Sie ist 42 km lang und hat ihren Ursprung an den südlichen Hängen des Madradag-Gebirges in 1230 m Höhe, 900 m über dem höchsten Punkt des Burgberges. Sie besteht zunächst aus einer Einzelrohrleitung, wird wenig später zweisträngig und

127

nimmt schließlich auf halber Länge einen dritten Strang auf. Auf den letzten 3 km durchläuft die Trasse einen Sattel zwischen dem Gebirge und dem Burgberg. Die Leitung war hier an ihrer tiefsten Stelle einem Druck von fast 200 m Wassersäule ausgesetzt.

Südlich des Geyiklidag, westlich von Pergamon, wurden Reste einer antiken Wasserleitung gefunden, die der Art und der Verlegung der Rohre nach späthellenistisch oder früh-römisch sein könnte. Auch im Norden des Geyiklidag-Massives finden sich Leitungsreste aus diesem Zeitraum (3). Es kann davon ausgegangen werden, daß diese Leitung das Gebiet des Asklepieion südwestlich der Stadt mit Wasser versorgt hat.

Die Leitungen (C), (D) und (E) am Westhang des Selinustales (4) sind sämtlich Tonrohrleitungen aus dem mittleren Einzugsgebiet des Selinus-Flusses. Die am tiefsten liegende Leitung ist eine Doppelleitung aus Tonrohren, die mittlere Leitung ist einsträngig. Beide Leitungen dürften aus hellenistischer Zeit stammen. Stempel auf Rohren der am höchsten gelegenen dritten Leitung (Doppelrohrleitung) weisen in römische Zeit.

Die römische Madradag-Leitung (5) ist aus roh bearbeiteten Bruchsteinen gemauert und führt (auf großen Längen unmittelbar neben der älteren hellenistischen Leitung laufend) Wasser von den Südhängen des Madradag-Gebirges nach Pergamon (s. Abb. 57). Bei gleichbleibender Form (Rechteckquerschnitt mit aufgesetztem halbzylindrischen Gewölbe) hat der Kanal Sohlenbreiten zwischen 0,50 m und 0,55 m und Scheitelhöhen zwischen 0,85 m und 1,07 m. Zwischen dem Berggelände und dem Massiv des Burgberges wurde das Wasser zunächst am Hang herabgeführt und dann durch zwei Aquädukte über die tiefsten Punkte des Sattels hinweg in einer mittleren Höhe an den Burgberg herangeleitet.

Mit der Zunahme der Einwohnerzahl in der römischen Kaiserzeit ergab sich eine entsprechende, sicherlich überproportionale, Erhöhung des Wasserbedarfs. Da die römische Stadt mit ihrem größeren Teil am Fuß des Burgberges in der Ebene lag, konnten für die Wasserversorgung nun auch tiefer gelegene Quellgebiete herangezogen werden. So wurden die stärksten in der weiteren Umgebung von Pergamon bekannten Quellen im Bereich der Stadt Soma (wahrscheinlich zu Beginn des 2. Jahrhunderts n. Chr.) für die Wasserversorgung Pergamons genutzt (6). Die Abmessungen und die Bauweise dieser Leitung (überwölbter, gemauerter Kanal, Abb. 58) sind im Verlauf der Leitung leicht unterschiedlich. Die Kanalbreiten liegen zwischen 0,85 m und 1,10 m, und die lichten Höhen schwanken zwischen 1,30 m und 1,60 m. Die maximale Leistung des Kanals lag bei etwa 450 l/s. Sinterablagerungen lassen auf eine tatsächliche mittlere Wasserführung von 200 bis 250 l/s schließen.

Im Verlauf der Leitung zwischen Soma und Pergamon überquerte diese Wasserleitung Senken, Täler und Flüsse auf insgesamt 40 Aquädukten. Die größte dieser Kanalbrücken war der Aquädukt über den Ilyas Çayı

(der antike Karkasos), von dem heute nur noch ein Rest der Flügelmauer am Osthang sowie Schutthalden an beiden Teilflanken zeugen. Mit 500 m Länge und 40 m Höhe war dieser Aquädukt nicht nur das eindrucksvollste Bauwerk der Leitung, sondern er dürfte auch zu den größten Aquädukten des Altertums gezählt haben.

Im Jahr 178 n. Chr. wurde das in der Luftlinie rund 95 km entfernte Smyrna durch ein Erdbeben weitgehend zerstört. Dieses Beben muß in der näheren Umgebung Pergamons ebenfalls verheerende Wirkungen, vor allem auf hohe, gegen horizontale Kräfte empfindliche Bauten gehabt haben. Es ist davon auszugehen, daß während dieses Erdbebens alle großen Aquädukte im Verlauf der Kaikos-Leitung beschädigt oder zerstört wurden und daß lediglich niedrige Talbrücken erhalten blieben bzw. nur wenig beschädigt wurden. Um in diesem erdbebengefährdeten Gebiet weitere Katastrophen ähnlichen Ausmaßes zu vermeiden, wurde die alte Leitung auf weite Strecken aufgegeben und durch eine neue Trasse ersetzt (s. Abb. 57, Aksu-Leitung 7), in deren Verlauf hohe und lange Aquädukte nicht erforderlich waren.

129

59: Blick von Norden
über den Sattel auf den
Burgberg Pergamon.

Die späteren (byzantinisch-osmanischen) Wasserleitungen (8) nach Pergamon sind baulich von geringer Qualität. Auch ihre hydraulische Leistungsfähigkeit liegt weit unter der ihrer antiken Vorgänger.

Wahrscheinlich waren die Leitungen (1) bis (7) im 2. und 3. Jahrhundert n. Chr. gleichzeitig in Betrieb. Zu dieser Zeit dürfte die gesamte Zuflußmenge zur Stadt etwa 300 l/s (26000 m³/Tag) betragen haben; bei einer maximalen Einwohnerzahl von 160000 entfielen damit auf jeden einzelnen etwa 160 Liter täglich (Fahlbusch, 1982). Dieser Wert übertrifft den heutigen mittleren Verbrauch der Kommunen (Haushalte, Kleingewerbe, öffentliche Einrichtungen) in der Bundesrepublik Deutschland, der bei 140 Liter je Kopf und Tag liegt.

Aus den insgesamt 13 Wasserzuleitungen nach Pergamon sei nochmals die hellenistische Leitung (2) hervorgehoben. Für die Versorgung der höher gelegenen Stadtteile, insbesondere der Königsstadt, wurde hier das Wagnis unternommen, von den Hängen des Madradag-Gebirges im Nor-

130

den über 42 km Entfernung Wasser an die Stadt heranzuführen und schließlich über eine Druckleitung auf die Spitze des Burgberges zu leiten. Zwischen den Bergen und dem in der Luftlinie 3 km entfernten oberen Teil der Königsstadt auf der Spitze des Burgberges erstreckt sich eine durch zwei kleinere Erhebungen aufgegliederte langgestreckte Senke (Abb. 59). Die Überwindung dieses Einschnitts durch eine Druckleitung unter Beanspruchungen, die mit fast 200 m Wassersäule das in der Baugeschichte bis dahin Gewagte um das Doppelte übertraf, war ein Konzept von beispielloser Kühnheit. Die Druckrohrleitung von Pergamon wird daher mit Recht zu den großartigsten Leistungen der antiken Hydrotechnik gerechnet und stellt sicher den Kulminationspunkt hellenistischer Wasserleitungstechnik dar. Die Rohre sind nicht mehr vorhanden, lediglich ihre Auflagerung ist eindeutig rekonstruierbar. Nach allen Untersuchungen ist mit an Sicherheit grenzender Wahrscheinlichkeit davon auszugehen, daß die Rohre dieser Druckleitung aus Blei bestanden haben (Garbrecht, 1978).

Die Wasserversorgung Roms

Zur Zeit des Aufstiegs Roms zur Weltmacht waren auf dem Gebiet der Hydrotechnik alle technischen Grundelemente und die Möglichkeiten ihres zweckmäßigen Einsatzes bekannt. Trotzdem sind die römischen Wasserversorgungsanlagen keine Nachahmung älterer Vorbilder. Kühle Analyse der Probleme, die bei der Wasserversorgung großer Städte auftreten, folgerichtige Anwendung und laufende Verbesserung der Bautechnologie sowie die Einführung des Rundbogens und später des Backsteinbaus in den Wasserbau (all das auf der Grundlage der großen wirtschaftlichen Kraft des Reiches) führten zum Bau und zum erfolgreichen Betrieb von Wasserversorgungssystemen, wie sie in bezug auf Abmessungen und betriebliche Effizienz bis dahin nicht bekannt waren und wie sie (insbesondere in hygienisch-gesundheitlicher Hinsicht) auch nachher bis hin ins 19. Jahrhundert nur selten wieder gebaut wurden.

Frontinus, der von 97–103 n. Chr. als curator aquarum für die Wasserversorgung Roms verantwortlich war, schreibt über die Anfänge der Sicherung des römischen Trinkwasserbedarfs:

«441 Jahre lang nach der Gründung der Stadt [753 v. Chr.] waren die Römer mit der Nutzung von Wasser zufrieden, das sie aus dem Tiber, aus Brunnen oder Quellen schöpften. Die Erinnerung an die Quellen wird bis jetzt mit religiöser Verehrung gepflegt ...» (Frontinus, S. 81).

Im Verlauf seiner Entwicklung mußte Rom dann bei wachsender Bevölkerungszahl immer weiter in die Umgebung hinausgreifen, um den zunehmenden Wasserbedarf decken zu können. So entstand, durch die

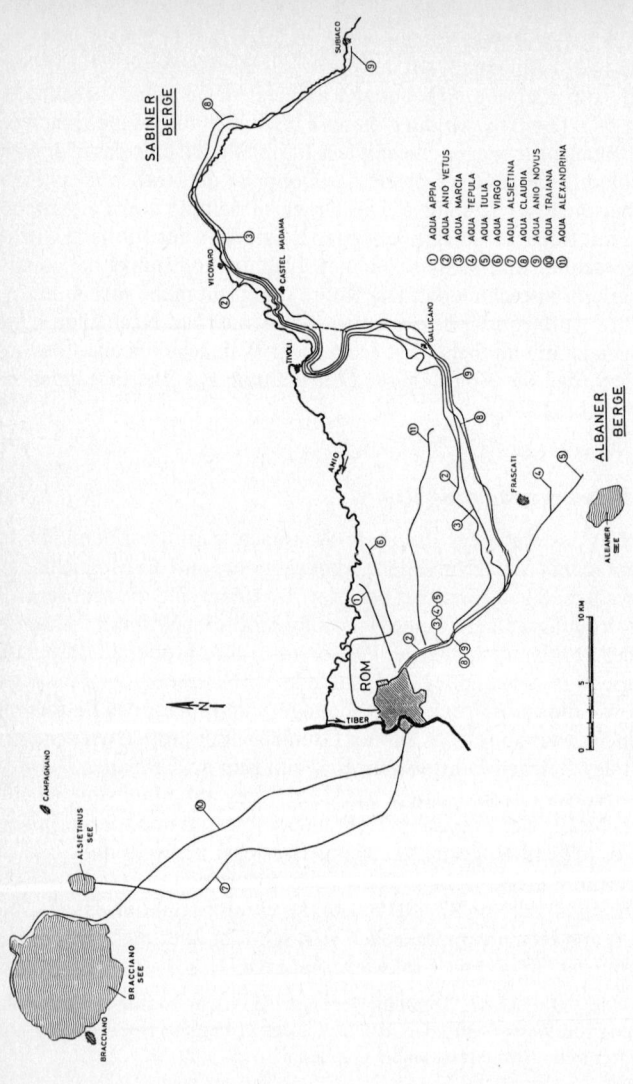

60: Die großen Wasserzuleitungen zur antiken Stadt Rom, 312 v. Chr.–226 n. Chr.

Name der Leitung	Bauzeit	Länge (in km)				Querschnitt (B × H in m) im Mittel	Abgabehöhe (m ü. M.)	Quellgebiete
		gesamt	unterirdisch	a. d. Erdoberfl.	auf Brücken			
Appia	v. Chr. 312	17,6	16,8	0,8	0,09	0,70 × 1,70	20	Quellen im Tal des Anio. Ausgezeichnete Qualität
Anio Vetus	272	64	63,6	0,4	–	0,90 ×2,30	48	Fluß Anio. Trübes Wasser, schlechte Qualität
Marcia	144–140	91,2	80	0,8	10,4	1,50 × 2,60	59	Quellen im Anio-Tal. Ausgezeichnete Qualität
Tepula	126	18,4	8,4	0,8	9,2	0,75 × 1,10	61	Vulkanische Quellen in den Albaner Bergen. Warmes Quellwasser
Iulia	33	22,8	12,4	0,8	9,6	0,60 × 1,50	65	Quellen in den Albaner Bergen. Ausgezeichnetes kaltes Wasser
Virgo	21–19	20,8	19,2	0,4	1,2	0,60 × 1,75	20	Quellen im Anio-Tal
Alsietina	10–2	32,8	32,4	–	0,4	1,75 × 2,60	17	Lacus Alsietinus (Martignano-See) Trübes und untrinkbares Wasser
Claudia	n. Chr. 38–52	68,8	53,6	1,2	14	0,90 × 2,00	67	Quellen in der Nähe der Marcia-Quellen. Ausgezeichnetes Wasser
Anio Novus	38–52	86,4	72,8	2,4	11,2	1,20 × 2,75	70	Anio-Fluß oberhalb Subiaco. Trübes Wasser, schlechte Qualität
Traiana	109–117	59,2	59,2	–	–	1,30 × 2,30	73	Quellen in der Nähe des Bracciano-Sees. Qualität unbekannt.
Alexandrina	226	22,4	12,8	7,2	2,4	–	–	Quellen am Sasso Bello

Tabelle 2: Die antiken Wasserzuleitungen nach Rom.

steigenden Anforderungen bestimmt, schließlich ein System von elf Zuleitungen, die gesonderte Quellgebiete aufsuchten und aus ihnen Wasser zur Stadt und teilweise zu bestimmten Anlagen im Stadtgebiet führten (Abb. 60; Tabelle 2).

Alle bekannten Fernwasserleitungen zu den großen Städten des römischen Imperiums waren in freiem Gefälle ohne Einschaltung von Wasserhebeeinrichtungen zwischen dem Vorkommen und dem Verbraucher angelegt. Das natürliche Wasserdargebot der jeweiligen Region konnte also nur insoweit zur Deckung des Bedarfs genutzt werden, wie es höhenmäßig eine Zuleitung in freiem Gefälle zuließ. In Rom boten sich dafür die Sabinerberge im Osten, die Albanerberge im Süden und für die Versorgung des Stadtgebietes jenseits des Tibers der Bereich des Braccianosees an. Topographisch bestand bei der Wasserversorgung Roms die Schwierigkeit, die zwischen den Bergen im Süden bzw. Osten und dem Stadtgebiet liegende Ebene, die Römische Campagna, zu überqueren.

Grundsätzlich waren die Hügel Roms von den Bergen her dabei nur über Kanalbrücken (Aquädukte) größerer Länge mit Wasser zu versorgen. Andererseits waren aber derart offen liegende Leitungen im Kriegsfall einfach zu unterbrechen. Diese Zwänge zeichnen sich deutlich in der Entwicklung der römischen Wasserleitungen zwischen 312 v. Chr. und 226 n. Chr. ab (s. Tabelle 2). Die frühen Leitungen waren im wesentlichen unterirdisch verlegt und erreichten daher nur die tiefer liegenden Stadtgebiete. Die Aqua Appia hatte bei 17,6 km Gesamtlänge nur 890 m Trassenführung an der Oberfläche und die Aqua Anio Vetus bei 64 km Gesamtlänge nur 400 m sichtbare Kanalstrecke. Frontinus schreibt dazu:

«... weil sie die Wasserleitungen mit voller Absicht tief in die Erde bauten, damit sie nicht so leicht von Feinden unterbrochen werden konnten, denn damals wurden noch häufigere Kriege gegen die Italiker geführt» (Frontinus, S. 86).

Im Laufe der folgenden Jahrhunderte wurde das Wasser dann auf immer höherem Niveau an die Stadt herangeführt. Während die Aqua Appia nur die unter 20 m ü. NN liegenden Stadtteile mit Wasser versorgen konnte, erreichten die nach Christus gebauten Leitungen das Stadtgebiet auf einem rund 50 m höheren Niveau (s. Tabelle 2). Die Kanalbrücken in der Ebene vor der Stadt waren demzufolge im Verlauf der Zeit immer höher und länger geworden und mußten oft über die älteren, niedrigeren Aquädukte hinweggeführt werden. Die Kanalbrücken der Aqua Julia waren 9,6 km lang, die der Aqua Claudia 14 km. 42 % bzw. 20 % Aquäduktanteil an der Gesamtlänge sind außerordentlich hohe Werte, wie sie von den Wasserleitungen in den römischen Provinzen nicht bekannt sind.

Da die Kanäle aus den Sabinerbergen (Anio-Tal) bzw. aus den Albanerbergen auf den letzten 8 bis 10 km vor den Toren der Stadt auf Grund der topographischen Gegebenheiten weitgehend auf der gleichen Trasse

61: Kreuzung der Aqua Claudia/Anio Novus mit den älteren Leitungen Aqua Marcia/Tepula/ Iulia südöstlich von Rom.

verliefen, wurden Aquädukte z. T. mehrfach benutzt. So führte man die Aqua Tepula (126 v. Chr.) und die Aqua Julia (33 v. Chr.) über den bereits seit 140 v. Chr. bestehenden Aquädukt der Aqua Marcia. Auch die gleichzeitig entstandenen Leitungen Aqua Claudia und Aqua Anio Novus wurden in einem Bauwerk zusammengefaßt. Abb. 61 zeigt einen Kreuzungspunkt dieser beiden Mehrfachaquädukte, wie er in der römischen Kaiserzeit ausgesehen haben mag.

Die älteste der Wasserleitungen Roms, die Aqua Appia, faßt Quellen (Wasser hervorragender Qualität) zwischen dem 8. und 9. Meilenstein der Via Praenestina. Von der fast auf ganzer Länge unterirdisch verlaufenden Leitung ist nur wenig erhalten. Ihre Trasse ist hauptsächlich nach den Angaben Frontinus' rekonstruiert worden. Auch über den genauen Verlauf der unterirdischen Aqua Anio Vetus ist nur wenig bekannt. Sie leitete Flußwasser minderer Qualität aus dem Anio zwischen Vicovaro und Mandel ab.

Nach einer gründlichen Instandsetzung der beiden bereits bestehenden Leitungen wurde 144 bis 140 v. Chr. vom Prätor Marcius mit einer neuen, über 90 km langen Leitung (Aqua Marcia) qualitativ ausgezeichnetes Quellwasser aus den Kalksteinformationen des oberen Aniotals nach Rom geleitet. Da die Trasse gegenüber der Aqua Anio Vetus auf einem rund 11 m höheren Niveau verlief, mußten 12 % des Kanals oberirdisch verlegt werden, größtenteils auf Brücken. Bautechnisch ist von Bedeu-

135

62: Aqua Claudia / Anio Novus bei Roma Vecchia.

63: Aqua Claudia / Anio Novus bei Roma Vecchia.

tung, daß die Aqua Marcia die erste mit Kalkmörtel gebaute römische Wasserleitung ist.

Vom Fuß der Albaner Berge wurden 126 v. Chr. durch die Aqua Tepula und 33 v. Chr. durch die Aqua Iulia zusammen täglich 52000 m³ Quellwasser nach Rom geleitet. Die Aqua Iulia war in ihrem oberen Teil zunächst nur ein Quellast der bestehenden Aqua Tepula. Beim 7. Meilenstein vor der Stadt wurde der Abfluß der Aqua Tepula dann jedoch wieder auf zwei Kanäle (die Aqua Tepula und die Aqua Iulia) aufgeteilt. Bereits die Aqua Tepula war 126 v. Chr. auf den Aquädukt der Aqua Marcia aufgesetzt worden. Die Aqua Iulia bildete nunmehr das 3. Stockwerk des gleichen Aquädukts (s. Abb. 61). Bemerkenswert ist der Unterschied in der Bauweise. Während die ältere Aqua Marcia noch aus sauber bearbeiteten Quadern besteht, sind die Aqua Tepula und die Aqua Iulia bereits aus Backsteinen errichtet.

Die Aqua Virgo, in den Jahren 21–19 v. Chr. unter Agrippa gebaut, faßt Quellen im Unterlauf des Anio und führt sie in etwa gleicher Höhenlage wie die Aqua Appia vom Norden her in die Stadt. Der Zufluß in der Größenordnung von 53000 m³ je Tag diente in der Hauptsache der Versorgung von zwei tiefliegenden Thermen.

Die Aqua Alsietina wurde auf Geheiß von Augustus errichtet. Sie leitet aus dem Martignanosee im Nordwesten Roms qualitativ minderwertiges Wasser zur Speisung einer Naumachie (Amphitheater zur Aufführung von Seeschlachten), für Bewässerungszwecke und zur Straßenreinigung in die Stadtgebiete westlich des Tibers.

Die Aqua Claudia und die Aqua Anio Novus aus dem Aniotal wurden unter Caligula begonnen und unter Claudius vollendet. Die Aqua Claudia vermochte der Stadt täglich rund 110000 m³ hervorragendes Quellwasser zuzuführen, die Aqua Anio Novus etwa 140000 m³ (Ableitung aus dem Anio, trübes Oberflächenwasser). Die Verlängerung der Aqua Anio Novus bis zur Talsperre bei Subiaco und die Entnahme aus dem Speichersee (unter Trajan, 98–117 n. Chr.) erbrachte eine Qualitätsverbesserung. Beide Leitungen laufen bis zum 7. Meilenstein vor der Stadt in unterschiedlichen Trassen (s. Abb. 60), wurden dann jedoch über den gleichen Aquädukt geführt. Diese mehr als 10 km lange Arkadenreihe mit ihrer harmonischen Synthese von Zweckmäßigkeit und Schönheit, von Technik und Kunst gehört zu den eindrucksvollsten Bauwerken in der Römischen Campagna (Abb. 62, 63).

An der heutigen Porta Maggiore überquert die Doppelleitung die Via Labicana und die Via Praenestina in einem monumentalen Doppelbogen, den Claudius 52 n. Chr. prachtvoll ausgestalten ließ (Abb. 64). Den oberen Teil der dreifeldrigen Attika (Außenwand der Aqua Anio Novus) nimmt die Bauinschrift ein:

64: Kreuzung der Aqua Claudia/Anio Novus mit der Via Labicana und der Via Praenestina (Porta Maggiore, Rom).

«Tiberius Claudius, der Sohn des Drusus, Caesar Augustus Germanicus, der ober-ster Priester war, zum 12. Mal die Amtsgewalt eines Volkstribunen innehatte, der 5mal Konsul war und 27mal als Sieger akklamiert wurde, der Vater des Vaterlan-des, er hat die Aqua Claudia von den Quellen, die Caeruleus und Curtins genannt werden, vom 45. Meilenstein aus, ebenso die Aqua Anio Nova vom 62. Meilen-stein aus auf eigene Kosten in die Stadt führen lassen» (Wasserversorgung, 1983, S. 186).

Im mittleren Feld (Außenwand der Aqua Claudia) wird von einer Wie-derherstellung unter Vespasian (71 n. Chr.), im unteren Feld (Basis der Kanäle) von einer Reparatur unter Titus (81 n. Chr.) berichtet.

Die 109–117 n. Chr. gebaute Aqua Trajana leitete Quellwasser aus dem Gebiet des Braccianosees von Nordwesten her in die Stadt. Sie ver-sorgte vor allem Trastevere, speiste aber auch die Thermen des Trajan. Angaben über die Wasserführung sind nicht bekannt.

Die letzte der großen antiken Wasserversorgungsleitungen für die Stadt Rom wurde 226 n. Chr. unter Kaiser Alexander Severus gebaut. Sie faßte das Wasser von Quellen bei Colonna und leitete es entlang der Via Praenestina und Via Labicana zur Stadt, insbesondere zur Versorgung der Thermen des Alexander Severus, die im Marsfeld an Stelle der Thermen des Nero errichtet worden waren. Die Aquädukte der Leitung sind völlig aus Backsteinen errichtet und repräsentieren damit die Endphase einer Entwicklung beim Bau der stadtrömischen Aquädukte.

Eine Schätzung der Gesamtwassermenge, die täglich nach Rom geleitet wurde, ist schwierig, da unbekannt ist, wie viele der großen Wasserzuleitungen gleichzeitig in Betrieb waren (zeitweilige Unterbrechung einzelner Leitungen wegen Reparaturarbeiten), wie groß die Wasserverluste infolge von Undichtigkeiten und Wasserbetrug waren und bis zu welcher Höhe die auf Begehbarkeit ausgelegten Leitungsquerschnitte tatsächlich durchflossen wurden. Des weiteren war der Wasserfluß jahreszeitlichen Schwankungen unterworfen. Schätzwerte umfassen die ganze Spanne zwischen $100\,000\,m^3$ und $1\,500\,000\,m^3$.

Eine sorgfältige Erfassung und kritische Wertung der Mengenangaben im Frontinus-Bericht führen zu dem Ergebnis, daß die am Ende des 1. Jahrhunderts n. Chr. bestehenden neun Zuleitungen (vorausgesetzt sie waren alle gleichzeitig in Betrieb) der Stadt täglich zwischen $520\,000\,m^3$ und $635\,000\,m^3$ Wasser zuzuführen vermochten. (Die Aqua Alsietina zur augustäischen Naumachie ist dabei nicht berücksichtigt.) Bei einer Bevölkerungszahl von rund $1\,000\,000$ sind das pro Kopf $520-635$ Liter qualitativ gutes Trinkwasser (Fahlbusch, 1983).

Diese Wassermenge ist sehr groß, wenn sie dem Wasserbedarf moderner Städte gegenübergestellt wird. Dabei ist jedoch zu beachten, daß

65: Römische Bleirohre.

diese Zahlen nicht den tatsächlichen Verbrauch der römischen Bevölkerung darstellen. Der kontinuierliche Zufluß von rund 600000 m^3/Tag passierte die Stadt (öffentliche Brunnen, Thermen, Privatanschlüsse) vielmehr in einem stetigen Strom, der nicht regulierbar war. Das nicht genutzte Wasser gelangte über die Kanalisation schließlich in den Tiber und spülte dabei, als willkommene Nebenwirkung, die Kloaken der Stadt.

Grundsätzlich läßt sich sagen, daß die Fernwasserleitungen im Stadtbereich zunächst zu den Hügeln führten. Von hier aus versorgten sie dann die niedriger gelegenen Stadtteile, oft endend in Thermen (Agrippa, Trajan, Caracalla, Diocletian), Nymphäen (Iulia) oder Naumachien (Augustus). Insgesamt wurden im 4. Jahrhundert n. Chr. elf Thermen, fünfzehn Nymphäen, fünf Naumachien, etwa 850 kleinere Bäder sowie rund 1350 öffentliche Brunnen (nahezu ein Brunnen je ha Stadtfläche) mit Trink- und Brauchwasser versorgt.

Die Wasserverteilung innerhalb der Stadt erfolgte durch unterirdisch verlegte Ton- oder Bleirohrleitungen (Abb. 65), die aus den Fernwasserleitungen (bzw. aus deren Verzweigungen) direkt, aus Stadtverteilern (Castella 1. Ordnung) oder aus untergeordneten Verteilungsbecken 2. Ordnung versorgt wurden.

Die Endabgabestellen waren öffentliche Wasserbecken oder Brunnen, aus denen die Bevölkerung Wasser ohne Einschränkung und ohne Bezahlung schöpfen konnte. Es gehörte zu den Pflichten der Kuratoren, dafür Sorge zu tragen:

«... daß die öffentlichen Brunnen möglichst ohne Unterbrechung bei Tag und Nacht ihr Wasser zum Nutzen des Volkes fließen lassen ...» (Frontinus, S. 108).

Kaiserpaläste und die Häuser wohlhabender und einflußreicher Bürger waren unmittelbar an das städtische Versorgungsnetz angeschlossen. Privatanschlüsse waren in der republikanischen Zeit zunächst nur Vergünstigungen für besonders verdiente Persönlichkeiten, sie wurden später jedoch auf Antrag und nach Bewilligung durch den Kaiser gegen Bezahlung einer Gebühr großzügiger gewährt.

Wie in den frühen Entwicklungsstadien vieler anderer großer Städte, so gelangten auch in Rom alle flüssigen und festen Abfälle zunächst über die die Stadt durchfließenden natürlichen Wasserläufe in den nächsten Vorfluter (den Tiber). Diese Art der Abfallbeseitigung, in den ersten Jahrhunderten der Stadt private Angelegenheit, später in städtische Verantwortung überführt, mußte unter den örtlich gegebenen klimatischen Bedingungen zeitweise versagen, da die Gewässer in den Sommermonaten zuweilen trockenfielen und auch der Tiber selbst nur wenig Wasser führte. Die unreine Luft in Rom wurde oft beklagt, und es bestand immer die Gefahr des Ausbruchs von Epidemien.

Erst als ein unterirdisches Kanalsystem ausgebaut war, das laufend mit

Überschußwasser aus den Fernwasserleitungen gespült werden konnte, verbesserten sich die Verhältnisse grundlegend. Frontinus schreibt dazu:

«Nicht einmal das Überlaufwasser [aus den großen Fernwasserleitungen] ist unnütz. Die Ursachen des ungesunden Klimas werden fortgespült, der Anblick der Straßen ist sauber, reiner die Atemluft, beseitigt ist die Atmosphäre, die bei unseren Vorfahren der Stadt immer schlechten Ruf eintrug» (Frontinus, S. 103).

Die bis zum 1. Jahrhundert n. Chr. als Hauptsammler ausgebauten und unter die Erde verlegten Entwässerungskanäle wurden später durch immer neue Zuleitungen erweitert und durch Spülung mit Wasser aus den Fernleitungen (zusammen mit der Straßenreinigung) funktionsfähig gehalten. Mit dem Anschluß der meisten Wohnquartiere und aller öffentlichen Bedürfnisanstalten hatte sich Rom ein Abwassersystem geschaffen, das in seiner zweckmäßigen Anlage, seiner baulichen Ausführung und seiner betrieblichen Effizienz für die damalige Zeit vorbildlich war. Nach dem Untergang des römischen Reiches vergingen 1½ Jahrtausende, ehe die Bedeutung der Hygiene wieder erkannt wurde und auch die großen Städte der Neuzeit ausreichende Abwassernetze erhielten.

Zusammenfassend ist zum stadtrömischen Fernwasserleitungssystem, wie auch zu vergleichbaren Anlagen in den Provinzen (z. B. Lyon, Pergamon, Köln), zu sagen, daß die Aufgabe der Wasserversorgung von Großstädten bis hin zu 1 Million Einwohnern von den römischen Ingenieuren planerisch und konstruktiv hervorragend gelöst wurde. Diese Leitungen gehören zu den eindrucksvollsten Zeugnissen römischer Zivilisation. Höchste Achtung gebührt dieser Leistung vor allem auch deshalb, weil exakte technisch-wissenschaftliche Grundlagenkenntnisse fehlten und weil die verfügbaren technischen Mittel begrenzt waren. Vielfach erkennbare Baumängel (örtlich minderwertige Bausubstanz, Setzungen, Risse) und Betriebsschwierigkeiten (Undichtigkeiten, Sandablagerungen, Versinterungen usw.) vermindern diese hohe Einschätzung nicht, sind uns doch diese Beanstandungen aus Berichten über vergleichbare Anlagen aus dem 20. Jahrhundert nur zu vertraut.

Die Wasserversorgung Jerusalems

Jerusalem wird um 1850 v. Chr. zum erstenmal in ägyptischen Schriften erwähnt. Ins eigentliche Licht der Geschichte trat die kanaanitische Stadt (auf einem Höhenrücken südlich des Tempelbezirks gelegen) jedoch erst mit der Eroberung durch David (etwa 1000–960 v. Chr.). Salomon (965 bis 926 v. Chr.) erweiterte das Stadtgebiet dann nach Norden über den Berg Ophel hinweg und schloß nahezu den ganzen heutigen Tempelbezirk in die Mauern ein. In den folgenden Jahrhunderten bis zur Eroberung (597 v. Chr.) und Zerstörung (587 v. Chr. nach dem zweiten Aufstand) durch

Nebukadnezar II. wurde Jerusalem dann vor allem nach Westen erweitert.

Bis in die salomonische Zeit waren Niederschlagswasser, das in Felszisternen und in künstlichen Teichen aufgefangen wurde, sowie die außerhalb der Stadt gelegene Quelle Gihon die einzigen Wasserreserven. Zwischen 700 v. Chr. und der Zeitenwende wurde dann eine Reihe von Wasserleitungen zur Verbesserung der Versorgung angelegt:

a) Umleitung der Quelle Gihon in die Stadt (Hezekiah-Tunnel)
b) Mamillateich- oder obere Wasserleitung
c) Nordleitung
d) Westliche Wasserleitung
e) Zwei Wasserleitungen von den Salomonsteichen

Der Hezekiah-Tunnel

Die Quelle Gihon im Kidrontal östlich der alten David-Stadt (Abb. 66) ist eine typische Karstquelle mit intermittierender Schüttung. Einem Fließen mit etwa 120 l/s über 40 Minuten hinweg folgt eine Unterbrechung von 6–8 Stunden. Die tägliche Wassermenge von rund 1100 m^3 (im Sommer weniger) reicht bei einem täglichen Verbrauch von 100 Litern aus, um 11 000 Menschen mit Wasser zu versorgen. Nach Angaben in der Bibel

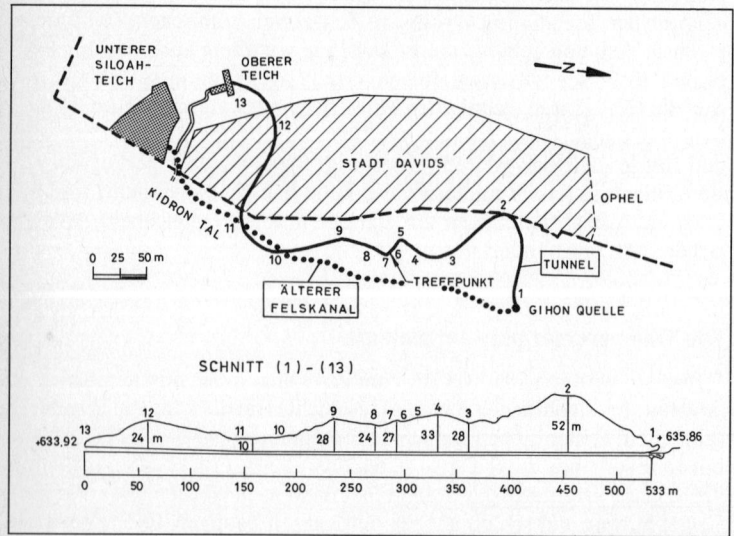

66: Der Hezekiah-Tunnel zwischen der Quelle Gihon im Kidron-Tal und dem Siloah-Teich im Stadtgebiet.

hat König Hezekiah (715–686 v. Chr.) die Quelle durch einen Tunnel in die Stadt geleitet, um die Wasserversorgung bei einer Belagerung durch die heranrückenden Assyrer zu sichern (701 v. Chr.):

«... Hezekiah faßte auch den oberen Abfluß von Gihon und brachte ihn gerade-wegs zur Westküste von Davids Stadt ...» (AT, 2. Chron. 32, 30).

Der vielfach gekrümmte Überleitungstunnel zwischen der Quelle und dem tiefer gelegenen Teil der Stadt ist 533 m lang und hat ein Gefälle von 0,4 %. Seine lichte Höhe variiert zwischen 1,10 m und 3,40 m (Wilkinson, 1974; Issar, 1976). Durch die ausgleichende Zwischenspeicherung im Teich am Tunnelausgang war es möglich, die gesamte intermittierende Schüttung der Quelle zu nutzen. Der Tunnel wurde von beiden Enden her gleichzeitig vorgetrieben. Eine Inschrift am unteren Tunnelende besagt:

«... der Tunnelbau war beendet. Und dieses war die Tatsache des Baus: Während die Hauer die Hacke benutzten, jeder in Richtung zu seinem Kollegen, und während noch immer drei Ellen zu durchschlagen waren, da war eine Stimme zu hören, die seinen Kollegen rief, denn da war ein Spalt im Felsen, zur Rechten und zur Linken. Und am Ende der Arbeit schlug jeder der Hauer zu seinem Kollegen, Hacke auf Hacke. Und dann floß das Wasser von der Quelle zum Speicher für 1200 Ellen. Und hundert Ellen war die Höhe des Felsens über den Köpfen der Hauer» (nach Gressmann, 1926, S. 445).

Die Gründe für die umständliche und schwierige s-förmig geschwungene Linienführung des Tunnels sind nicht bekannt. Es gibt eine Reihe von Deutungen, eine überzeugende Erklärung ist jedoch bis heute nicht vor-gelegt worden. Bewundernswert ist, daß sich die von beiden Seiten vor-dringenden Arbeitsgruppen trotz der vielfachen Richtungsänderungen mit sehr guter Genauigkeit getroffen haben.

Die obere Wasserleitung
Der Mamillateich in der Nähe des Jaffatores (ursprünglich 89m × 59 m × 6 m groß) sammelte das gesamte Oberflächenwasser aus dem oberen Hinnomtal. Die vom Teich ausgehende obere Wasserleitung unterquert die Stadtmauer nördlich des Jaffatores und führt zum Hiskiateich inner-halb der Stadt.

Die nördliche und die westliche Leitung
Von der Nordleitung ist wenig bekannt. Die westliche Wasserleitung führt der Stadt Wasser von einem Höhenrücken im Nordwesten der Stadt zu. Da es in diesem Gebiet Quellen nicht gibt, wird angenommen, daß sie als eine Art ‹Regenrinne› die auf dem breiten Plateau des Bergrückens fal-lenden Niederschläge sammelte.

Die Leitungen von den Salomonsteichen

Die bedeutendsten Wasserleitungen Jerusalems sind zwei Kanäle von Süden her, wo das Gelände in den hebräischen Bergen höher als die Stadt liegt und somit eine Zuleitung möglich ist. Es handelt sich um die Fassung von drei Quellgruppen, eine Zwischenspeicherung in den Salomonischen Teichen und die Weiterführung in die Stadt (Abb. 67). Die Gesamtwasserführung liegt in der Größenordnung von 500 000 m^3 im Jahr oder 17 l/s (Mazar in Mitt. LWI, 1984). Dieser Zufluß reicht aus, um rund 15 000 Einwohner jeweils mit 100 Litern Wasser je Tag zu versorgen.

Zunächst wurde das Wasser von 4 Quellen in den Wadis Hoh und Artas, in der Luftlinie 11 km von Jerusalem entfernt, in die Stadt geleitet. Die Quellen liegen zwischen 25 m und 75 m über dem Niveau des Tempels, und ihr Wasser wurde nach Angaben im Talmud zu rituellen Waschungen verwendet. Zeitlich ist die Leitung in die Periode der Hasmonäer (166 v. Chr. bis zur Zeitenwende) zu datieren.

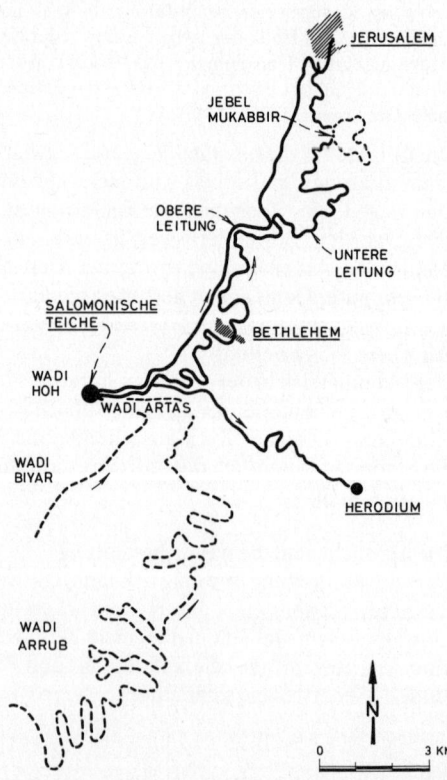

67: Wasserversorgung von Jerusalem aus den sogenannten Salomonischen Teichen.

68: Der obere der drei Salomonischen Teiche, Fassungsvermögen 85000 m³.

Die Zuleitung der Quellen aus dem Wadi Arrub (25 km Luftlinie von Jerusalem, Höhe 90 m bis 115 m über Tempelniveau) wurde wahrscheinlich unter Pontius Pilatus (Amtszeit 26–36 n. Chr.) gebaut, und die Fassung der Quellen im Wadi Biyar dürfte mit dem Bau von Herodium (Herodes der Große, 37–4 v. Chr.) in Verbindung zu bringen sein (Mazar in Mitt. LWI, 1984).

Drei große Becken, die sogenannten Salomonischen Teiche, waren das Herzstück des gesamten Systems. Sie nahmen das Wasser der Quellen aus den Wadis Hoh, Artas, Arrub und Biyar auf und speicherten es temporär. Der obere Teich hat bei einer Grundfläche von 118 m × 71 m und einer Tiefe von 9,50 m bis 11 m ein Speichervermögen von rund 85000 m³ (Abb. 68). Während dieser Teich auf einer relativ ebenen Fläche liegt und daher auf allen Seiten von massiven Mauern umgeben ist, wurden die beiden unteren Becken durch je eine kleine Talsperre geschaffen (Abb. 69). Sie besitzen Speichervolumina von 90000 m³ bzw. 113000 m³.

Die Bauzeit der fälschlich mit König Salomon in Verbindung gebrachten Teiche ist nicht mit Sicherheit bestimmbar. Wahrscheinlich sind die beiden oberen Teiche im Zusammenhang mit den Zuleitungen aus den Wadis Arrub und Biyar gebaut worden. Eine Beschreibung des arabischen Geographen Muqaddasi aus dem 10. Jahrhundert erwähnt nur zwei Teiche, während in Quellen aus dem 16. Jahrhundert drei Teiche

69: Sperrmauer des mittleren Salomonischen Teiches.

70: Druckleitung aus Steinrohren bei Bethlehem (obere Wasserleitung von den Salomonischen Teichen nach Jerusalem).

beschrieben werden. Der dritte Teich dürfte demzufolge in der Mame-
luckenzeit gebaut worden sein (Mazar in Mitt. LWI, 1984).

Von den Teichen führten zwei Leitungen nach Jerusalem. Die ältere,
untere Leitung beginnt am Fuß des unteren Teiches auf einer Höhe von
765 m ü. NN und endet nach 21 km Lauflänge auf dem Tempelberg auf der
Höhe 735 m ü. NN (Gefälle 1 m auf 700 m). Zwei Tunnelstrecken sind
360 m (Bethlehem) bzw. 423 m (Jebel Mukabba) lang. Auf dem Tempelberg wurde das Zulaufwasser dann auf mehrere Zisternen und Reservoire
verteilt. Zeitlich ist die Leitung in die hasmonäische Periode einzuord-
nen.

Die Linienführung der jüngeren, oberen Leitung ist wesentlich ge-
streckter. Sie folgt auf 13 km Länge etwa der Höhenlinie 800 m ü. NN und
liegt damit nur wenig unterhalb der Wasserscheide zwischen dem Mittelmeer und der Jordansenke. Bemerkenswert ist eine etwa 3 km lange
Druckleitung aus Steinrohren (Innendurchmesser 0,33 m) in der Nähe
von Bethlehem, mittels derer die Leitung eine Talsenke durchfährt
(Abb. 70). Nach Bauinschriften auf einigen Steinrohren ist die Leitung
von der X. Römischen Legion, wahrscheinlich im 2. Jahrh. n. Chr., gebaut worden.

Eine dritte Leitung führt von den Teichen in östliche Richtung nach
Herodium.

Römische Talsperren

Allgemeines

Die Notwendigkeit einer großmaßstäblichen Speicherung von Wasser
zum Ausgleich zwischen wasserarmen und wasserreichen Jahreszeiten ergab sich mit der Entstehung der ersten großen Städte und der Ausbreitung und Intensivierung der Bewässerungslandwirtschaft. Talsperren
wurden daher bereits seit rund 3000 v. Chr. gebaut und betrieben
(s. S. 54 f, 79 ff).

Das Standfestigkeitsproblem beim Entwurf von Talsperren ist die Aufnahme des horizontalen Wasserdrucks durch das Bauwerk und seine Um-
lenkung in den Talgrund. Alle älteren Sperren waren Erddämme, Mauern oder kombinierte Damm-Mauer-Bauwerke, die die erforderliche
Standfestigkeit durch ihr Gewicht sicherten. Die Römer wandten später
im allgemeinen die gleichen Prinzipien an, entwickelten jedoch zusätzlich
Talsperren, bei denen eine im Vergleich zur Höhe relativ dünne Stauwand
durch Pfeiler abgestützt wurde oder bei denen Gewichtswirkung durch
Bogenwirkung ersetzt oder ergänzt war. Damit waren gegen Ende des
Römischen Reiches grundsätzlich alle Talsperrentypen bekannt, die
heute verwendet werden.

In Abb. 71 sind die wichtigsten der bekannten römischen Sperren zu-

71: Standorte römischer Talsperren.

	Name	größte Höhe	Kronenlänge
Spanien (Dämme)	Alcantarilla Proserpina Cornalvo	~ 14 m ~ 12 m ~ 18 m	~ 550 m ~ 400 m ~ 200 m
Anatolien (Mauern)	Böget Örükaya Aezani	~ 4 m ~ 16 m ~ 12 m	~ 300 m ~ 40 m ~ 80 m
Erste Bogensperre	Glanum (Provence)	~ 12 m	~ 18 m
Erste Pfeilersperren	Itturandus (Spanien)	~ 3 m	~ 80 m
	Esparragalejo (Spanien)	~ 6 m	~ 310 m
	Megenin (Libyen)	~ 5 m	~ 90 m

Tabelle 3: Römische Talsperren unterschiedlicher Bauart.

sammengestellt. Rechnet man dazu die bisher nicht aufgefundenen, nicht publizierten, als Talsperren nicht identifizierten und vor allem die im Laufe der Jahrhunderte zerstörten Bauwerke, dann hat es im Römischen Reich sicher ein rundes Hundert an Talsperren gegeben. Da es nicht möglich ist, im Rahmen dieses Buches alle oder auch nur eine größere Auswahl zu beschreiben, soll sich die Schilderung auf je eine Gruppe spanischer und anatolischer Sperren sowie auf die Erstanwendungen des Pfeiler- und des Bogenmauerprinzips beschränken (Tabelle 3).

Spanien

Der Wasserversorgung von Merida dienten die beiden Talsperren Proserpina und Cornalvo. Emerita Augusta (Merida) wurde 25 v. Chr. gegründet. Da die Stadt besondere Förderung erfahren haben mag, als zwischen 98 und 180 n. Chr. mit Trajan, Hadrian und Marc Aurel drei Kaiser spanischer Herkunft auf dem römischen Herrscherthron saßen, sind beide Sperren mit einiger Wahrscheinlichkeit in das 2. Jahrhundert n. Chr. zu datieren.

Proserpina liegt etwa 7 km nördlich von Merida. Die rund 400 m lange und 12 m hohe Sperre besteht aus einer leicht abgetreppten Quadersteinmauer auf der Wasserseite, einer Bruchsteinmauer auf der Luftseite und einem dazwischen liegenden Betonkern (Abb. 72). Die erforderliche Standfestigkeit gegen den Wasserdruck wird durch eine Erdanschüttung auf der Luftseite erzielt. In Talmitte sind der Mauer an der Wasserseite

72: Römische Talsperre Proserpina für die Wasserversorgung der Stadt Merida (s. Abb. 71).

73: Römische Talsperre Cornalvo für die Wasserversorgung der Stadt Merida (s. Abb. 71).

zur Aufnahme des Erddrucks bei leerem Becken (und zusätzlich eines Wasserdrucks bei Durchfeuchtung infolge von Regen) insgesamt 9 Stützpfeiler vorgesetzt. Die Wasserentnahme erfolgt durch zwei Kammern im Dammkörper unmittelbar unterhalb der Stützmauer. Art und Größe der Verschlußeinrichtungen sind nicht bekannt. Am linken Ufer des Sees liegt ein Überfall zur Hochwasserentlastung.

Ein Vergleich der Bauart des Aquädukts Los Milagos (im Verlauf der Wasserleitung von der Sperre zur Stadt) mit anderen datierbaren Aquädukten gleichen Stils läßt auf einen Bau der Sperre in der Zeit Hadrians (117–138 n. Chr.) schließen (Smith, 1971). Der Speicher wird noch heute für Bewässerungszwecke im Gebiet zwischen dem See und der Stadt genutzt.

Der Damm Cornalvo staut den Abfluß des Rio Albarregas etwa 17 km nordöstlich von Merida auf. Er ist 195 m lang und in Talmitte etwa 15 m hoch (Abb. 73). Wie bei Proserpina, handelt es sich um eine Kernmauer mit luftseitiger Erdanschüttung. Auf der Wasserseite sind zusätzlich sich kreuzende Längs- und Quermauern vorgesetzt, deren Zwischenräume mit Lehm und Steinen aufgefüllt und gegen das Wasser mit einer Schicht gemauerter Quader abgedeckt sind (Abb. 74). So ist ein Dammquerschnitt entstanden, der bei rund 8 m Kronenbreite, 1:3 geneigter Luftseite und 1:1,5 geneigter Wasserseite den Abmessungen moderner

150

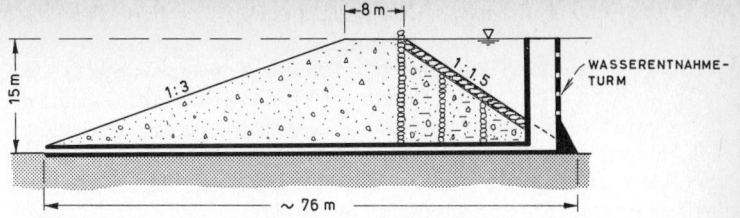

WASSERENTNAHME-
TURM

74: Querschnitt durch den Staudamm Cornalvo (s. Abb. 73).

Dämme weitgehend entspricht. Die Wasserentnahme erfolgte durch einen vorgelagerten Turm, die Hochwasserentlastung lag am linken Ufer (Smith, 1971). Auch der Cornalvodamm wird noch heute für die Speicherung von Bewässerungswasser genutzt. Er wurde wahrscheinlich später als Proserpina gebaut, da einmal der Damm weiter entfernt vom Stadtgebiet liegt und zum anderen die Bauart wesentlich fortgeschrittener ist.

Auch Alcantarilla, die dritte der hier zu schildernden römischen Talsperren, bestand im Grundsatz aus einer Stützmauer mit einer luftseitigen Erdanschüttung. Der Damm war 550 m lang, in Talmitte 20 m hoch, und die Wasserentnahme erfolgte, ähnlich wie in Proserpina, durch einen Turm im Dammkörper (Abb. 75). Der Mittelteil des Damms ist auf rund 200 m Länge zerstört, und zwar ist die Stützmauer durch den Erd- und Wasserdruck der Anschüttung bei leerem Becken zum See hin einge-

75: Römische Talsperre Alcantarilla für die Wasserversorgung der Stadt Toledo (s. Abb. 71).

151

drückt worden. Der Speicher Alcantarilla diente über eine 38 km lange Zuleitung der Wasserversorgung von Toledo. Das Bauwerk wird wegen seiner im Vergleich zu den Sperren bei Merida gröberen Bauweise in das 2. Jahrhundert v. Chr. datiert (Smith, 1971). Wenn das zutrifft, kann vielleicht davon ausgegangen werden, daß die wasserseitigen Abstrebungen der Mauern Proserpina und Cornalvo eine Konsequenz der Zerstörung von Alcantarilla waren. Andere Auffassungen gehen von einer Bauzeit im 2. Jahrhundert n. Chr. aus (Schnitter, 1978).

Anatolien

Bei den drei in Anatolien gefundenen römischen Sperren handelt es sich, im Gegensatz zu den spanischen Dämmen, um Doppelmauern mit eingestampftem Kern und ohne stützende Erdanschüttungen.

Die Sperre Böget (Mustilla) südlich von Caesarea, dem heutigen Kayseri, ist 300 m lang und hat bei einer max. Höhe von etwa 4 m in Talmitte eine konstante Breite von 2,5 m (Abb. 76). Ihr Zweck (Bewässerung? Wasserversorgung von Mustilla?) ist heute nicht mehr erkennbar. Zwischen einer Doppelmauer aus Gabbro-Tuffsteinen (50 cm × 70 cm × 50 cm, vermörtelt) ist Lehm, vermischt mit Mörtel und Schutt, eingestampft. Da die Mauer als ganzes standfest ist, kommt als Ursache für den Einsturz nur ein hydraulischer Grundbruch in Frage, d. h. eine Unterspülung des Damms an der Stelle größter Stauhöhe. Unter Umständen hat eine Überströmung und Kolkbildung während eines Hochwassers zur Zerstörung beigetragen. Durchaus originell ist das Konzept der Hochwasserentlastung, die aus einer großen Anzahl von Wasserspeiern entlang der Mauerkrone besteht. Eine Entnahmeeinrichtung ist nicht erkennbar.

76: Staumauer Böget im südlichen Zentralanatolien (s. Abb. 71).

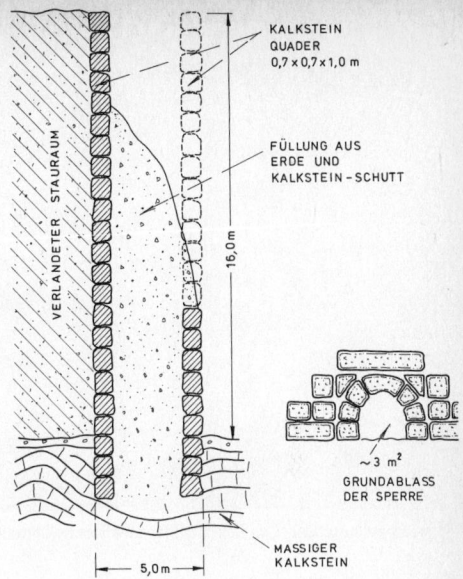

77: Staumauer Örükaya
im nördlichen Zentral-
anatolien (s. Abb. 71).

KALKSTEIN
QUADER
0,7 × 0,7 × 1,0 m

FÜLLUNG AUS
ERDE UND
KALKSTEIN – SCHUTT

VERLANDETER STAURAUM

16,0 m

~ 3 m²
GRUNDABLASS
DER SPERRE

MASSIGER
KALKSTEIN

5,0 m

Die Talsperre Örükaya (Abb. 77) ist vom Prinzip her ebenfalls eine Doppelmauer mit eingestampftem Kern (h = 16 m, l = 40 m, b = 5 m). Die mörtellos gesetzten Mauern im Oberwasser und Unterwasser bestehen aus bossierten Kalksteinquadern der Größe 70 cm × 70 cm × 100 cm. Wie einzelne noch vorhandene Reste zeigen, waren die Fugen ursprünglich mit Blei vergossen. Die Sperre wurde in einem Engpaß des Tales errichtet und hat bis heute nur deshalb Bestand, weil sie sich unter der Wirkung des Wasserdrucks in die sich verengenden Talflanken verkeilt hat. Da unterhalb der Sperre größere Siedlungen nicht bestehen, wird die Sperre mit ihrem Speicherinhalt von etwa 500 000 m³ der Bewässerung gedient haben. Für die Wasserentnahme war ein gewölbter Grundablaß von etwa 3 m² Querschnittsfläche vorgesehen. Besondere Anlagen für eine Hochwasserentlastung sind nicht erkennbar.

Das Sperrbauwerk Aezani (heute Cavdarhisari) ist über der Talsohle 12 m hoch, an der Krone 80 m lang und gleichbleibend etwa 6 m breit (Abb. 78). Im Grundriß ist die Sperre leicht nach Oberwasser gewölbt und vermag statisch den Wasserdruck aufzunehmen. Die Doppelmauer besteht aus 60 cm × 60 cm × 100 cm großen Kalksteinblöcken, der Zwischenraum ist mit lehmigem Hangschutt und Erde gefüllt. Da oberhalb der regelmäßigen Fundamentblöcke auch skulpturierte Marmorblöcke eingebaut sind, kann angenommen werden, daß der Bau durch ein Hochwas-

78: Staumauer Aezani (Çavdarhisari) im westlichen Anatolien (s. Abb. 71).

ser zerstört und anschließend in Eile wieder aufgebaut wurde. Die Mauer ist flach auf die Talflanken (Kalkstein) aufgesetzt, das Fundament in Talmitte ist 2 bis 3 m mit Geschiebe überdeckt.

Der Durchlaß in Talmitte ist 6 m breit und hat eine Höhe von mehr als 2 m. Da er nicht verschließbar ist, kann das Bauwerk nicht der Wasserspeicherung für das wenige Kilometer flußab gelegene Aezani gedient haben. Zweck der Sperre könnte der Hochwasserschutz der Stadt gewesen sein. Aezani war in römischer Zeit ein bedeutendes Zentrum, nach dem ein ganzer Distrikt des Landes benannt wurde. Noch heute zeugen die eindrucksvollen Ruinen (Tempel, Theater) von der Größe und Pracht der Stadt. Der enge Durchlaß kappte durch temporäre Zwischenspeicherung die Spitzen der plötzlichen Hochwasser und reduzierte den Abfluß auf das Leistungsvermögen des unterhalb anschließenden Flußbettes.

Römische Bogenmauern

Die Römer waren Meister im Bau und in der Anwendung des gewölbten Bogens, und so lag sicherlich der Gedanke nahe, dieses Prinzip bei geeigneten geologischen und topographischen Voraussetzungen auch beim Bau von Talsperren anzuwenden. So schreibt Prokop von Caesarea (geb. etwa 500 n. Chr.), daß unter Kaiser Justinian (527–565 n. Chr.) bei Dara an der türkisch-syrischen Grenze eine Talsperre zur Hochwasserrückhaltung gebaut wurde, und zwar nicht geradlinig, sondern in Form eines Bogens, der gegen die Strömung gekehrt war, damit er der Gewalt des Wassers besser widerstehen konnte.

Die erste, bewußt die Bogenwirkung ausnutzende römische Sperre lag im Vallon-de-Baume (Provence), südwestlich des antiken Glanum. Ihre Errichtung kann vielleicht im Zusammenhang mit dem Umbau der Thermen von Glanum um 100 n. Chr. gesehen werden. Vom Bauwerk selbst ist nichts mehr erhalten; es war bereits zerstört, als 1891 an gleicher Stelle eine moderne (Bogen-)Mauer errichtet wurde. Aus älteren Zeichnungen und Beschreibungen der Mauerfundamente lassen sich die Abmessungen der römischen Talsperre jedoch weitgehend rekonstruieren (Schnitter, 1978). Danach war die Mauer mindestens 6 m (wahrscheinlich 12 m) hoch und besaß eine Kronenlänge von 18 m. Der Krümmungsradius der Mauer lag in der Größenordnung von 14 m. Im Querschnitt bestand die Sperre (wie die anatolischen Anlagen) aus zwei Bruchsteinmauern (wasserseitig 1,30 m, luftseitig 1,00 m stark) mit einem dazwischen liegenden, etwa 1,60 m breiten Kern, der wahrscheinlich mit Erde, Geröll und Steinen ausgefüllt war. Über die Art der Wasserentnahme ist nichts bekannt, Hochwasser haben wahrscheinlich die Sperrenkrone überströmt. Ablagerungen im Stauraum deuten darauf hin, daß die Sperre längere Zeit in Betrieb war (Smith, 1971).

Römische Pfeilermauern

Wenn die eigentliche Staumauer nicht durch Erdanschüttungen abgestützt (standfest gemacht) wird, wie z. B. bei den Talsperren Proserpina, Cornalvo und Alcantarilla, sondern durch Strebepfeiler, dann spricht man von Pfeilermauern. Dieses Bauprinzip der Aufnahme horizontaler Lasten durch einzelne vorgesetzte Pfeiler ist bei Stützmauern von aufgeschütteten Terrassen in der Antike oft verwendet worden und von den Römern erstmalig auch im Talsperrenbau benutzt worden (Schnitter, 1984).

Bei der Staumauer Iturranduz im nördl. Spanien besteht die Stauwand aus vertikalen Mauern zwischen den einzelnen Pfeilern. Bei Esparragalejo (10 km nordwestlich von Merida, 1. Jahrh. n. Chr.) wird der zwischen 6 und 10 m liegende Abstand zwischen den Pfeilern durch flache Bögen überspannt, die auf der Wasserseite durch eine steil geneigte Bruchsteinmauer abgeglichen sind. Das alte Bauwerk ist 1959 sorgfältig wiederhergestellt worden und heute noch im Betrieb. Unregelmäßiger im Bau und weniger sorgfältig in der Ausführung ist die ins 2. Jahrh. n. Chr. zu datierende Pfeilermauer im Wadi Megenin, etwa 40 km südlich von Tripolis (Libyen).

Kanalbrücken (Aquädukte)

Das Hauptelement griechischer Wasserleitungen war das Rohr in unterirdischer Führung. Die geschlossene Leitung garantierte den Schutz des Wassers gegen Verunreinigungen, die Verlegung unter der Erdoberfläche die Sicherung gegen eine Zerstörung durch Feinde in kriegerischer Zeit.

Auch die Wasserleitungen der Stadt Rom wurden anfänglich aus Sicherheitsgründen soweit wie möglich unterirdisch verlegt. Erst während der Jahrhunderte währenden Pax Romana wurden römische Wasserleitungen auch an und über der Erdoberfläche geführt. Lange Talumfahrungen wurden vermieden und durch Aquädukte ersetzt. Die Überbrückung der Täler erfolgte dabei aus Wirtschaftlichkeitsgründen nicht durch geschlossene Mauern, sondern durch Bogenreihen, bei größeren Höhen oft in zwei oder drei Geschossen.

Die meisten der älteren Aquädukte wurden aus sorgfältig behauenen Quadern ohne Verwendung von Mörtel errichtet (z. B. der Pont du Gard, Abb. 79, und der Aquädukt von Segovia, Abb. 80). Ab Ende des 1. Jahrh. n. Chr. wurden die Aquädukte dann zunehmend nach dem wirtschaftlicheren Prinzip des ‹Opus Emplekton› gebaut, bei dem Beton zwischen äußere Mauerschalen eingegossen wurde. Die späteren Aquädukte (z. B. bei der Alexandrina in Rom) wurden dann, wiederum aus Kostengründen, unter weitgehender Verwendung von Tonplatten und Backsteinen errichtet. Eine wirtschaftlich oder technisch begründete Grenze für die Abmessungen der schlanken Kanalbrücken sahen die römischen Ingenieure offenbar bei etwa 50 m Höhe (Pont du Gard). Tiefer eingeschnittene Täler wurden mit Druckleitungen durchfahren.

Die schönsten römischen Talbrücken sind sicherlich die Arkaden der Aqua Claudia/Aqua Anio Novus in der römischen Campagna (s. Abb. 61, 62, 63) und vor allem der Pont du Gard und der Aquädukt von Segovia (s. Abb. 79, 80). Mit dem Pont du Gard setzt die rund 50 km lange Wasserleitung von den Quellen Fontaine d'Eure und Fontaine d'Avian zur römischen Stadt Nemausus (Nîmes) über das Flüßchen Gard hinweg. Das 49 m hohe und 269 m lange Bauwerk besteht aus drei übereinanderliegenden Bogenreihen mit größten Einzelspannweiten von 24,40 m. Die hervorragend zugearbeiteten Blöcke aus Muschelkalkstein sind ohne Verwendung von Mörtel zusammengefügt. Vom Pont du Gard, der als eines der hervorragendsten römischen Ingenieurbauwerke gilt, wird angenommen, daß er um 18 v. Chr. von Agrippa gebaut wurde, der zu dieser Zeit Statthalter in Gallien war und in Nîmes residierte (Merckel, 1899).

Der Aquädukt von Segovia ist, wie der Pont du Gard, ebenfalls aus sauber bearbeiteten Natursteinblöcken (Granit) ohne Verwendung von Mörtel oder anderen Bindemitteln errichtet worden. Das 813 m lange und maximal 28 m hohe Bauwerk wird auf Trajan (98–117 n. Chr.) zurückge-

79: Der Pont du Gard (h = 49 m, l = 269 m) im Verlauf der Wasserzuleitung nach Nîmes (Süd-frankreich).

80: Der Aquädukt von Segovia (h = 28 m, l = 813 m) in Spanien.

führt und besticht durch seine im Vergleich zu anderen römischen Bauwerken äußerst grazile Bauweise.

Die Aquädukte der römischen Wasserleitungen gehören zu den eindrucksvollsten Bauwerken nicht nur der Hydrotechnik, sondern der römischen Baukunst überhaupt. Es gibt nur wenige profane Bauwerke aus der Antike, in denen technisch-rationale Zweckmäßigkeit so harmonisch mit ästhetischer Formvollendung und zeitloser Würde zusammenfließen. Nicht umsonst sind gerade die Aquädukte zu einem Synonym für römische, klassische Architektur geworden.

Druckleitungen

Druckleitungen (Düker) werden im Verlauf von Wasserleitungen erforderlich, wenn Täler nicht durch Kanalbrücken (Aquädukte) überquert werden können. Vitruv schreibt dazu im 6. Kapitel des 8. Buches seiner ‹De Architectura Libri Decem›:

«... Sind aber weiter ausgedehnte Täler da, dann wird man die Leitung am Abhang entlang herabführen. Wenn man ins Tal gekommen ist, wird ein so hoher Unterbau aufgeführt, daß die Leitung eine möglichst lange Strecke die gleiche Niveauhöhe hat ... Kommt dann die Leitung an die andere ansteigende Seite, dann schwillt das Wasser infolge des langen Zwischenraumes ... leicht an und dürfte wohl zum Kamm der Höhe hinaufgedrückt werden ...» (Vitruv, S. 395).

81: Rampe der Taldurchfahrung bei Chaponost im Verlauf der Leitung aus dem Giertal nach Lyon.

82: Steinrohre der Druck-
leitung von Laodikeia im
oberen Tal des Großen
Mäanders.

Da normale Tonrohre den in der Talsohle auftretenden hohen Drücken
nicht standhalten, wurden für die Druckrohrstrecken Bleirohre oder
Steinrohre verwendet, bei kleinen Druckhöhen auch sehr starkwandige
Tonrohre. Auf die hervorragendste der antiken Druckrohrleitungen, das
Schlußstück der hellenistischen Madradag-Leitung nach Pergamon, ist
bereits eingegangen worden (s. S. 126ff; Abb. 59). Aus römischer Zeit
sind vor allem die 4 Druckstrecken im Verlauf der Leitung aus dem Giertal nach Lyon (Lugdunum) zu nennen, die in ihrer Konstruktion Freispie-
gelkanal – Übergangsbecken – absteigende Druckleitung – horizontaler
Unterbau – aufsteigender Ast – Übergangsbecken – Freispiegelleitung
der klassischen Beschreibung Vitruvs folgen. Abb. 81 zeigt das Übergangsbecken und die absteigende Rampe bei Chaponost, auf der 9 parallel laufende Bleirohre verlegt waren. Als Beispiele antiker Steinrohr-
leitungen seien Bethlehem (s. Abb. 70), Laodikeia im oberen Tal des
Großen Mäanders (Abb. 82) und Aspendos an der Südküste Kleinasiens
(Abb. 83) genannt.

83: Druckstrecke (Steinrohre) mit hydraulischen Türmen in der Wasserzuleitung nach Aspendos an der Südküste Kleinasiens.

An Knickpunkten von Druckrohrleitungen treten erhebliche Kräfte quer zur Rohrachse auf, die durch das Gegengewicht großer Steinblöcke aufgenommen werden müssen (wie z. B. bei der Druckleitung von Pergamon). Diese nur schwer beherrschbaren zusätzlichen Beanspruchungen können vermieden werden, wenn die Druckleitungen an Knickstellen in hochgelegene Becken mit freiem Wasserspiegel geleitet und von hier dann in die neue Richtung weitergeführt werden. Für die Anlage derartiger Becken waren genügend hohe Bauten, sogenannte ‹hydraulische Türme›, erforderlich. Abb. 83 zeigt die beiden Türme an Knickstellen der Druckleitung von Aspendos zusammen mit dem dazwischen liegenden Unterbau für die Druckleitung.

Häfen

Aus der teilweise bis ins 5. Jahrtausend v. Chr. zurückgehenden lebhaften Binnenschiffahrt auf den großen Flüssen (Euphrat, Tigris, Nil, Donau) hatte sich im 4. Jahrtausend v. Chr. zunächst eine Küstenschiffahrt entwickelt (Mittelmeer, Rotes Meer, Persischer Golf) und in der Folgezeit dann auch eine Hochseeschiffahrt (Indischer Ozean). Die ersten Puntfahrten der Ägypter scheinen auf das Jahr 2350 v. Chr. zurückzugehen, und die Phönizier segelten um 1000 v. Chr. bis nach Britannien. Unter

Ausnutzung der Monsunwinde wurden der indische Subkontinent und Hinterindien erreicht, und Herodot berichtet, daß auf Anordnung des Pharaos Necho II. (610–595 v. Chr.) ein phönizisches Schiff in 3 Jahren Afrika von Osten nach Westen umrundete.

Über den Austausch der Haupthandelsgüter Holz, Metalle, gewerbliche Erzeugnisse (Keramik, Schmuck, Waffen), Wein, Öl, Getreide, Gewürze und vor allem auch Sklaven schlossen die großen Handel treibenden Nationen (Ägypter, Kreter, Phönizier, Etrusker und später die Griechen und Römer) detaillierte Handelsverträge ab. Jedes Land hatte seine Zollbestimmungen, Schiffahrtssteuern und Hafengebühren. So bildeten die Hafenzölle in den griechischen Stadtstaaten über lange Jahrhunderte hinweg die Haupteinnahmequelle. Dabei wurden besondere Häfen bestimmt, über die der Außenhandel abzuwickeln war. Die derart gegenüber anderen Anlegeplätzen privilegierten Handels- und Umschlagplätze entwickelten sich mit ihren Verladeeinrichtungen, Behörden, Handelsbörsen und -gerichten, mit Handwerk und Industrie, Märkten und Herbergen zu wohlhabenden und wichtigen Städten. Insgesamt sind mehr als 300 antike Häfen bekannt. Voraussetzung für die Hafenanlage war jeweils, daß entweder die örtlichen Küstenverhältnisse einen natürlichen Schutz boten oder daß sichere Ankerplätze künstlich geschaffen werden konnten. Ohne Zweifel gehören die großen historischen Hafenanlagen mit zu den bedeutendsten Ingenieurbauten der Antike. Herodot zählt z. B. die Hafenmole von Samos zu den größten Bauwerken der Griechen.

Wenn über die Schiffahrt und die Häfen in der Antike gesprochen wird, dann sind vor allem die Phönizier und die Griechen zu nennen. Bedeutende Häfen an der phönizischen Küste waren Aradus, Byblos und vor allem Sidon und Tyrus. Sidon war ein Doppelhafen; Tyrus, als Inselstadt und Inselfestung eine der originellsten und zugleich eine der schönsten Metropolen der Alten Welt, besaß drei Hafenbecken. Die größten Häfen in den mittelmeerischen phönizischen Kolonien besaßen Karthago, Gades, Utica und Leptis.

An den langen Küsten des griechischen Mutterlandes, auf den zahlreichen Inseln der Ägäis und im Bereich der griechischen Kolonisation findet sich eine große Zahl von Häfen, von denen hier Piräus-Athen, Mytilene (Lesbos), Smyrna, Ephesus, Samos, Milet, Rhodos, Knidos, Heraklea, Sinope, Trapezus, Syrakus, Apollonia (Cyrene), Alexandria und Seleucia (Antiochia) besonders genannt seien. Die Häfen von Rhodos und Alexandria sind verknüpft mit zweien der Sieben Weltwunder der Antike: dem Koloß von Rhodos und dem Leuchtturm von Alexandria (Pharos).

Die Römer hatten niemals ähnlich enge Beziehungen zur Schiffahrt wie die Phönizier und Griechen. Sie wurden, sozusagen wider Willen, erst durch die kriegerische Auseinandersetzung mit den Karthagern auf das

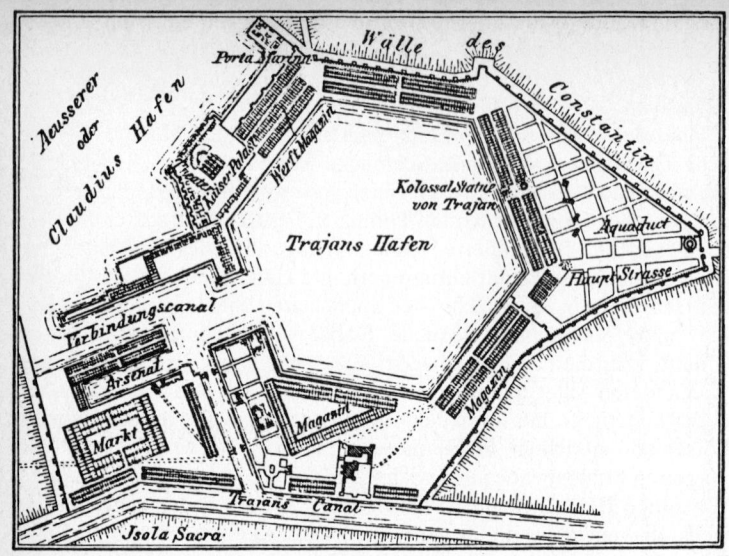

84: Unter Trajan (98–117 n. Chr.) an der Tibermündung erbauter Hafen.

Wasser gezwungen und übernahmen in der Folgezeit das Wissen und die
Erfahrungen ihrer Vorgänger, ohne etwas wesentlich Neues hinzuzufü-
gen. Ihre Hafenbauten zeugen oft vom Willen und von der Fähigkeit der
Römer, auch dort ihre Absichten durchzusetzen, wo die natürlichen Voraussetzungen für derartige Großanlagen fehlten. Für die Kriegsflotte
wurden am Golf von Neapel zunächst der Portus Julius bei Bajá und dann
der Hafen von Misenum gebaut. Der Versorgung der Hauptstadt diente
der Hafen von Ostia, in dem die Güter von den Seeschiffen auf Fluß-
schiffe umgeladen wurden (Abb. 84). Weitere bedeutende römische Häfen im Mutterland sind Pozzuoli, Civitavecchia, Ravenna, Ancona, Ter-
racina und Gaeta.

Die Bauweisen der Molen und Hafendämme in der Antike gleichen
weitgehend den Methoden, die auch heute noch angewandt werden. Vitruv widmet dem Hafenbau im 5. Buch seines Werkes ein ganzes Kapitel.
Der Unterbau der Wellenbrecher, Molen und Kaianlagen bestand in der
Regel aus Steinschüttungen, seltener aus quaderförmigen und im Verband gesetzten großen Natursteinen oder vorgefertigten Betonblöcken.
Vielfach wurde auch Unterwasserbeton aus Steinschlag, Kalk und Poz-
zuolanerde verwendet (Straub, 1964; Lamprecht, 1984).

162

Zusammenfassung

In den Bemühungen, das Vorkommen und das Verhalten des Wassers in der Natur zu verstehen und sich Klarheit über die ihm innewohnenden Kräfte zu verschaffen, wurden nach 600 v. Chr. bedeutende Fortschritte erzielt. Aus der Sicht des 20. Jahrhunderts lagen diese Kenntnisse jedoch weit unter dem, was wir heute als unabdingbare Minimalvoraussetzung für die Planung und den Bau von Wassernutzungssystemen ansehen. Trotzdem wurden in der Antike für die Leitung, Speicherung und Verteilung von Wasser hervorragende Bauten errichtet, die eine sichere Versorgung der Bevölkerung und der Landwirtschaft mit Wasser ermöglichten.

Die teilweise über Jahrtausende erhalten gebliebenen Bauwerke beeindrucken den Laien wie den Fachmann auch heute noch. Bewunderung verdienen die oft kühne, folgerichtige Konzeption und Planung ebenso wie die technische Brillanz, die großartige Architektur und die hochstehende handwerkliche Ausführung. Diese Wertschätzung gewinnt besonderes Gewicht, wenn in Betracht gezogen wird, wie rudimentär die wissenschaftlichen Kenntnisse und wie begrenzt die technischen Möglichkeiten waren, die den Ingenieuren der Antike beim Entwurf, Bau und Betrieb der hydrotechnischen Anlagen zur Verfügung standen.

7. Das Mittelalter

Allgemeines

Seit dem 3. Jahrhundert n. Chr. gingen Bedeutung und Einfluß des Römischen Reiches zurück. 330 n. Chr. verlagerte sich das Zentrum der Macht im Mittelmeer von Rom nach Byzanz (Konstantinopel), und 395 n. Chr. zerfiel das Reich in Ostrom und Westrom. Während sich der oströmische Reichsteil noch bis 1453 (Eroberung Konstantinopels durch die Türken) halten konnte, entstanden auf dem weströmischen Staatsgebiet bereits im 5. Jahrhundert die Germanenreiche der Vandalen in Nordafrika, der Sueben und Westgoten in Spanien, der Franken und Burgunder in Gallien sowie der Ostgoten und Langobarden in Italien. Von der Stadt Rom aus begann sich die katholische Kirche als politische Macht zu entwickeln. Um 700 übernahmen dann die islamischen Heere Nordafrika und eroberten Spanien, das bis ins 15. Jahrhundert hinein ganz oder teilweise von den Mauren beherrscht wurde. In Zentraleuropa entstand 919 unter Heinrich I. als erstem Kaiser das Heilige Römische Reich Deutscher Nation.

In den Jahrhunderten um die Zeitenwende hatten die Wissenschaften (insbesondere durch die Griechen) und die Technik (insbesondere durch die Römer) einen einzigartigen Aufschwung genommen. Vor dem Hintergrund der umwälzenden politischen Entwicklungen nach dem Zerfall des Römischen Reiches kam es auf dem Gebiete der Geistes- und der Naturwissenschaften zu einer Stagnation, ja teilweise zu einem Rückschritt. Den Scholaren dieser Zeit lag die Durchführung eigener Beobachtungen oder die Entwicklung neuer Gedanken zur Erklärung der vielfältigen Naturphänomene fern. Die Bücher und Schriften der griechischen Klassiker wurden immer wieder aufs neue zerlegt, umgeschrieben und anders zusammengesetzt, Bücherweisheit und blinder Autoritätsglaube beherrschten die Szene. Seit Thomas von Aquin (1225–1274) die Philosophie des Aristoteles in die Grundlagen der Kirchenlehre einbezogen hatte, galten auch Abweichungen von den aristotelischen Lehren als Häresie. Es hat sicherlich auch in dieser Zeit gedankliche Fortschritte gegeben. Da derartige ‹heidnische Wissenschaften› jedoch von der Inquisition unerbittlich verfolgt wurden und die Schriften (und zuweilen auch die Autoren) oft auf dem Scheiterhaufen landeten, wurde jegliche Weiterentwicklung auf dem Gebiet der Naturwissenschaften unterbunden. In Europa gingen in dieser Zeit neue Anregungen in der Mathematik, Physik, Chemie, Anatomie, Arzneikunde und Astronomie (Astrologie) nur von Spanien aus, wo unter den Mauren ein offeneres Klima der Freiheit und Toleranz herrschte. Das eigentliche Zentrum der geistig-wissenschaftlichen Entwicklung lag während dieser Periode in der Kalifenstadt Bagdad. Griechische und persische Gelehrte, insbesondere auf dem Gebiet der Naturwissenschaften Medizin, Chemie, Geographie, Mathematik, Astronomie, Pharmazie, fanden hier die Möglichkeit, frei zu arbeiten. Werke griechischer, persischer und indischer Dichtung und Wissenschaft wurden ins Arabische übersetzt.

Hydrowissenschaften

Auf dem Gebiet der Hydrologie/Meteorologie sind aus dem Mittelalter enzyklopädische Werke von Isidor von Sevilla (570–636) und von Venerable Bede (673–735) zu erwähnen (Biswas, 1970). Beide waren Kirchenväter, und beide versuchten vor dem Hintergrund der herrschenden Kirchenlehre die Natur darzustellen und zu erklären. Neue Gedanken oder Deutungen, die über die Erkenntnisse der griechischen Klassiker hinausgingen, enthalten die umfangreichen Schriften beider Autoren nicht. Das gleiche gilt auch für die Werke von Albertus Magnus (1206–1280) und Leone Battista Alberti (1404–1472).

In Persien, dem klassischen Land der Kanate, entstanden in der Zeit um 1000 n. Chr. die Manuskripte von Mohammed Karaji, in denen er sich mit dem Vorkommen und der Nutzung des Grundwassers auseinandersetzt (Pazwash/Mavrigian, 1981). Karaji beschreibt den atmosphärischen

Ursprung des Grundwassers und der Quellen und erkennt den Zusammenhang zwischen dem Steigen und Fallen der Wasserstände in den Flüssen und in den nahe gelegenen Brunnen. Hervorzuheben ist dabei im Zusammenhang mit der Anlage von Kanaten auch seine richtige Deutung der Abhängigkeit der Wasserbewegung bzw. des Wasservorkommens im Untergrund von den geologischen Formationen.

Die Hydraulik blieb nach wie vor eine Erfahrungswissenschaft. Neue Erkenntnisse, die über das Wissen von Vitruv, Heron und Frontinus hinausgingen, sind aus dem Zeitraum von 500–1500 nicht bekannt.

Wasserkraftnutzung

Nach den Überlieferungen hat die Bedeutung und die Ausbreitung der Wasserkraftnutzung auch in den politisch und sozial unruhigen Jahrhunderten nach dem Zusammenbruch des Römischen Reiches weiter zugenommen. Wurde die über Wasserräder genutzte potentielle und kinetische Energie des Wassers zunächst nur zum Betrieb von Mühlen und zum Heben von Wasser verwendet, so ergab sich im Mittelalter auch eine Umsetzung in eine Reihe von anderen handwerklichen und industriellen Arbeiten. Maßgebend für diese Weiterentwicklung war sicher auch der Rückgang der Sklaverei im späten Römischen Reich und die durch das Christentum veränderte Einstellung gegenüber den Armen und Unterdrückten, die bis dahin in den sprichwörtlichen Tretmühlen Frondienste geleistet hatten.

Ausonius (4. Jahrhundert) und Fortunatus (5. Jahrhundert) berichten über wassergetriebene Mühlen und Sägewerke an den Nebenflüssen der Mosel. Um 600 n. Chr. waren in Frankreich Wassermühlen bei Dijon, Genf und Angers in Betrieb. Ihre Bedeutung im Fränkischen Reich wird dadurch unterstrichen, daß sie in den Salischen Gesetzen besonders geschützt wurden. Wenngleich es genaue Zahlen nicht gibt, so wird doch in den Jahrhunderten bis zur Renaissance von einer starken Zunahme der Zahl der Wassermühlen in Mitteleuropa berichtet. So wurden z. B. allein im Bereich von Troyes (Frankreich) von 1157 bis 1191 elf Wassermühlen neu gebaut, und 1493 waren insgesamt 41 Anlagen in Betrieb. In England wurden die ersten Mühlen im 8. Jahrhundert errichtet, und im 13. Jahrhundert bestanden in 3000 Dörfern und Städten südlich des Trent und des Severn über 5000 wassergetriebene Anlagen (Forbes, 1965). Die ältesten durch Gezeitenströme betriebenen Mühlen wurden in den Jahren 1125 bis 1130 ebenfalls in England gebaut.

Im aufstrebenden Gewerbe wurden neben der rein kreisenden Bewegung, wie sie für das Heben von Wasser und den Betrieb von Getreidemühlen zweckmäßig war, auch geradlinige Bewegungsformen erforderlich. So wird nach 1100 zunehmend von wassergetriebenen Sägewerken,

85: Durch ein Wasserrad angetriebenes Pochwerk.

Blasebälgen, Hammerwerken und Pochwerken berichtet (Abb. 85). Über die Verbesserungen in der Bewegungsübersetzung (Getriebe), die Voraussetzung für diese Nutzungen waren, ist wenig bekannt, da detaillierte Illustrationen aus dieser Zeit fehlen.

Hochwasserschutz und Entwässerung

Neuland für landwirtschaftliche Nutzung wurde im Mittelalter in Europa in der Hauptsache durch Hochwasserschutz- und Entwässerungsmaßnahmen in den Flußniederungen und in Sümpfen gewonnen. Die technische Entwicklung ging dabei vor allem vom Mündungsgebiet der Schelde, der Maas und des Rheins aus. Plinius (23–79 n. Chr.) schrieb über Flandern und die Niederlande:

«... In diesem Land überschwemmt das Meer mit seinen riesigen Gezeiten zweimal in jedem Tag und jeder Nacht unermeßliche Flächen, die ewige Auseinandersetzung der Natur und das zwischen Land und Meer umstrittene Gebiet überdeckend. Dort bewohnt dieses unglückliche Geschlecht höher gelegene Stellen des Landes oder künstlich aufgehöhte Flächen, die oberhalb der höchsten Flut liegen, an ausgewählten Stellen in Hütten lebend wie Seeleute, wenn das Wasser das umliegende Land bedeckt ...» (Plinius, 16, 1).

Die ersten Deiche wurden bereits im 7. Jahrhundert gebaut. Um 1000 waren weite Teile Frieslands bereits recht gut geschützt, und in Flandern und Seeland wurden immer neue Ländereien gegen Überschwemmungen gesichert und dann entwässert.

Wie in den Niederlanden, so wurden auch im übrigen Europa entlang der großen Flüsse Siedlungen und Ackerland durch Deichbauten geschützt. In Norddeutschland sind Flußdeiche an der Weser seit etwa 1000 n. Chr. urkundlich belegt, und auch Strecken der Oder und Weichsel wurden eingedeicht. An der Elbe bestand bereits um 1300 n. Chr. ein System von Hochwasser-Schutzdeichen, das der Überlieferung nach auf Karl den Großen zurückgeht, der für den Bau niederländische Fachleute ins Land rief. Heinrich der Löwe (um 1129–1195) zog beim Ausbau Braunschweigs für die Entwässerung der Oker-Niederung und die Hochwasserfreilegung ebenfalls niederländische Techniker heran.

Schiffahrt

In der Lombardei und in Piemont wurde zwischen dem 12. und dem 15. Jahrhundert eine Reihe großer Kanäle gebaut, um die Schiffahrt zu erleichtern und um Bewässerungswasser in die Gebiete am Fuß der Alpen zu leiten.

Bereits am Beginn des Mittelalters steht ein Kanalprojekt, das in seiner Konzeption und in seinen Dimensionen an die großen Kanalbauten der Antike anknüpft: Das Vorhaben Karls des Großen, den Rhein mit der Donau zu verbinden (Fossa Carolina). Die Vorteile einer derartigen Schiffahrtsverbindung lagen auf der Hand: Die von den Römern angelegten Straßen waren in karolingischer Zeit weitgehend zerfallen, und Händler, Reisende sowie nicht zuletzt auch das Militär waren auf schmale Pfade und unzureichende örtliche Wege angewiesen. In bezug auf Leistungsfähigkeit, Geschwindigkeit und Bequemlichkeit war der Wasserweg den Landverbindungen unter diesen Verhältnissen weit überlegen.

In den karolingischen Reichsakten, einem historischen Dokument offizieller Geschichtsschreibung, heißt es über den Kanal:

«... Nun war er [Karl der Große] von etlichen, welche die Sache zu verstehen behaupteten, überzeugt worden, daß, wenn zwischen Rednitz und Altmühl ein schiffbarer Graben geführt würde, man ganz bequem von der Donau in den Rhein fahren könnte, da der eine von jenen Flüssen in die Donau, der andere in den Main mündet. Darum begab er sich sogleich mit seinem ganzen Gefolge in die Gegend, ließ eine große Menge Menschen dahin kommen und den ganzen Herbst hindurch daran arbeiten. Es wurde also zwischen diesen beiden Flüssen ein Graben gezogen, zweitausend Schritte lang und dreihundert Fuß breit, jedoch umsonst. Denn bei dem anhaltenden Regen und da das sumpfige Erdreich schon von Natur zuviel Nässe hatte, konnte die Arbeit keinen Halt und Bestand gewinnen, sondern wieviel Erde bei Tag von den Grabenden herausgeschafft wurde, soviel setzte sich wieder bei Nacht, indem die Erde wieder an ihre alte Stelle einsank ...» (nach Bader, 1982, S. 8).

Die Linienführung des geplanten Kanals und die Überwindung des Höhenunterschiedes waren genau durchdacht:

«... Die Wahl dieser Trasse war für die damaligen Verhältnisse als optimal anzusehen. Am Schnittpunkt der Stammesgebiete von Franken, Bayern und Schwaben liegt sie verkehrsgeographisch und strategisch ideal ...» (Bader, 1982, S. 10).

Die älteste bekannte Gewässer- und Stromgebietskarte von Ph. Heinrich Zollmann aus dem Jahr 1712 zeigt auch deutlich, wie gut die Lage der Fossa Carolina als bequemste Überwindung der großen europäischen Wasserscheide gewählt wurde. Der Geländesattel steigt von der zur Donau entwässernden Altmühlschleife südwestlich des Dorfes Graben (407,75 m. ü. NN) relativ rasch um 12 m an und geht bereits 3 m tiefer auf der Nordseite in die weite Quellmulde der Rezat über. Ein Kanaldurchstich von nur 5 km Länge durch das Trockental, durch das einst die Rezat ihren Weg zur Altmühl nahm, wäre bei günstiger Linienführung ausreichend gewesen, um die Verbindung herzustellen.

Es darf als sicher unterstellt werden, daß die fränkischen Baumeister den Höhenunterschied nicht mit Hilfe von Schleusen zu überwinden versuchten. Die Kammerschleuse, die bereits in der Antike verwendet wurde, war damals wieder in Vergessenheit geraten. Historiker, die sich mit dem Projekt beschäftigt haben, nehmen an, daß die unterschiedlichen Wasserspiegel nur durch eine oder einige Stufen voneinander getrennt sein sollten. Dazu hätten sich einfache Dämme geeignet, an denen die zu transportierenden Güter umgeladen oder Boote umgesetzt werden konnten (Bader, 1982).

Im Scheitel des Sattels ist heute noch ein Kanalaushub von 1230 m Länge nachweisbar. Wahrscheinlich waren auch bei Graben und am Ostende des Kanals bereits Teilstrecken in Angriff genommen worden. Der Aushub war im Jahr 793 bis zu 5 m unter Gelände erfolgt, und die seitlichen Dämme waren bis zu 6,50 m Höhe aufgeschüttet worden. In den Monaten September bis Dezember 793 haben etwa 4000 Mann rund 120000 m^3 Erde bewegt.

Wenn der Kanalbau auch wegen meteorologischer und geologischer Schwierigkeiten aufgegeben werden mußte, so gebühren doch der Vision, die beiden größten Flußgebiete Mitteleuropas miteinander zu verbinden, die Auffindung und Vermessung des in der Tat schmalsten Landrückens zwischen beiden Stromnetzen und die technisch durchaus richtige Konzeption der Fossa Carolina höchste Bewunderung.

Wasserversorgung

Das Fehlen einer zentralen Autorität und damit auch der Mangel an öffentlichen Mitteln führten in den Jahrhunderten nach dem Zusammenbruch des Römischen Reiches in den Städten zu einem Verfall der bis dahin auf hohem Stand befindlichen Wasserversorgung und -entsorgung. An die Stelle einer laufenden Zuführung frischen Quellwassers trat vielfach eine Versorgung aus tiefliegenden Regenwasserreservoiren, die oft nicht fern von Latrinen und Abfallgruben lagen. Da auch die zentrale Reinigung der meist nicht gepflasterten Straßen unterblieb, verschlechterten sich die hygienischen Verhältnisse drastisch, und Epidemien bisher unbekannten Ausmaßes wurden immer häufiger.

Eine Wende zum Besseren zeichnete sich erst im 13. und 14. Jahrhundert ab, nicht zuletzt auch unter dem Eindruck der großen Pestepidemie von 1348 und der folgenden Jahre. 1388 wurde in England das erste Gesetz erlassen, das es untersagte, Schmutz und Abfall in Gräben und Flüsse zu werfen, und 1404 unternahm Karl VI. erste Schritte, um die Verschmutzung der Seine zu unterbinden. Auch die reichen flandrischen Städte erließen Gesetze zur Reinhaltung von Wasser und Lebensmitteln. In Deutschland nutzten lokale Wasserversorgungen, oft von den Bischöfen oder von Mönchsorden unternommen, örtliche Quellen, Brunnen und Flüsse. Reiche Bürger besaßen oft eigene Brunnen oder Zisternen. Erst später übernahmen die Stadtverwaltungen oder Vereinigungen von Bürgern (Brüderschaften) Versorgungsaufgaben. Die ‹Brunnenbrüder› oder ‹Pipenbrüder› versorgten dabei oft nur ihre Mitglieder und überließen der Stadt die Wasserbereitstellung für den ärmeren Teil der Bevölkerung.

Gegen Ende des Mittelalters begann sich ein Übergang von offenen Wasserversorgungssystemen zu Rohrnetzen abzuzeichnen, eine Entwicklung, zu der vor allem die Weiterentwicklung der seit Ktesibius, Philon und Heron bekannten Kolbenpumpen beitrug. Aus süddeutschen Städten ist vom Ende des 14. Jahrhunderts eine Reihe derartiger Pumpen bekannt, die von unterschlächtigen Wasserrädern angetrieben wurden. Zur gleichen Zeit erschienen auch die ersten Bücher, die sich eingehender mit Fragen der Wasserversorgung befaßten.

IV Das Zeitalter der Naturwissenschaften

1. Allgemeines

In der Mitte des 14. Jahrhunderts bahnte sich, ausgehend von Italien, eine grundlegende Wende in der geistigen Entwicklung an. Kunst und Wissenschaft begannen, sich aus der Erstarrung der Scholastik zu lösen. So wie 2000 Jahre zuvor die Naturphilosophie die Naturmythologie abgelöst hatte, so begann jetzt die Naturwissenschaft an die Stelle der Naturphilosophie zu treten. Die Wiedererweckung des klassischen Altertums und die allgemeine Ausrichtung auf die antike Welt als Vorbild gaben den beiden folgenden Jahrhunderten den Namen Renaissance. Sie ist gekennzeichnet durch den Übergang von der philosophischen (spekulativen) Betrachtung, die weitgehend von den unangreifbaren Glaubenssätzen der Kirche beherrscht war, zu einer analytischen Beobachtung der Natur, ergänzt durch Messungen und zum Teil bereits auch durch Experimente. Das reine Denken und Deuten, mit oft nur begrenztem Bezug zur Realität, wurde durch Wissen und Beweisen ersetzt. Der Fortschritt vollzog sich dabei zunächst weitgehend auf empirischem Weg, da schwierigere physikalische Zusammenhänge noch nicht verstanden werden konnten und da die mathematisch-analytischen Verfahren zu wissenschaftlicher Formulierung in dieser Zeit noch nicht entwickelt waren.

2. Leonardo da Vinci (1452–1519)

In die Renaissance hineingeboren wurde Leonardo da Vinci, ihr wohl bedeutendster Exponent. Wenn jemand die Bezeichnung Genie verdient, dann ist es Leonardo, dessen Leistungen als Künstler, Wissenschaftler und Ingenieur weit über seine Zeit hinausragten. Als Ingenieur hat er als erster den Übergang vom weitgehend handwerklichen, empirischen Bauen zum bewußten, wissenschaftlich fundierten Konstruieren vollzogen, das dann Jahrhunderte später die Grundlage moderner Technik wurde. Eine außerordentlich scharfe und vorurteilsfreie Beobachtungsgabe, ein sicheres intuitives Erkennen der eigentlichen Probleme und ein hervorragendes künstlerisches Darstellungsvermögen kennzeichnen seine Arbeiten. Auf Leonardo geht die Verbindung zwischen Erfahrung und Beobachtung einerseits (Praxis) und den grundlegenden Naturgesetzen (Theorie) auf der anderen Seite zurück. Er war der Wegbereiter für die nach ihm einsetzende wissenschaftliche Forschung.

Leonardo hat auf Grund seiner Überlegungen und Untersuchungen nicht nur Postulate des Aristoteles in Frage gestellt und kritisiert, sondern hatte auch den Mut, in der Bibel dargestellte Tatsachen anzuzweifeln, wenn sie im Widerspruch zu seinem eigenen wissenschaftlichen Denken standen. Die einzige Autorität, die er anerkannte, war die Erfahrung und die objektive Beobachtung.

Das Wirken Leonardos als Naturwissenschaftler, Ingenieur und Künstler spiegelt sich wider in einer überwältigenden Zahl von Beschreibungen, Darstellungen und Notizen über Naturbetrachtungen und Experimente sowie in logischen Schlüssen, Folgerungen und Erklärungen. Wohl niemals vor und nach ihm hat ein Mensch in der kurzen Spanne seines Lebens eine so ungeheure Menge neuer Erkenntnisse gewonnen. Leonardo hatte sich frühzeitig angewöhnt, alles, was ihn packte, mit dem Zeichenstift festzuhalten. Maschinenteile, ganze Maschinen, daneben anatomische Studien von Mensch und Pferd, dann Figuren aus Mathematik und Mechanik, astronomische Berechnungen, eine Pflanze, ein Baum und dazwischen bisweilen tiefsinnige philosophische Bemerkungen, und wieder eingeschaltet eine Karikatur, ein von Künstlerhand gezeichnetes menschliches Gesicht, das sich scheinbar lustig macht über das hier aufgezeichnete Wissen, finden sich ohne Ordnung nebeneinander auf dem gleichen Blatt (Matschoss, 1954). Aus der vergleichsweise großen Zahl seiner Aufzeichnungen über das Vorkommen und das Verhalten des Wassers sowie über dessen Nutzung ist zu schließen, daß ihn gerade dieses Thema besonders fasziniert hat.

In Leonardos Arbeiten, die sich mit dem Wasser befassen, sind zwei getrennte Bereiche zu unterscheiden, einmal seine hydrodynamischen Forschungen und zum anderen seine wasserbaulichen Projekte. Dabei gingen von beiden Tätigkeiten sicherlich wechselseitige Anregungen aus, denn Leonardo versuchte immer wieder die überkommenen, empirischen Regeln auch wissenschaftlich zu deuten und zu verstehen. Während in der Mechanik der festen Körper im Altertum und im Mittelalter große Fortschritte erzielt worden waren, war nicht versucht worden, das dynamische Verhalten der Flüssigkeiten eingehender zu untersuchen. Leonardo war der erste, der diesen Versuch unternahm.

Auf Grund seiner hydrotechnischen Forschungen (neben einzelnen Experimenten vor allem intensive Naturbeobachtungen) beschreibt Leonardo erstmals Prinzipien der Wasserbewegung, die weit über den Wissens- und Erfahrungsstand der älteren Geschichte und seiner Zeit hinausgingen. Erst Jahrhunderte später wurden viele seiner Gedanken und Ansätze wieder aufgegriffen und zu Berechnungsverfahren weiterentwickelt. In allgemeinen, aber völlig korrekten Umrissen beschreibt Leonardo in seinen Notizen und Skizzen Turbulenzphänomene, Stromablösungen, Wirbelstraßen, den Satz von der Erhaltung der Energie, Stoßwellen, die Geschwindigkeitsverteilung in Gerinnen, das Widerstandsverhalten von Körpern, den Bau von Schleusen und Wasserkraftmaschinen.

Nach Heron, der im 1. Jahrhundert erstmals den Zusammenhang von Querschnitt und Geschwindigkeit erkannt hatte, befaßte sich auch Leonardo mit der Frage, wie die Menge fließenden Wassers bestimmt werden kann. Korrekt kommt auch er zu dem Schluß, daß maßgebend die Durchflußquerschnitte und die Strömungsgeschwindigkeiten sind. Darüber hinaus gebührt Leonardo der Ruhm, als erster das Prinzip der Kontinuität erkannt und beschrieben zu haben. Es besagt, daß für jede Strömung das Produkt aus Geschwindigkeit und Querschnittsfläche konstant und gleich dem Abfluß ist. Jede Querschnittsverengung muß zwangsläufig zu einer Erhöhung der Geschwindigkeit führen und umgekehrt jede Querschnittserweiterung zu einer entsprechenden Geschwindigkeitsabnahme.

Auf dem Gebiet der Gewässerkunde bestechen seine korrekten Beschreibungen des Geschiebetriebs, der Erosion sowie der Sedimentation und ihrer Wechselbeziehungen zur Bettgeometrie (Linienführung, Gefälle, Querschnitt). Das Konzept des hydrologischen Kreislaufs als Ganzes ist von Leonardo an keiner Stelle seiner Schriften ausdrücklich geschildert worden. Er beschreibt jedoch an mehreren Stellen Einzelvorgänge aus dem natürlichen Wasserhaushalt in einer Art und Weise, die darauf schließen läßt, daß er die grundsätzlichen Zusammenhänge erkannt hat (Biswas, 1970). Über den Uferschutz beim Ausbau von Flüssen und Kanälen schreibt er:

«Die Wurzeln der Weiden lassen die Böschungen der Kanäle nicht zerfallen, und die Zweige der Weiden, die in der Querrichtung, also auf die Breite der Böschung gesetzt und später unten beschnitten werden, werden jedes Jahr dicker, und so bekommst Du ein lebendiges Ufer aus einem Stück» (nach Hartung, 1976/1977, S. 10).

Dieser Satz könnte auch in jedem modernen Lehrbuch über naturnahen Flußbau stehen. Daß er zusammen mit anderen Erkenntnissen Leonardos über die Schaffung eines flußmorphologischen Gleichgewichts (Regime) über Jahrhunderte hinweg in Vergessenheit geriet und erst vor nicht allzu langer Zeit wiederentdeckt wurde, hat zu teilweise irreparablen Schäden an unserer Landschaft beim Ausbau der Flußläufe geführt.

Aus der Reihe der Fluß- und Kanalbauentwürfe, mit denen sich Leonardo befaßte, seien hier als Beispiel seine Vorschläge zur Regulierung des Arno angeführt. Die Hauptelemente dieses Konzepts waren (Abb. 86):

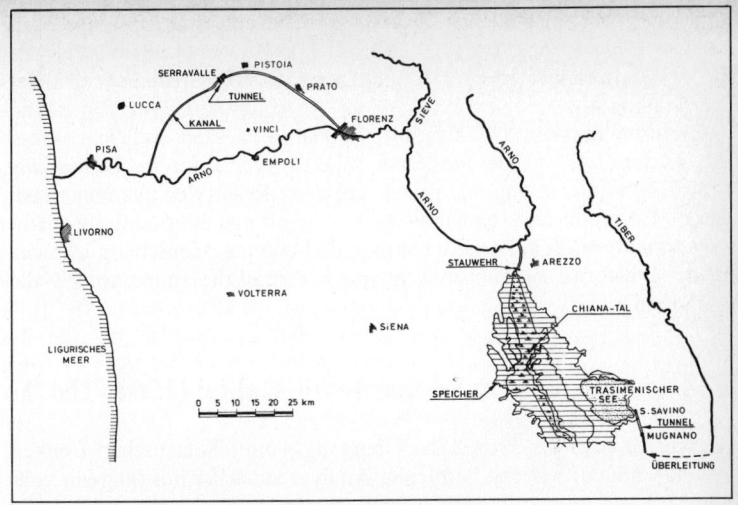

86: Projekt einer Regulierung des Arno von Leonardo da Vinci.

– eine großmaßstäbliche Wasserableitung aus dem Arno mittels eines an der Sohle 12 m breiten und 5 m tiefen schiffbaren Kanals zur Wasserversorgung der trockenen Ebenen von Prato und Pistoia (Bewässerung, Trinkwasser, Wasserkraft für die Wollindustrie). Der Gebirgszug bei Serravalle sollte dabei mittels eines Tunnels durchquert werden.
– die Umwandlung des damals sumpfigen Chiana-Tals und des Trasimenischen Sees in einen künstlichen Speicher zum Hochwasserschutz der Stadt Florenz. Neben den Hochwasserspitzen des Arno sollte durch einen Tunnel bei Mugnano Tiberwasser in das Becken eingeleitet werden. Für die Regulierung des Wasserstandes im See war bei Arezzo ein Sperrbauwerk vorgesehen. Die zusätzlich verfügbaren Wassermengen sollten in den trockenen Sommermonaten die Wasserversorgung von Prato / Pistoia sowie eine ganzjährige Schiffahrt auf dem Kanal und dem Arno sichern.

In bezug auf die Wirtschaftlichkeit und Finanzierung vermerkt Leonardo:

«Man errichte im Chiana-Tal bei Arezzo so hohe Wehre, daß der Kanal im Sommer, wenn das Wasser im Arno versiegt, nicht austrocknet. Er wird die Landwirtschaft furchtbar machen, und Prato und Florenz werden jährlich an die zweihunderttausend Dukaten einstreichen, und deshalb sollen sie die Arbeitskräfte stellen und die Kosten bestreiten» (nach Reti, 1974, S. 145).

Diese wasserwirtschaftliche Erschließung eines ganzen Flußgebiets, zusammen mit der Überleitung von Wasser aus anderen Einzugsgebieten

173

und der großmaßstäblichen Zwischenspeicherung, war ein grandioser, der Zeit weit vorauseilender Entwurf, der im Konzept und im vergleichbaren Maßstab erst im 20. Jahrhundert an anderen Stellen verwirklicht werden konnte.

Zusammenfassend läßt sich über Leonardo da Vinci vielleicht sagen, daß er der erste war, der moderne, objektive Verfahren zur Gewinnung von Erkenntnissen angewandt hat und so zu Resultaten gekommen ist, deren Tragweite und fundamentale Gültigkeit erst Jahrhunderte später voll erkannt wurden. Es heißt von ihm, daß er einem Menschen glich, ‹der in der Finsternis zu früh erwacht war, während die anderen noch alle schliefen›.

3. Die Periode von Leonardo bis Galilei (1564–1642)

Wenn sich auch der Prozeß des Übergangs vom scholastischen Denken zur objektiven, wissenschaftlichen Analyse zunächst nur langsam vollzog, so hatte Leonardo doch gezeigt, welche latente Macht und welcher Kenntnisgehalt in den Ergebnissen von Beobachtungen, Messungen und rational geplanten Experimenten lag. Diese neue Art naturwissenschaftlicher Untersuchungen führte in der Folgezeit auch auf dem Gebiet der Hydraulik zu neuen Erkenntnissen und zur Klärung von Zusammenhängen, die bis dahin nur erahnt worden waren.

Benedetti (1530–1590) befaßte sich mit hydrostatischen Kräften, Stevin (1548–1620) analysierte die Kraftwirkung von Flüssigkeiten auf ebene, horizontale Flächen, und Francis Bacon (1561–1626) wies experimentell nach, daß Wasser kompressibel ist. Galileo Galilei (1564–1642) zeigte, daß die Kraftwirkung strömender Flüssigkeiten auf einen Körper mit ihrer Dichte und Geschwindigkeit zunimmt. Er erkannte, daß Wasser eine Zugfestigkeit besitzt, und erklärte, warum die Saughöhe von Pumpen begrenzt ist.

Wie Leonardo da Vinci in Italien, so war Bernard Palissy (etwa 1510 bis 1590) in Frankreich ein Forscher, der seine Erkenntnisse von objektiven Beobachtungen und logischen Schlüssen ableitete, ohne Rücksicht auf Kirchenautorität und kanonisierte aristotelische Grundsätze. Bis zum 16. Jahrhundert war der hydrologische Kreislauf nur generell in seinen groben Umrissen skizziert worden. Palissy war der erste, der ihn eindeutig, klar und detailliert erkannte und die Einzelvorgänge auf Grund von scharfen, richtig interpretierten Naturbeobachtungen nach Ursache und Wirkung beschrieb.

4. Die Periode von Galilei bis Newton (1642–1727)

Das 17. Jahrhundert sah auf physikalischem und mathematischem Gebiet einen Fortschritt, der bei weitem übertraf, was in den vorhergehenden 1000 Jahren geschaffen worden war. Es wird auch die ‹Wiege der Wissenschaften› genannt.

Obwohl nunmehr grundlegende physikalische und mathematische Kenntnisse erarbeitet wurden, mittels derer die Grundsätze der Flüssigkeitsbewegung hätten formuliert werden können, blieben die Hydraulik und die Hydrologie zunächst noch vergleichsweise empirische Wissenschaften. Das lag im wesentlichen wohl daran, daß beide Disziplinen im Vergleich zur Mathematik, Physik oder Chemie nur am Rande des allgemeinen Stroms der Entwicklung lagen und mehr in die Domäne des Ingenieurs als in die des Wissenschaftlers fielen.

Der Schwerpunkt des Fortschritts in der Hydraulik lag in dieser Zeit in Italien, und es wird mit Recht, in Fortsetzung von Leonardo und Galilei, von einer ‹Italienischen Schule› gesprochen. Castelli (1577–1644), ein Schüler und Mitarbeiter Galileis, formulierte mathematisch die allgemeinen Erkenntnisse Herons und Leonardos (deren Schriften ihm unbekannt waren) über die Abflußbestimmung und die Kontinuität. Toricelli (1608–1647) erkannte, daß sich die Ausflußgeschwindigkeit aus Gefäßen mit der Wurzel aus der Druckhöhe ändert, und interpretierte korrekt die Wirkungsweise des Quecksilberbarometers. Guglielmi (1655–1710), Professor der Mathematik, der Medizin und der Hydrometrie, unterschied als erster zwischen gleichförmigem und ungleichförmigem Abfluß. Er erkannte, daß der gleichförmige Abfluß ein Strömungszustand ist, bei dem die beschleunigenden Kräfte und die widerstehenden Kräfte im Gleichgewicht stehen.

Mariotte (1620–1684) war der erste nichtitalienische Hydrauliker von Bedeutung. Er gilt als der Gründer der nun folgenden ‹Französischen Schule› der Hydraulik, und man nennt ihn in Frankreich wegen der Vielfalt und Genauigkeit seiner Untersuchungen auch den Vater der experimentellen Physik. In seinem grundlegenden Werk ‹*Abhandlung über die Bewegung des Wassers und anderer Flüssigkeiten*› befaßte er sich u. a. mit dem Gleichgewicht von Flüssigkeiten, der Messung fließenden Wassers, der Bahn von Flüssigkeitsstrahlen und dem Fließwiderstand von Rohren. Seine Arbeiten haben die spätere Entwicklung der Hydrostatik und Hydraulik wesentlich beeinflußt.

Pascals (1623–1662) unmittelbarer Beitrag zur Hydraulik und seine wohl wichtigste Leistung war die Vervollständigung der Theorie der Hydrostatik. Mit seinem Axiom, daß innerhalb einer ruhenden Flüssigkeit der

Druck in allen Richtungen der gleiche ist (Pascal-Prinzip), ergänzte er die Arbeiten und Erkenntnisse von Archimedes, Leonardo, Stevin und Toricelli.

Newton (1642–1727) war der erste englische Wissenschaftler, der seinen Kollegen auf dem Kontinent nicht nur gleichwertig war, sondern sie im wissenschaftlichen Fortschritt weit übertraf. Aus seinem klaren Verständnis der Wirkung von Masse, Kraft, Impuls und Trägheit heraus formulierte er seine drei grundlegenden Bewegungssätze. In bezug auf die Bewegung von Flüssigkeiten zeigte Newton,

– daß der Widerstand zwischen zwei Strömungsschichten proportional zum Unterschied der Geschwindigkeiten zwischen beiden Teilen der Flüssigkeit ist (Abb. 87a),
– daß der Widerstand von Körpern in bewegten Flüssigkeiten proportional dem Quadrat der Geschwindigkeit, dem Quadrat des Durchmessers und der Dichte der Flüssigkeit ist,
– daß die Kraftwirkung die gleiche ist, wenn sich der Körper in einer ruhenden Flüssigkeit bewegt oder wenn die Flüssigkeit mit der gleichen Geschwindigkeit auf den Körper trifft,
– daß beim Ausfluß aus Öffnungen Strömungskontraktionen entstehen müssen (Abb. 87b).

Auf dem Gebiet der Hydrologie setzte mit dem Beginn des 17. Jahrhunderts ein einschneidender Wandel in der Betrachtungsweise physikalischer Phänomene in der Natur ein. Aristotelische Postulate, unterstützt durch kirchliche Autorität und metaphysische Deutungen, wurden in zunehmendem Maße ersetzt durch genauere Beobachtungen mit neuen Instrumenten (Fernrohr, Mikroskop, Thermometer, Barometer usw.), durch gezielte Experimente und durch rationale, logische Schlußfolgerungen. Es waren Perrault (1611–1680), Mariotte (1620–1684) und Halley (1656–1742), die quantitative Elemente in die bis dahin nur durch allgemeine Beobachtungen gestützte, spekulativ-qualitative Hydrologie einbrachten und sie dadurch auf eine wissenschaftliche Ebene hoben.

Perrault war der erste, der versuchte, Komponenten des hydrologischen Kreislaufs zu quantifizieren. Er maß den Niederschlag, wahrscheinlich in der Nähe von Paris, über eine Periode von 3 Jahren und setzte die so bestimmte Wassermenge in Beziehung zum Abfluß aus einem Teileinzugsgebiet der Seine oberhalb von Aignay-de-Duc. Das für die damalige Zeit bahnbrechende Ergebnis dieser Messungen war, daß nur etwa 1/6 der Regenwassermenge oberirdisch abfloß. Den größeren Rest von 5/6 des Niederschlags schrieb Perrault korrekt der Verdunstung, dem Pflanzenkonsum und der Versickerung zu (Nace, 1974).

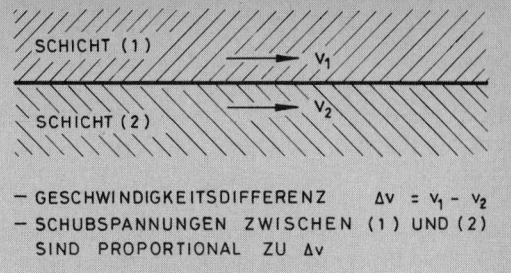

87a) Widerstand (innere Reibung) zwischen zwei Flüssigkeitsschichten.

SCHICHT (1)

v_1

SCHICHT (2)

v_2

— GESCHWINDIGKEITSDIFFERENZ $\Delta v = v_1 - v_2$
— SCHUBSPANNUNGEN ZWISCHEN (1) UND (2) SIND PROPORTIONAL ZU Δv

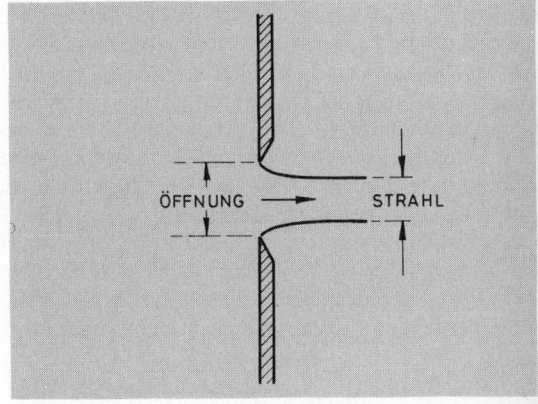

b) Kontraktion des Ausflusses aus einem Behälter.

ÖFFNUNG ⟶ STRAHL

Perrault hatte die Hydrologie aus der Scholastik des Mittelalters in die freiere Atmosphäre der Wissenschaft geführt. Er setzte sich in seinem 1674 erschienenen Buch ‹Über den Ursprung der Quellen› mit allen bestehenden Auffassungen von Anaxagoras über Platon und Aristoteles bis hin zu Descartes auseinander und, trotz Anerkennung einzelner Punkte hier und dort, verwarf er sie alle. Wenn auch die autoritäre Scholastik in dieser Zeit ihren Höhepunkt bereits überschritten hatte, so gehörte jedoch auch im 17. Jahrhundert noch bedeutender intellektueller Mut dazu, mit den bestehenden und seit langem als gültig erklärten Ansichten zu brechen.

Mariotte, Prior des Klosters Martin-sous-Beaune in der Nähe von Dijon, befaßte sich mit einer ganzen Reihe von Fragen aus dem Bereich der Physik, darunter auch mit hydrologischen Problemen. So untersuchte er die Zusammenhänge zwischen Niederschlag und Abfluß über einen größeren Teil des Einzugsgebietes der Seine und genauer als Perrault. Die Messungen ergaben, daß weniger als 1/6 des Niederschlags oberirdisch abfloß, ein Wert, der den Ergebnissen der Perraultschen Untersuchungen entsprach. Auf ähnliche Weise bestimmte Mariotte auch die Schüttung der großen Quellen auf dem Montmatre zu 1/4 des jährlichen Niederschlags. Er schätzte, daß von den nicht über das Gewässernetz abfließenden Wassermengen 1/3 verdunstet und 2/3 das Grundwasser und die Bodenfeuchte auffüllen.

Die ersten quantitativen Bestimmungen von Elementen des Wasserkreislaufs durch Perrault und Mariotte ergänzte Halley durch Betrachtungen über den atmosphärischen Teil der Wasserzirkulation. Edmund Halley, der sich mit Astronomie, Geophysik, Mathematik, Geschichte, Archäologie, Navigation und Bauingenieurwesen befaßte, war einer der universalen Gelehrten seiner Zeit. Für die Hydrologie wesentlich waren seine Experimente über die Verdunstung. Halley untersuchte unter kontrollierten Laboratoriumsbedingungen in den Räumen des Gresham College die Verdunstung aus einem 10 cm tiefen kreisförmigen Behälter von 20 cm Durchmesser auf einer Balkenwaage. Auf Grund von Messungen über einen Zeitraum von nur zwei Stunden wagte Halley eine Extrapolation seiner Ergebnisse auf den jährlichen Wasserverlust durch Verdunstung aus dem Mittelmeer. Vergleicht man diese Schätzung mit den heute bekannten, tatsächlichen Gegebenheiten, dann ergibt sich eine bemerkenswert gute Übereinstimmung in den Größenordnungen (Nace, 1974).

5. Das 18. und 19. Jahrhundert

Die Entwicklung der theoretischen Hydrodynamik

Das Fundament der modernen Hydrodynamik wurde im 18. Jahrhundert von Mathematikern errichtet. Es war das Zusammentreffen von vier hervorragenden Wissenschaftlern, jeder vielseitig begabt und interessiert, in einer Zeit, in der ein großes Interesse an der Physik bestand und in der auch bereits neue analytische Methoden verfügbar waren:
– Daniel Bernoulli (1700–1782)
– Jean le Rond d'Alembert (1717–1783)
– Leonard Euler (1707–1783)
– Joseph Louis Lagrange (1736–1813)

Daniel Bernoulli besaß und besitzt weltweit Anerkennung als bahnbrechender Forscher in der Medizin, der Mathematik und insbesondere der Physik. Da seine zarte Konstitution ihm andauernde Anstrengung verbot, ist der äußere Umfang seines Lebenswerks nicht sehr groß. Seine meist kurzen Arbeiten, von denen zehn von der Pariser Akademie gekrönt wurden, enthalten jedoch oft für ihre Zeit erstaunlich moderne Ideen, zum Beispiel neuartige Anwendungen der Wahrscheinlichkeitsrechnung und die Vorwegnahme der kinetischen Gastheorie.

Sein Hauptwerk auf dem Gebiet Hydrowissenschaften ist die 1738 in Straßburg erschienene ‹Hydrodynamica mit Kommentaren zu den Kräften und der Bewegung der Flüssigkeiten›. Er behandelt darin die Fragen: Gleichgewicht ruhender Flüssigkeiten, Ausflußgeschwindigkeiten, zeitabhängige Probleme, Ausfluß unter konstanter Druckhöhe, Oszillation von Flüssigkeiten, Erhaltung der Energie, Energieverluste, hydraulische Maschinen, Bewegung von Luft und anderen Gasen, Wirbel und Flüssigkeiten in bewegten Behältern, Hydrostatik und die Reaktionskräfte von Flüssigkeiten und führt dabei eine ganze Reihe neuer Konzepte, Ideen und Ableitungen ein. Es ist das erste Werk, in dem Gesetze der Flüssigkeitsbewegung auf mathematischer, von willkürlichen Annahmen freier Grundlage entwickelt wurden.

Jean le Rond d'Alembert befaßte sich mit der Dynamik, dem Gleichgewicht und der Bewegung von Flüssigkeiten und vor allem mit dem Flüssigkeitswiderstand. Er behandelte im Detail die Umströmung von Körpern und führte dabei als erster Begriffe wie Geschwindigkeitskomponenten, Beschleunigung von Fluidpartikeln, Kontinuität im Differential und komplexe Zahlen in die Hydrodynamik ein. Wenn ihm dabei auch manche Fehlschlüsse unterliefen, so brachten seine Betrachtungen das Verständnis um die Vorgänge bei der Flüssigkeitsbewegung doch um ein großes Stück voran.

Die Arbeiten von Bernoulli und d'Alembert würden wesentlich höher gewertet werden, wenn nicht Leonhard Euler 1755 eine Serie von Analysen veröffentlicht hätte, die in der elegantesten Weise alles enthielten, was beide vorhatten, mathematisch zu erfassen. Inwieweit die Arbeiten von Bernoulli und d'Alembert Voraussetzung für Eulers Ableitungen waren, kann nur vermutet werden. In jedem Fall war er es, der der Wissenschaft der Hydrodynamik letzten Endes ihre Grundlagen gab. Die heute verwendeten allgemeinen Bewegungsgleichungen für reibungsfreie Flüssigkeiten weichen kaum von der Form ab, in der Euler sie präsentiert hat.

Ausgehend nur von den Voraussetzungen eines nach allen Richtungen gleichen (isotropen) Drucks und der Erhaltung der Masse leitete Euler seine Bewegungs(Beschleunigungs-)gleichungen ab, deren Bedeutung und Wert ihm völlig bewußt waren:

«Wie hervorragend auch immer die Forschungen sind, die wir den Herren Bernoulli und d'Alembert verdanken, diese folgen so natürlich aus unseren allgemeinen Gleichungen, daß man den Gleichklang nur bewundern kann, zwischen deren gründlichen Überlegungen und der Einfachheit der Prinzipien aus denen ich meine Gleichungen abgeleitet habe und zu denen ich unmittelbar durch die ersten Axiome der Mechanik geleitet wurde» (Rouse, 1957, S. 104 f.).

Über die Schwierigkeit der Anwendung seiner Gleichung auf wasserbauliche Probleme in der Ingenieurpraxis war sich Euler im klaren:

«Wenn wir nicht in der Lage sind, mehr Wissen über die Bewegung der Flüssigkeiten zu erhalten, dann nicht wegen der Mechanik und des Ausreichens der Prinzipien, sondern weil uns die Analyse hier verläßt» (Rouse, 1957, S. 105).

Joseph Louis Lagrange (1736–1813) war der Nachfolger Eulers in der Berliner Akademie der Wissenschaften und stand in dem Ruf, der beste Mathematiker der Welt zu sein. Die Hauptwerke von Lagrange auf dem Gebiet der Hydromechanik sind seine ‹Abhandlungen über die Theorie der Flüssigkeitsbewegung› (1781) und seine ‹Analytische Mechanik› (1788). Er führte dabei erstmalig die Begriffe des Geschwindigkeitspotentials und der Stromfunktion ein, d. h. Konzeptionen von fundamentaler Bedeutung, auf denen die gesamte Potentialtheorie beruht.

Durch Euler und Lagrange waren die allgemeinen Gleichungen der Bewegung idealer reibungsfreier Flüssigkeiten aufgestellt worden. Die Ausdehnung auf reibungsbehaftete Flüssigkeiten erfolgte dann im 19. Jahrhundert. Diese erweiterten Bewegungsgleichungen werden heute insbesondere mit den Namen Navier und Stokes in Verbindung gebracht.
Louis Marie Henri Navier (1785–1836) analysierte die Flüssigkeitsbewegung in der gleichen Art und Weise wie Euler, berücksichtigte jedoch zusätzlich Kräfte, die auf der Hypothese einer Anziehung bzw. Abstoßung benachbarter Moleküle beruhten. Das Ergebnis war eine Erweiterung der drei Eulerschen Gleichungen. Cauchy (1789–1857), Prisson (1781–1840) und de Saint-Venant (1797–1886) leiteten, von anderen Voraussetzungen ausgehend, die Navierschen Gleichungen ebenfalls ab, wobei de Saint-Venant nicht molekulare Strukturen, sondern innere Schubspannungen einführte. Sir George Gabriel Stokes (1819–1903), einer der großen britischen theoretischen Physiker, leitete in seinem Werk ‹Über die Theorien der inneren Reibung bei bewegten Flüssigkeiten und über das Gleichgewicht und die Bewegung von elastischen Festkörpern› die Bewegungsgleichungen in der Form ab, wie wir sie heute als Navier-Stokes-Gleichungen kennen. Die Erweiterung dieses Gleichungssystems auf turbulente Strömungen erfolgte schließlich durch Osborne Reynolds (1842–1912).
Durch die Arbeit dieser hervorragenden Wissenschaftler hatten das 18. und 19. Jahrhundert den Aufbruch und die vorläufige Vollendung der Wissenschaft der theoretischen Hydrodynamik gesehen. Die während

dieser Entwicklung aufgestellten Gleichungssysteme sind physikalisch und mathematisch einwandfrei begründet und gestatten (theoretisch) die Berechnung jedweder Strömung. In der Praxis setzen jedoch die Randbedingungen und mathematisch-analytische Schwierigkeiten der Nutzanwendung enge Grenzen. Bereits vom System der Gleichungen für ideale Flüssigkeiten hatte Euler gesagt, daß dessen praktischer Nutzen sehr begrenzt sei. Auch Lagrange war der Auffassung, daß die Gleichungen der Natur des Problems entsprechend so zusammengesetzt sind, daß eine vollständige Lösung wohl immer jenseits der Möglichkeiten der Analytik liegen wird. Diese Feststellung gilt natürlich in viel stärkerem Maß für die Navier-Stokes- und die Reynolds-Gleichungen für reibungsbehaftete Strömungen.

Die experimentelle und praktische Hydraulik

Die mit der allgemeinen Entwicklung im 18. und 19. Jahrhundert (Bevölkerungszunahme, Industrialisierung, Wasserversorgung, Binnenschifffahrt, Hochwasserschutz, Wasserkrafterzeugung) an Zahl und Komplexität zunehmenden Anforderungen an die Wasserwirtschaft und an den Wasserbau waren mit dem vor allem auf Erfahrung beruhenden Rüstzeug der Vergangenheit nicht mehr zu bewältigen. Da die von Mathematikern und Physikern entwickelten Berechungsverfahren für das Verhalten von Flüssigkeitskontinua für praktische Aufgaben nicht verwendbar waren, mußten sich die Ingenieure eine eigene praxisbezogene Strömungslehre, die Hydraulik, erarbeiten.

Der begrenzte Umfang dieses Buches gestattet es nicht, im einzelnen auf die technischen Fragestellungen, auf die theoretisch-empirischen Lösungen sowie auf die beteiligten Ingenieure und Wissenschaftler einzugehen. Es soll jedoch mit einigen Stichworten zumindest ein grober Überblick über die Vielgestaltigkeit und den Umfang der Leistungen und Entwicklungen im Zeitraum zwischen 1700 und 1900 gegeben werden (Tabelle 4). Durch diese Arbeiten wurde ein weitgehend empirisches und anwendungsbetontes Instrumentarium geschaffen, das es den Wasserbauingenieuren ermöglichte, die ihnen gestellten praktischen Aufgaben zu lösen. Trotz dieser breiten technisch-wissenschaftlichen Basis war aber der Wasserbau auch am Ende des 19. Jahrhunderts weitgehend noch eine Baukunst geblieben, in der Erfahrung, Intuition, Einfühlungsvermögen und Erfindungsreichtum weiterhin eine wesentliche Rolle spielten.

Die Komplexität der Probleme und der daher nur langsame Fortschritt der Kenntnisse über die physikalischen Vorgänge bei Flüssigkeitsbewegungen sei beispielhaft an einer der geläufigsten Aufgaben dargestellt:

Forscher	Lebenszeit	Arbeitsgebiet
Giovanni Poleni	1683–1761	Überfall über Wehre
Albert Brahms	1692–1758	Abfluß in offenen Gerinnen
Henri de Pitot	1695–1771	Messung von Strömungs-geschwindigkeiten
Antoine de Chézy	1718–1798	Abfluß in offenen Gerinnen
Jean Charles Borda	1733–1799	Strömungswiderstand, Kontraktion, Verluste
Pierre Louis Georges Du Buat	1734–1809	Abfluß in offenen Gerinnen, Überfall
Giovanni Battista Venturi	1746–1822	Abflußmessungen in geschlossenen Gerinnen
Johann Albert Eytelwein	1764–1848	Abflußwiderstand
Giuseppe Venturoli	1768–1846	Ungleichförmiger und nicht-stationärer Abfluß
Giorgio Bidone	1781–1839	Übergang vom schießenden zum strömenden Abfluß
Pierre Vauthier	1784–1847	Ungleichförmiger Abfluß
Jean Baptiste Belanger	1789–1874	Ungleichförmiger Abfluß, Rückstau
Gaspard Gustave de Coriolis	1792–1843	Beschleunigung in rotierenden Systemen
Gotthilf Heinrich Ludwig Hagen	1797–1884	Flußbau, laminarer Abfluß in Rohren
Jean Louis Poiseuille	1799–1869	Laminarer Abfluß in Rohren, Übergang zum turbulenten Abfluß
Henry Philibert Gaspard Darcy	1803–1858	Grundwasserströmungen, Brunnenhydraulik, Abfluß in geschlossenen Gerinnen
Julius Weisbach	1806–1871	Überfall, Abfluß in geschlossenen Gerinnen
Emile Oscar Ganguillet	1818–1894	Abflußwiderstand
Wilhelm Rudolph Kutter	1818–1888	Abflußwiderstand
Henri Emile Bazin	1829–1917	Abflußwiderstand, Überfall, Wellenbewegung
Robert Edmund Froude	1810–1879	Versuche mit Schiffen in Schlepprinnen
Robert Manning	1816–1897	Abflußwiderstand
Philippe Gaspard Gauckler	1826–1905	Abflußwiderstand
Louis Jérome Fargue	1827–1910	Flußbau, Modellversuche mit beweglicher Sohle
Horatio Frederick Phillips	1845–1912	Windkanalversuche
Joseph Boussinesq	1842–1929	Strömungsmechanik, Turbulenz
Albert Strickler	(1923)	Abflußwiderstand

Tabelle 4: Entwicklung der praktischen Hydraulik im 18. und 19. Jahrhundert.

Der Berechnung des Abflusses in einem Kanal oder einem Rohr. Daß diese Abflußmenge proportional zum durchflossenen Querschnitt und zur Strömungsgeschwindigkeit ist, hatten bereits Heron (s. S. 107) und nach ihm Leonardo da Vinci (s. S. 170ff) erkannt

$$Q \, (m^3/s) = A \, (m^2) \cdot v \, (m/s)$$

Der Querschnitt A als geometrische Größe ist klar definiert. Die Geschwindigkeit der Strömung hängt von der Form und Größe des Fließquerschnitts, von der Rauheit (dem Fließwiderstand) der Wandungen und vom Gefälle der Strömung ab. Die noch heute übliche Berechnungsweise geht auf de Chezy (1755) und Brahms (1757) zurück:

$$Q = A \cdot v$$
$$Q = A \cdot c \cdot R^{1/2} \cdot I^{1/2}$$

Dabei bedeuten:

A = Abflußquerschnitt
c = Widerstandsbeiwert des Gerinnes
R = hydraulischer Radius
  = Abflußquerschnitt dividiert durch den von der Flüssigkeit benetzten Teil der Querschnittswandungen
I = Gefälle des Abflusses

Die geometrischen Größen A, R und I sind eindeutig bestimmbar. Der Beiwert c schließt summarisch alle Eigenschaften des Gerinnes ein, die zum Abflußwiderstand beitragen. So einfach diese Feststellung klingt, so schwierig ist die Ermittlung des Widerstandsbeiwerts c, ohne dessen Kenntnis der Abfluß nicht berechnet werden kann.

Leonardo beschrieb als erster ‹Widerstandskräfte› bei strömendem Wasser, Guglielmi erkannte ‹widerstehende Kräfte› beim Abfluß in Kanälen, und Mariotte befaßte sich mit dem Fließwiderstand von Rohren (s. S. 175ff). Seit die Gleichung von Brahms/de Chezy allgemeine Verbreitung gefunden hat, d. h. seit rund 200 Jahren, hat sich eine große Zahl von Wissenschaftlern und Ingenieuren damit befaßt, das Widerstandsverhalten von Rohren und Kanälen physikalisch korrekt und allgemeingültig zu erfassen. Eytelwein (1764–1848) gab noch einen konstanten Wert an:

$$c = 50,9$$

Seither sind mehr als 30 Formeln für den Widerstandsbeiwert entwickelt und vorgeschlagen worden. Die heute allgemein verwendete Gleichung lautet:

$$c = \sqrt{8g}\left(-2 \log \frac{2,51}{R_e \cdot \sqrt{\lambda}} + \frac{k/4R}{3,71}\right)$$

Darin bedeuten:
g = Fallbeschleunigung
k = Maß für die Wandrauheit

R = Hydraulischer Radius = A/P

A = Querschnittsfläche

P = benetzter Umfang

R_e = Reynolds-Zahl = $\dfrac{v \cdot 4R}{\nu}$

v = Abflußgeschwindigkeit

R = Hydraulischer Radius

ν = kinematische Zähigkeit des Wassers

λ = Funktion von k, R, R_e

Auch diese Gleichung ist nicht allgemeingültig. Sie bedarf zusätzlicher Korrekturfaktoren für die Querschnittsform und für die Ungleichförmigkeit.

Dieses Beispiel des Abflußwiderstandes ist willkürlich herausgegriffen worden, um aufzuzeigen, wieviel Kleinarbeit geleistet wurde und noch zu leisten ist, um weitere Fortschritte zu erzielen. Vergleichsweise schwierig sind auch andere vielschichtige Probleme der Ingenieurhydraulik, z. B. der Überfall über Wehre, der Geschiebetrieb in Flüssen, Grundwasserströmungen und Wellenkräfte, um nur einige zu nennen.

Die Anfänge der wissenschaftlichen Hydrologie

Das Perrault-Mariotte-Halley-Konzept des hydrologischen Kreislaufs begann sich im 18. Jahrhundert immer mehr durchzusetzen. Bezüglich der Verknüpfung von Niederschlag, Abfluß und Verdunstung, der Qualität und Verteilung der einzelnen Komponenten sowie der physikalischen Begründung der einzelnen Abläufe gab es durch verstärktes Experimentieren neue Erkenntnisse, jedoch auch immer wieder Rückschläge und Irrtümer infolge der noch fehlenden Einzelkenntnisse über meteorologische Zusammenhänge und vor allem auch über die geologischen Verhältnisse des Untergrundes.

Zusammenfassend läßt sich über das 18. Jahrhundert vielleicht sagen, daß die Fortschritte in der allgemeinen Hydraulik und die Entwicklung neuer Meßgeräte dazu führten, daß einzelne Elemente des hydrologischen Kreislaufs quantitativ besser erfaßt werden konnten. Sowohl beim Oberflächenabfluß als auch bei der Grundwasserbewegung wurden wesentliche neue Erkenntnisse, wenn auch zunächst noch weitgehend empirisch, gewonnen.

Mit den seit langem bekannten und immer wieder verbesserten Regenmessern und Regenschreibern wurden die Niederschlagsmessungen im 19. Jahrhundert nach Quantität (Netz) und Qualität (Genauigkeit) immer weiter ausgedehnt. Das erste europäische meteorologische Meßnetz, von Frankreich bis Ungarn reichend, war bereits 1780 eingerichtet worden. In Kanada begannen die ersten offiziellen meteorologischen Messungen im Jahr 1839, und in den Vereinigten Staaten veröffentlichte Blodgett 1851 zum erstenmal Regenkarten, verbunden mit einer Diskussion der Niederschlagsverteilung. In England erschien 1860/61 der erste Band der von da an regelmäßigen Veröffentlichungen ‹English Rainfall› mit Niederschlagsdaten. Die Messung der Verdunstung blieb weiterhin auf Einzelfälle beschränkt.

Wenn vom Nil abgesehen wird, dessen lebenswichtige Wasserspiegelhöhen bereits seit etwa fünf Jahrtausenden gemessen werden, gibt es regelmäßige Wasserstandsmessungen erst seit dem 18. Jahrhundert: an der Elbe (Magdeburg) seit 1727, am Rhein (Emmerich) seit 1770 bzw. (Köln) 1782, an der Oder (Küstrin) seit 1778 und an der Memel (Schmalleningken) seit 1812. In den Vereinigten Staaten begannen die systematischen Wasserstandsmessungen durch den US Geological Survey im Jahr 1889.

Systematische Bestimmungen der Abflußmenge (zuweilen mit Unterbrechungen) wurden seit dem Beginn des 19. Jahrhunderts ausgeführt (Oberrhein seit 1809, Tiber seit 1825, Garonne seit 1837). Kraijenhoff machte 1813 umfassende Angaben über die Abflüsse in niederländischen Flüssen und Kanälen. Vasarhelyi vermaß die mittlere Donau topographisch und hydrologisch in den Jahren 1822–1840 und führte 1846 auch Messungen an der Theiss aus. Humphreys (1810–1893) und Abbot (1821–1927) führten in den Jahren von 1851 bis 1860 die bis dahin umfangreichsten hydrographischen, topographischen und sedimentologischen Messungen an einem großen Fluß, dem Mississipi, aus.

Nachdem erstmals de la Methière und vor allem W. Smith gegenseitige Bezüge und Abhängigkeiten von Geologie und Hydrologie (Grundwasser) dargestellt hatten, wurden auf diesem Gebiet in der Mitte des 19. Jahrhunderts große Fortschritte erzielt. Belgrand (1810–1878) und Paramelle (1790–1875) befaßten sich in Frankreich eingehend mit den Quellen im Gebiet der Seine bzw. in der Jurakalkstein-Region bei Causse. Paramelles Buch ‹Die Kunst, Quellen aufzufinden› ist als Meilenstein in der Entwicklung der Grundwasserhydrologie anzusehen (Nace, 1974).

1839/1840 veröffentlichten Hagen (1797–1884) und Poiseuille (1799 bis 1869) ihre Gleichungen über den Abfluß durch Kapillaren (sehr enge Röhren). Im Jahre 1856 legte dann Darcy (1803–1858) in einem Anhang eines Berichtes über die Wasserversorgung von Dijon eine empirisch gewonnene Gleichung für den Wasserabfluß durch Filter vor. Diese als Darcy-Gesetz bekannt gewordene Formel bildet auch heute noch die Grundlage der meisten Berechnungen von Grundwasserbewegungen. Dupuit (1804–1866) in Frankreich und Thiem (1836–1908) in Deutschland erweiterten Darcys Arbeit in bezug auf den Zufluß zu Brunnen und Filtergalerien. Das 19. Jahrhundert kann als die große Zeit der experimentellen Untersuchungen angesehen werden, in der die Grundlagen für die moderne Hydrologie gelegt wurden.

Der Ausbau der Ströme

Der Ausbau der deutschen Ströme begann im 14./16. Jahrhundert an der Elbe (Wittinger Teiche als Rückhaltebecken zur Regelung des Abflusses), im 15. Jahrhundert an der Donau (Verbesserung der Schiffahrtsbedingungen), im 17. Jahrhundert an der Memel (Begradigung, Abschluß von Nebenarmen), im 17./18. Jahrhundert an der Weser (Beseitigung von Spaltungen, Buhnenbauten) und im 18. Jahrhundert am Rhein (Schaffung eines einheitlichen Strombettes, Uferschutzbauten) und an der Oder (Begradigungen, Uferschutz).

Man kann wohl davon ausgehen, daß sich um etwa 1800 unsere Ströme und Flüsse noch weitgehend in einem natürlichen, unbeeinflußten Zustand befanden, verändert nur durch örtlich begrenzte Eingriffe im unmittelbaren Bereich der Städte und in enger besiedelten Flußniederungen. Die steigende Bevölkerungszahl (Städte, Dörfer) und die wirtschaftliche Entwicklung (Gewerbe, Industrie, Verkehr) mit ihren Ansprüchen an und ihren Auswirkungen auf den Lebensraum, und damit auch auf die Flüsse, zwangen zu verstärkten Eingriffen in deren über Jahrtausende gewachsenes morphologisches und hydrologisches Gleichgewicht.

Systematische, längere Flußstrecken und deren Nebenflüsse umfassende Regelungsarbeiten unter Heranziehung des gesamten bis dahin erarbeiteten empirischen und wissenschaftlichen Kenntnisstandes der Hydraulik und des Flußbaus begannen in den ersten Jahrzehnten des 19. Jahrhunderts. Es galt, die Flüsse in den Entwicklungs- und Zivilisationsprozeß einzubeziehen. Wie auf dem Gebiet des Verkehrswesens die Feld- und Waldwege in befestigte Straßen umgewandelt und durch Eisenbahnen ergänzt wurden, so wurden auch die Flüsse den steigenden Schutz- und Nutzansprüchen des Menschen in immer stärkerem Maße angepaßt und, wo möglich und erforderlich, durch künstliche Kanäle ergänzt (Garbrecht, 1981/1982).

Das erste übergreifende Projekt eines Flußausbaus war die Regelung des Rheins zwischen Basel und der badisch-hessischen Grenze bei Lauterburg als Kernstück einer Melioration der Oberrheinebene. Der Strom war hier zu dieser Zeit durch permanente oder temporäre Inseln mit Auwäldern in viele Arme gespalten oder mäanderte in weiten Schleifen zwischen den Hochgestaden. Jedes der alljährlichen Hochwasser änderte seinen Lauf, riß alte Inseln fort, ließ neue entstehen und griff Ufer und Hochgestade an (Abb. 88). Der Rhein war in diesem Bereich der Feind des Menschen, seiner Werke und seines Gutes (Wittmann, 1949).

Der Ober-Wasser- und Straßenbaudirektor (mit dem gleichzeitigen militärischen Rang eines Obersten) im Dienst der badischen Markgrafen, Johann Gottfried Tulla, stellte zwischen 1804 und 1825 ein Projekt der Regelung des Rheins und seiner Nebenflüsse auf (Abb. 89). Er hat diese

88: Oberrhein bei Istein vor der Regelung durch Tulla.

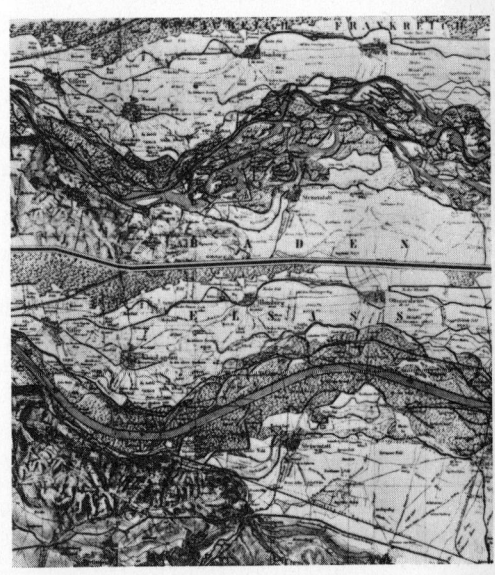

89: Das aufgelöste Fluß-
bett (oben), die geplante
Zusammenfassung im
Entwurf (unten).

Arbeiten in erster Linie als kulturelle Aufgabe zum Schutz von Land und Mensch angesehen, begründet und auch durchgeführt. Schiffahrtsbelange hatten für ihn nur untergeordnete Bedeutung. In seinem Projektbericht ‹Die Rektifizierung des Rheins von seinem Austritt aus der Schweiz bis zu seinem Eintritt in das Großherzogtum Hessen› schrieb er dazu:

«... Wird aber der Rhein rektifiziert, so wird alles längs diesem Strom anders werden; der Muth und die Thätigkeit der Rheinufer-Bewohner wird in dem Verhältnisse steigen, in welchem ihre Wohnungen, ihre Güter und deren Ertrag mehr geschützt seyn werden. Das Klima längs dem Rhein wird durch Verminderung der Wasserfläche auf beinahe ein Drittel, durch das Verschwinden der Sümpfe und die damit im Verhältnis stehende Verminderung der Nebel wärmer und angenehmer und die Luft reiner werden» (Tulla, 1825, S. 52).

Die Tullasche Oberrheinkorrektion ist, mehr als 100 Jahre später, zuweilen als Fehlleistung mit schwerwiegenden Folgen für die Rheintallandschaft bezeichnet worden, die bei besserer Beachtung der Grundregeln des Flußbaus vermeidbar gewesen wären. Es wird der Vorwurf übertriebener Begradigung mit dem Ergebnis zu starker Sohleneintiefung des Rheinbettes, entsprechender Absenkung des Grundwasserspiegels und folgender Austrocknung größerer Bereiche der Oberrheinebene erhoben. Bei objektiver Betrachtung ist dieser Auffassung jedoch nicht zuzustimmen. In Anbetracht des Wissens- und Erfahrungsstandes der damaligen Zeit und unter dem Zwang der gegebenen Verhältnisse und Notwendigkeiten war die Oberrheinkorrektion Tullas ein wagemutiges und grundsätzlich richtig angelegtes Unternehmen, für das es Präzedenzfälle nicht gegeben hatte. Tulla hat seine Ziele voll erreicht, wenn er auch die Auswirkungen teilweise nicht richtig eingeschätzt hatte.

Der Korrektion des Oberrheins folgten mit stetig wachsenden Erfahrungen und auf der immer breiter werdenden Grundlage der Gerinnehydraulik (aber nach grundsätzlich den gleichen Prinzipien) der Ausbau der Weser (1816–1890), der Elbe (1821–1905), der Oder (1819–1900), der Weichsel (1835–1892) und der Donau (1830–1890). An diese Mittelwasserregelungen schlossen sich dann im 20. Jahrhundert jeweils Niedrigwasserregelungen für die Schiffahrt an.

Hervorzuheben sind dabei aus der zweiten Hälfte des 19. Jahrhunderts die Regelungsarbeiten Fargues an der Garonne und Girardons an der Rhone. Beide müssen auch heute noch als vorbildlich in ihrer Planung und Durchführung angesehen werden. Kreuter (1921) schreibt dazu:

«Einen wesentlichen Fortschritt hatte ... namentlich Fargue angebahnt. Die durch Fargue aufgestellten Regeln liegen den erfolgreichsten Leistungen in der Schiffbarmachung geschiebeführender Flüsse zugrunde und haben z. B. bei den aufsehenerregenden Ausführungen Girardons an der Rhone als Richtschnur gedient» (Kreuter, 1910, S. 84).

Städtische Wasserversorgung

Die mittelalterliche Wasserversorgung (s. S. 169) blieb praktisch bis ins 19. Jahrhundert hinein unverändert bestehen. Dann erzwang die zunehmende Industrialisierung, die steigende Bevölkerungszahl und das Wachsen der Städte (Tabelle 5) eine grundsätzliche Neuorientierung vom Einzelbrunnen hin zur zentralen Wasserversorgung. Dieser Prozeß des Umdenkens wurde außerordentlich beschleunigt durch den Großbrand in Hamburg im Jahr 1842, dessen Ausmaß und Folgen durch eine öffentliche Zentralversorgung hätten beträchtlich vermindert werden können, sowie durch die vier großen Choleraepidemien zwischen 1831 und 1892, die durch die Nutzung unfiltrierten Flußwassers verursacht worden waren. Seit dieser Zeit entwickelten sich die meisten städtischen Wasserwerke außerordentlich schnell zu leistungsfähigen Unternehmen, die durch vorausschauende Planung und flexible Baumaßnahmen bis heute allen Ansprüchen nach Quantität und nach Qualität gerecht zu werden vermochten.

	1800	1850	1880	1910
Berlin	172	419	1122	2071
Frankfurt am Main	40	65	136	414
Hamburg	130	132	290	932
London	1117	2685	4770	7256
Paris	547	1053	2269	2888

Tabelle 5: Bevölkerungszunahme zwischen 1800 und 1910 (Bevölkerungszahl in Tausend).

Der in der 2. Hälfte des 19. Jahrhunderts stark zunehmende Bedarf führte zur Suche nach immer neuen Vorkommen von Grundwasser und Oberflächenwasser. Die ersten Trinkwassersperren wurden gebaut (15 allein in England zwischen 1840 und 1850 und 140 in den Jahren 1850 bis 1900) und die ersten Fernwasserleitungen errichtet (Wien 1870, Frankfurt 1874, München 1883).

Parallel zum Ausbau der Wasserversorgung wurde im 19. Jahrhundert auch die Stadthygiene grundlegend verbessert. Beide Entwicklungen werden zu den größten technischen und sozialen Leistungen ihrer Zeit gezählt. Wie die zentrale, kommunale Wasserversorgung, so waren auch städtehygienische Reformen im frühen 19. Jahrhundert durchaus nicht selbstverständlich. Schließlich wäre es doch, so wurde argumentiert, wenn auch mit einigen Unannehmlichkeiten, immer ohne Kanalisationsbauten gegangen, selbst in Millionenstädten wie Paris und London.

Es waren dann im wesentlichen vier Faktoren, die zu einem Umdenken führten (von Simson, 1983):
a) das schnelle Bevölkerungswachstum,
b) die Cholera-Epidemien,
c) das zunehmende Hygienebewußtsein und
d) die allgemeine Einführung des Wasserklosetts.

Die bautechnischen Probleme, die der Bau der neuen großen Kanalisationsnetze mit sich brachte, waren beim Stand des Wissens und der Erfahrung im 19. Jahrhundert ohne zu große Schwierigkeiten lösbar. Die Bedeutung der grundsätzlichen Frage, wohin denn das Abwasser letztendlich zu leiten wäre, wurde dabei zunächst gar nicht erkannt, boten sich doch die Flüsse als natürliche Aufnahmemedien an. Die drastisch zunehmende Gewässerverschmutzung zwang die Kommunen jedoch bereits im 19. Jahrhundert, die Abwässer vor der Weitergabe an das Flußnetz einer Reinigung zu unterziehen.

Als Beispiel für die segensreichen Auswirkungen des Baus von zentralen Wasserwerken und der Anlage von städtischen Kanalisationsnetzen mag die Statistik des Kanalisationsausbaus und der Typhussterblichkeit in Berlin zwischen 1870 und 1920 dienen (Abb. 90).

Binnenschiffahrt

In *Oberitalien* wurde bereits zwischen dem 11. und 15. Jahrhundert eine erhebliche Zahl von großen Bewässerungskanälen gebaut, die sekundär auch für die Schiffahrt genutzt wurden. Leonardo stellte Pläne auf, die Städte Florenz, Prato, Pistoia und Pisa durch einen schiffbaren Kanal zu verbinden (s. Abb. 86) und zwischen Mailand und dem Comer See einen schiffbaren Wasserweg zu schaffen.

Da *Holland* seine Existenz einem ausgedehnten System von Schutzdeichen und Entwässerungskanälen verdankt, liegt es auf der Hand, daß ein Teil der Kanäle auch für den Gütertransport verwendet wurde. Wasserspiegeldifferenzen an Deichen wurden durch Umladen der Güter oder Umsetzen der Schiffe überwunden. Die erste Kammerschleuse mit 2 Toren wurde 1373 bei Vreeswijk gebaut, wo ein von Utrecht kommender Kanal den Lek erreichte.

Frankreich hat als Folge und als Ausdruck seiner starken, zentralen Königsmacht bereits im 17. Jahrhundert mit dem Ausbau eines Kanalnetzes begonnen. Der wohl berühmteste dieser Kanäle ist der 1667–1681 gebaute Canal du Midi zwischen dem Hafen Sète und der Garonne, der das Mittelmeer mit dem Atlantischen Ozean verbindet. Die 240 km lange

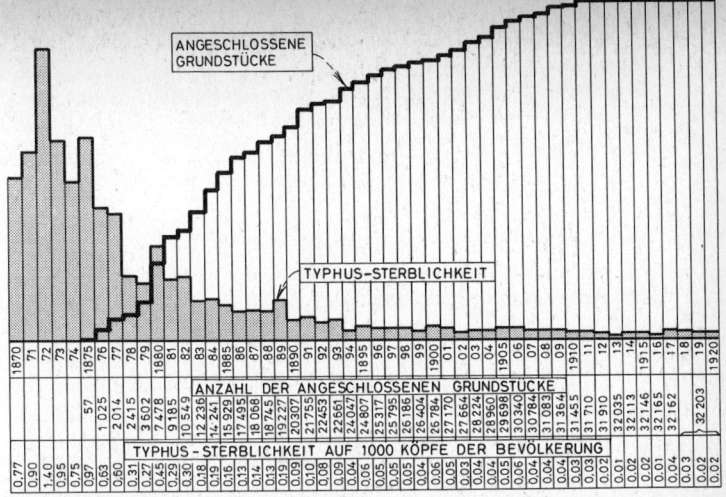

90: Zahl der an die Kanalisation angeschlossenen Grundstücke und der Unterleibstyphus-Sterblichkeit in Berlin.

Wasserstraße steigt über 74 Schleusen vom Mittelmeer zum Scheitelpunkt (190 m ü. NN) auf und besitzt im Abstieg zur Garonne 24 weitere Schleusen. Der an der Sohle 10 m breite und 2 m tiefe Kanal wurde während der wasserarmen Zeit aus mehreren hochgelegenen Becken gespeist, u. a. auch aus dem künstlichen See hinter dem 32 m hohen Erddamm von Saint-Féréol. Mit dem Bau des Canal du Midi hatte der Bau von Schiffahrtskanälen eine Reife und Perfektion erreicht, die die Basis für den weiteren umfangreichen Ausbau des europäischen Kanalsystems in der folgenden Periode der industriellen Entwicklung bildete. 1850 besaß Frankreich neben 8000 km an schiffbaren Flüssen bereits Schiffahrtskanäle von insgesamt 5000 km Länge (Flemming, 1967).

In *England* baute James Bruidley zwischen 1760 und 1772 die Hauptstränge des Kanalnetzes zwischen den Kohlezechen und den Zentren der Industrie in den großen Städten: Manchester, Liverpool, Coventry, Leeds, Oxford, Birmingham, Chesterfield und Wolverhampton. 1840 wurden fast 5000 km künstliche Schiffahrtswege, die als die Arterien der industriellen Revolution galten, mit Lastkähnen befahren.

In *Deutschland* wurde 1393–1398 der Stecknitzkanal zwischen Lübeck und der Elbe gebaut, die erste Verbindung zwischen der Ostsee und der Nordsee und gleichzeitig der älteste Kanal mit einer Scheitelhaltung. Politischer Weitblick veranlaßte die preußischen Herrscher, ihr wachsendes Reich durch eine Ost-West-Verbindung der nach Norden fließenden Ströme Elbe, Oder, Weichsel und Memel zu verklammern und den Handel nachdrücklich zu fördern. In den Jahren zwischen 1616 und 1790 wurden fertiggestellt:

1619 Gilge-Deime-Kanal (Memel–Pregel)
1620 (1746) Finow-Kanal (Oder–Havel)
1665 Oder-Spree-Kanal
1668 Friedrich-Wilhelm-Kanal (Oder–Spree)
1744 Bromberger Kanal (Brahe–Netze, d. h. Weichsel–Oder)
1746 Plauer Kanal (Havel–Elbe)

Nachdem der Versuch Karls des Großen, den Rhein und die Donau zu verbinden, fehlgeschlagen war, wurde dieser Gedanke zu Beginn des 19. Jahrhunderts erneut aufgenommen. Ludwig I. von Bayern ließ Pläne für einen Schiffahrtskanal zwischen Bamberg (Main–Regnitz) und Kehlheim (Altmühl–Donau) ausarbeiten. 1830 legte der königl. Oberbaurat Heinrich Freiherr von Pechmann das Projekt vor und 1836 begannen die Bauarbeiten. Der 173 km lange Kanal war für ein 24 m langes und 4,23 m breites Regelschiff von 1,17 m Tiefgang (Nutzlast 100 t) ausgelegt. Er war an der Sohle 10 m breit und besaß eine Wassertiefe von 1,46 m. Der Höhenunterschied von 184 m zwischen Bamberg und der Scheitelhaltung wurde durch 68 Schleusen überwunden, die Höhendifferenz von 80 m zwischen der Scheitelhaltung und Kehlheim durch 32 Schleusen. Der Kanal wurde 1843 feierlich eröffnet (Teilstrecke Bamberg–Nürnberg) und 1846 endgültig fertiggestellt.

Das Kanalprojekt war letztendlich jedoch wenig erfolgreich, da es von der technisch-industriellen Entwicklung überholt wurde. Die Transportmöglichkeiten und Umschlagsgeschwindigkeiten des sich im 19. Jahrhundert rapide entwickelnden Eisenbahnnetzes waren der Kapazität des Kanals weit überlegen. Darüber hinaus wurden Main und Donau, deren Schiffahrtsbedingungen schlechter als die des Kanals waren, nicht ebenfalls ausgebaut, so daß der Kanal ein ‹Gefangener der Flüsse› blieb. Wenn dem Projekt auch der wirtschaftliche Erfolg versagt blieb, so ist der Bau des Ludwigs-Kanals in technisch-organisatorischer Hinsicht für die damalige Zeit doch als eine ‹grandiose Leistung› anzusehen (Bader, 1982).

Der Beginn moderner Wasserkraftnutzung

Die Formen der für die Wasserkraftnutzung verwendeten Räder hatten sich seit ihrer ersten Anwendung in römischer Zeit nur wenig verändert. Erst 1750 wurde eine neue Einrichtung beschrieben, die als Segnerisches Wasserrad in die Geschichte der Technik eingegangen ist. Es handelte sich um einen einfachen, um seine Achse drehbaren Zylinder. An seinem

Boden floß seitlich durch einen gekrümmten Rohransatz Wasser aus und brachte so den Zylinder durch Rückstoß zum Drehen. Johann Andreas Segner (1704–1777), Arzt und Professor der Mathematik und Physik in Göttingen, ließ ein derartiges Reaktionswasserrad in einer Mühle in Nörtingen einbauen, berechnete diese Anlage aber nicht.

Leonhard Euler (1707–1783), ein Bekannter von Segner, befaßte sich zwischen 1750 und 1754 näher mit hydrodynamischen Vorgängen in Turbinenrädern und entwickelte eine Theorie der Bewegung einer idealen Flüssigkeit in einem beliebig gekrümmten Rohr, das sich um eine Achse dreht. Das Ergebnis dieser Arbeit ist die Turbinenhauptgleichung für den Fall instationärer (zeitabhängiger) Strömung und zeitlich veränderlicher Drehzahl, die heute noch die Grundlage der Turbinentheorie ist. Damit

91: Francis-Turbine für mittlere Fallhöhen zwischen 25 m und 250 m; das Laufrad ist aus dem feststehenden Leitrad herausgehoben.

war der Weg für alle weiteren Turbinenkonstruktionen und ihre rechnerische Handhabung gewiesen.

Knapp 100 Jahre später erreichte die Maschinenbautechnik dann einen Stand, der es erlaubte, Stahl zu verwenden und dadurch größere und schneller drehende Räder wirtschaftlich zu bauen. Fourneyron (1827), Howd (1837), Zuppinger (1848), Schwammkrug (1850), Jonval (1847) und Girard (1863) stellten neue Formen von Wasserrädern, jetzt Turbinen genannt, vor. Es war dann James Francis (1815–1892), in England geboren und 1833 nach Amerika ausgewandert, der auf der Grundlage des Howd-Rades eine Radial-Turbine schuf, die bis heute für mittlere Fallhöhen die Standardturbine ist, die nach ihm benannte Francis-Turbine (Abb. 91).

Während bei den Reaktionsturbinen des Typs Francis das Wasser die Turbine in einem geschlossenen System (unter Druck) durchströmt, wird bei Freistrahlturbinen die gesamte dem Wasser innewohnende Energie in die Geschwindigkeit eines Wasserstrahls umgesetzt, der dann unter atmosphärischem Druck auf die Schaufeln eines Wasserrades trifft. Diese

92: Laufrad einer Pelton-Turbine (Freistrahlturbine) für große Fallhöhen.

Turbinenart wurde 1880 für Lester Allen Pelton (1829–1908) patentiert und wird seither als Pelton-Turbine überall für die Nutzung großer Fallhöhen verwendet (Abb. 92).

Bis zum Ende des 19. Jahrhunderts konnte das Energiepotential des Wassers über Wasserräder bzw. Turbinen lediglich in mechanische Arbeit umgewandelt werden. Das bedeutete, daß Handwerk, Gewerbe und Industrie, soweit sie die Wasserkraft nutzen wollten, an den Ort gebunden waren, an dem die hydrologischen und topographischen Verhältnisse den Betrieb von Wasserkraftmaschinen erlaubten. Es waren dann in der Hauptsache zwei Entwicklungen, die die Bedeutung der Wasserkraft außerordentlich vergrößerten:

(a) 1866 baute Werner von Siemens den ersten Generator. Damit war es in Verbindung mit Turbinen möglich, Wasserkraft in die universell nutzbare Energieart Elektrizität umzuwandeln.

(b) In den neunziger Jahren des 19. Jahrhunderts wurde eine Fernübertragung elektrischer Energie möglich. Damit war die Nutzung der Wasserkraft über den elektrischen Strom nicht mehr an den Ort ihres Vorkommens gebunden.

1873 verwendete man für die Beleuchtung des Schlosses Linderhof in Bayern zum erstenmal aus Wasserkraft erzeugten elektrischen Strom, und 1882 führte Lausanne die erste Stadtbeleuchtung ein, die mit Strom aus einer Wasserkraftanlage versorgt wurde. Die erste Energieübertragung über größere Entfernungen erfolgte 1891 von Lauffen am Neckar über 173 km Entfernung zur Frankfurter Elektrizitätsausstellung. Einer der Initiatoren dieser Entwicklung war Oskar von Miller, der Gründer des Deutschen Museums.

In den Jahren 1910 und 1914 entwickelte schließlich Victor Kaplan (1876–1934) in Brünn eine Propellerturbine mit verstellbaren Schaufeln, die es ermöglichte, auch kleine Fallhöhen an Flußstauwerken wirtschaftlich zu nutzen.

Durch die drei Turbinenarten (Francis, Pelton, Kaplan) in Verbindung mit Generatoren und durch die Möglichkeit der Fernübertragung elektrischer Energie gewann die Nutzung der Wasserkraft im folgenden 20. Jahrhundert außerordentliche Bedeutung. Heute deckt die Stromerzeugung aus Wasserkraft in Ländern mit günstigen Voraussetzungen (Wassermengen, Fallhöhen) den größten Teil des nationalen Bedarfs an Elektrizität:

Norwegen	100%	Österreich	67%
Portugal	78%	Schweden	63%
Schweiz	77%	Bundesrepublik	
Kanada	70%	Deutschland	8% (davon ⅓ Import)

6. Die Hydrowissenschaften im 20. Jahrhundert

Hydrodynamik und Hydraulik

Die Fortschritte auf den Gebieten der theoretischen Hydrodynamik einerseits und der praktischen Hydraulik andererseits hatten sich bis zur Jahrhundertwende parallel und weitgehend unabhängig voneinander vollzogen. Die theoretische Strömungslehre wurde von den Physikern zu einem kunstvollen mathematischen Gebäude ausgestaltet, bei dessen Errichtung jedoch von einer in der Natur nicht vorhandenen reibungslosen und unzusammendrückbaren sogenannten vollkommenen oder idealen Flüssigkeit ausgegangen wurde. Die Praktiker des Wasserbaus dagegen benötigten für ihre Zwecke einfache, mit der Wirklichkeit (reibungsbehaftete Flüssigkeit, mathematisch nicht erfaßbare Randbedingungen) möglichst übereinstimmende Formeln. Die Kluft zwischen Theorie und praktischer Anwendung (zwischen Hydromechanik und Hydraulik) war durch die unterschiedlichen Entwicklungen schließlich so groß geworden, daß beide Disziplinen kaum noch etwas miteinander zu tun hatten.

Eine Überbrückung der Gegensätzlichkeiten zwischen den beiden Wissenschaften bahnte sich mit Beginn des 20. Jahrhunderts an, und zwar in der Hauptsache durch zwei Fortschritte:
– die Einführung der Grenzschichttheorie durch Ludwig Prandtl (1875 bis 1953)
– die Entwicklung des wasserbaulichen Versuchswesens

Prandtl stellte 1904 ein Konzept vor, nach dem Flüssigkeitsströmungen grundsätzlich in zwei Bereiche aufgeteilt werden können: in eine freie, wandunbeeinflußte Bewegung, die sich nach den Prinzipien der theoretischen Hydromechanik behandeln läßt, und in eine Übergangszone von der freien Strömung zur festen Strömungsbegrenzung, die sogenannte Grenzschicht. Es waren die Vorgänge in der Grenzschicht, die die Unterschiede zwischen Theorie und Realität hervorriefen. Durch eine Analyse und Kontrolle dieser Erscheinungen war eine Verbindung und ein Zusammenwachsen der theoretischen Hydrodynamik und der praktischen Hydraulik zur modernen Strömungslehre möglich geworden.

In den beiden vorangegangenen Jahrhunderten waren praktisch alle grundsätzlichen Prinzipien und Berechnungsmethoden erarbeitet worden, die für eine Weiterentwicklung der Hydrowissenschaften erforderlich waren. Eingangs des 20. Jahrhunderts lag der Schwerpunkt der Arbeiten daher weniger in neuen Entdeckungen als vielmehr in einer Sammlung, Bestätigung, Verknüpfung und Ausweitung des Bekannten. In diesem Zusammenhang spielten die zu dieser Zeit entstehenden wasserbaulichen Versuchsanstalten eine wesentliche Rolle. Gewiß waren auch vorher bereits Experimente und Versuche an maßstäblich verkleinerten Modellen ausgeführt worden, aber jetzt wurden permanente, leistungsfähige Laboratorien errichtet, die mit ihrer fruchtbaren Arbeit wesentlich zum Entstehen und zur Entwicklung der heutigen Strömungslehre beigetragen haben.

Hubert Engels (1854–1945) richtete an der Technischen Hochschule Dresden im Jahr 1898 das erste permanente Wasserbaulaboratorium ein, 1901 gefolgt von Theodor Rehbock (1864–1950) an der Technischen Hochschule Karlsruhe. Heute verfügen in der Welt alle Universitäten und auch alle Wasserbauverwaltungen über leistungsfähige Laboratorien. Hier verfeinern und erweitern die Wissenschaftler das Instrumentarium der bestehenden Berechnungsverfahren. Daneben tragen sie in Fällen, wo das Rüstzeug der Strömungslehre für eine genügend genaue und zuverlässige Bemessung nicht ausreicht, durch Experimente (Modellversuche) zum Bau moderner Großanlagen der Wasserwirtschaft bei.

Neben Ludwig Prandtl waren eng mit der Weiterentwicklung der modernen Strömungslehre verbunden:

N. E. Joukowski	(1847–1921)
Horace Lamb	(1849–1934)
Franz Prasil	(1857–1929)
Moritz Weber	(1871–1951)
B. A. Bakhmateff	(1880–1951)
Theodor von Karman	(1881–1963)
Richard von Mises	(1883–1953)
G. J. Taylor	(1886–1975)
Hermann Schlichting	(1907–1982)

Während des Zweiten Weltkrieges hat die Grundlagenforschung in der Strömungslehre zwangsläufig stagniert. Im Vordergrund standen kriegsbedingte Anwendungen der bekannten Grundsätze, nicht nur auf dem ureigenen Gebiet der Hydrotechnik, sondern auch auf angrenzenden Gebieten wie Ballistik, Rückstoßantriebe, Meteorologie, Aerodynamik, Ozeanographie u. ä.

Seit den fünfziger Jahren des 20. Jahrhunderts wurden dann die theoretischen Methoden der mathematischen Hydrodynamik in immer stärkrem Maße auch in der Ingenieurhydraulik angewendet. Stochastische Ansätze begannen bei der Lösung hydraulischer Fragen eine zunehmend stärkere Rolle zu spielen, und die elektronische Datenverarbeitung ermöglichte die Ausführung von Rechnungen und die Anwendung von Verfahren, die vorher wegen des zu großen Rechenaufwandes durch Annahmen und Schätzungen wesentlich vereinfacht werden mußten.

Auf dem Gebiet der Forschung zeigte sich, neben der Fortführung und Intensivierung der reinen Grundlagenforschung, eine zunehmende Verflechtung mit anderen Bereichen der Wissenschaft und Technik. Aus den immer komplexer werdenden Abhängigkeiten zwischen Gesellschaft (Kommunen, Industrie, Landwirtschaft) und Lebensraum (Natur) und aus den immer stärker steigenden Ansprüchen an das ‹Lebenselement Wasser› entstanden neue Aufgaben für die angewandte Forschung. Es ist im begrenzten Rahmen dieses Buches nicht möglich, das Gesamtbild der Wasserforschung und seine Entwicklungstendenzen zu umreißen. Um die Breite und die Vielfalt des Forschungskataloges in der zweiten Hälfte des 20. Jahrhunderts anzudeuten, seien hier nur einige der wichtigsten Fragen genannt:

Grundlagenforschung: Strömungsturbulenz, Grenzschichtablösungen, Mischungsvorgänge, Kavitation, mathematische Strömungsmodelle, Wellentheorie, Sandbewegungen an Küsten, Schwerstofftransport durch Strömungen, Flußmorphologie, Mehrphasenströmungen, Wasserbedarf in der Bewässerung, strömungsinduzierte Schwingungen, Bodenerosion.

Angewandte Forschung: Erosion an Wasserbauwerken, Kühlwassereinleitung in Flüsse, Eisversetzungen in Flüssen, Netzberechnungen (Rohre, Kanäle), Erdbebenkräfte, Verlandung von Speicherseen, Wellenkräfte, Küstenschutz, Hochgeschwindigkeitsabflüsse (z. B. an hohen Talsperren), Wasserersparnis bei Bewässerung, Bewirtschaftung von Talsperrensystemen (Optimierung), Hochwasserprognosen, Hydrotransport (Kohle, Erz), Wasserhaushalt von Mülldeponien, Deichsicherheit.

Moderne Hydrologie

Bei allen Fortschritten, die in der qualitativen und vereinzelt auch quantitativen Kenntnis hydrologischer Prozesse im 19. Jahrhundert gemacht wurden, steckte die Hydrologie in den ersten Jahrzehnten des 20. Jahrhunderts doch noch weitgehend in den Kinderschuhen der Empirie. Dieser Zustand war gekennzeichnet durch die Aufstellung von Hunderten empirischer Gleichungen, bei denen die Wahl der Parameter und die Bestimmung (Schätzung) der Beiwerte weitgehend vom Urteilsvermögen und damit von der Erfahrung des jeweiligen Bearbeiters abhing. Viele der Formeln besaßen darüber hinaus nur lokale Bedeutung oder hatten physikalisch einen nur beschränkten Anwendungsbereich. Gegenstand der Berechnungen waren dabei die Extremwerte und vor allem das durchschnittliche Verhalten der wichtigsten Parameter des hydrologischen Kreislaufs.

Die starke Zunahme der Weltbevölkerung sowie der weltweite wirtschaftliche Aufschwung nach dem Ende des Zweiten Weltkrieges führten örtlich und auch regional zu Engpässen in der Wasserversorgung. Darüber hinaus trat neben die Frage der Sicherstellung einer genügenden Wasserversorgung nach Raum und Zeit das Problem einer zunehmenden Verschlechterung der Wasserbeschaffenheit. Erschwerend für die Weiterentwicklung der Hydrologie kam hinzu, daß die natürlichen hydrologischen Prozesse, die man gerade begonnen hatte in ihrer Vielschichtigkeit besser zu verstehen, zuverlässiger zu erfassen und mathematisch zu beschreiben, durch anthropogene Einflüsse immer stärker gestört und verzerrt wurden. Die Konsequenzen, die sich notwendigerweise aus diesen Zwängen ergaben, waren einmal eine wesentliche Erhöhung der Anforderungen, die an hydrologische Daten gestellt wurden (d. h. an die Dichte und Ausstattung der Meßnetze, die diese Daten liefern), und zum anderen die Notwendigkeit von Verbesserungen und Neuentwicklungen von Verfahren zur Analyse dieser Daten.

Infolge des vielschichtigen Charakters der Hydrologie (Überschneidungen mit Meteorologie, Geologie, Geographie, Bodenkunde, Landnutzung) werden zur quantitativen Beschreibung und Modellierung komplexer hydrologischer Prozesse neben Verfahren der Mathematik und Geophysik zunehmend auch Methoden der Systemtheorie, der Statistik und der Wahrscheinlichkeitsrechnung angewendet. Darüber hinaus ist die Wasserbeschaffenheit zu berücksichtigen, und die anthropogenen Einflüsse auf Menge, Verteilung und Güte der Wasserressourcen sind in Rechnung zu stellen. Der aktuelle Wasserbedarf und die Möglichkeiten seiner Deckung unter gegebenen örtlichen Voraussetzungen können, unter Berücksichtigung von ökonomischen und ökologischen Gesichtspunkten, nur über Optimierungsrechnungen beurteilt werden. Dabei hängt die richtige Auswahl hydrologischer Modelle sowohl von der Art, dem Umfang und der Zielrichtung der Planung ab, als auch von den hydrologischen Gegebenheiten. Die systemanalytische Behandlung komplexer hydrologischer Prozesse befindet sich in einer stürmischen Entwicklung. Es wird die Auffassung vertreten, daß mehr als die Hälfte der gegenwärtig üblichen Methoden in der Hydrologie bis zum Ende dieses Jahrhunderts überholt und durch neue Verfahren ersetzt sein werden.

Die im 20. Jahrhundert stark zunehmende interdisziplinäre Vielschichtigkeit ursprünglich rein hydrologischer Fragestellungen hat dazu geführt, daß neue Erkenntnisse heute nicht mehr durch einzelne bahnbrechende Entdeckungen oder Erfindungen gewonnen werden, sondern vielmehr das Ergebnis einer Unzahl von kleineren Entwicklungen sind. Fortschritte, die vor 100 oder 200 Jahren noch durch Einzelforscher mit beschränkten finanziellen Mitteln und begrenzter einfacher Ausrüstung erzielt werden konnten, erfordern heute Aufwendungen, die nur großen staatlichen Institutionen möglich sind. An die Stelle des forschenden Individuums in der Studierstube ist das interdisziplinäre Wissenschaftler-team mit modernster Ausrüstung getreten.

Die Geschichte der Hydrologie hatte ihren Ursprung in den großen Wasserwirtschaftssystemen der antiken Hochkulturen. Den namenlosen Hydrologen und Hydrotechnikern dieser Zeit folgten die Einzelpersön-lichkeiten aus der Zeit der griechischen Naturphilosophie und die großen Wegbereiter der modernen Hydrologie im 16. und 17. Jahrhundert. In der komplexen modernen Hydrologie des 20. Jahrhunderts tritt der Einzel-forscher nun wieder zurück, zwar nicht in die Anonymität, jedoch ins Glied der Arbeitsgruppe des interdisziplinären Teams. An die Stelle der bahnbrechenden Entdeckungen ist die Weiterentwicklung in mühevoller und aufwendiger Kleinarbeit getreten.

Aspekte der Wasserbewirtschaftung

Wasserbedarf

Quantität und Qualität sowie zeitliche und örtliche Verteilung der natürli-chen Wasserreserven und des Bedarfs decken sich meist nicht. Die Befrie-digung des Wasserbedarfs setzt daher Regulierungsmaßnahmen voraus, die in den Wasserwirtschaftsplänen niedergelegt sind. Diese Regulierun-gen dienen dazu, neben dem Schutz von Leben, Eigentum und Landwirt-schaftsflächen (Sicherungswasserwirtschaft), Gemeinden, Gewerbe, In-dustrie, Landwirtschaft und Verkehr mit dem notwendigen Wasser zu versorgen, bei gleichzeitiger Vermeidung bleibender Störungen des na-türlichen Wasserregimes.

Der über den Tag und über die Jahreszeiten schwankende Bedarf der verschiedenen Verbraucher muß nach Gesamtmenge und Verteilung si-chergestellt werden. Ferner muß die langfristige Entwicklung des Bedarfs der verschiedenen Verbrauchergruppen abgeschätzt werden und in den Planungen der zukünftigen Wassernutzungsanlagen in Relation zu den vorhandenen Wasserreserven berücksichtigt werden. Den größten Was-serbedarf, der gleichzeitig zu einem tatsächlichen ‹Verbrauch› führt und bei dem Wasser bedeutend verminderter Qualität ins Gewässernetz zu-rückgeleitet wird, haben dabei die Gemeinden, die Industrie und die Landwirtschaft.

Wenn Prioritäten zu setzen sind, ist für die Rangfolge der Nutzung entscheidend, ob das Wasser durch andere Stoffe, Energien oder Wege ersetzt werden kann. Nicht ersetzbar ist das Wasser in der Siedlungswas-serwirtschaft und in der Land- und Forstwirtschaft. Die Pflicht der Trink- und Brauchwasserversorgung sowie das Recht auf Wasser für den Boden haben daher bei der Einordnung der Prioritäten Vorrecht.

Abb. 93 zeigt in einer allgemeinen Zusammenfassung die Wasseran-sprüche der verschiedenen Wassernutzer. Die Gemeinden, die Industrie

WASSERNUTZER		ART	NUTZUNG			ANFORDERUNGEN
			GEBRAUCH	VERBRAUCH		
GEMEINDEN	HAUSHALTE (TRINKWASSER)	W	⊙	•		SEHR HOCH
	HAUSHALTE (BRAUCHW.)	W	⊙	•	10 % BIS 30 %	HOCH
	GEWERBE (BRAUCHW.)	W	⊙	•	(1967 = 5 %)	HOCH
	ÖFF. VERSORGUNG (BRAUCHW.)	W	⊙	•		MITTEL
INDUSTRIE	INDUSTRIE (BRAUCHW.,PROD.)	W	⊙	•	10 % BIS 20 %	HOCH
	INDUSTRIE (KÜHLWASSER)	W	⊙	•	(1967 = 22 %)	SEHR GERING
LANDW.	LANDWIRTSCHAFT (BEWÄSS.)	W	•	⊙	60 % BIS 90 %	GERING
	LANDWIRTSCHAFT (TIERPROD.)	W	⊙	•	(1967 = 73 %)	HOCH
SONSTIGE	FISCHEREI	G	⊙			MITTEL
	WASSERKRAFT	G	⊙			SEHR GERING
	SCHIFFAHRT	G	⊙			SEHR GERING
	ERHOLUNG	G	⊙			HOCH
	ABWASSERBESEITIGUNG	G	⊙			SEHR GERING

W = WASSER   ⊙ ÜBERWIEGEND
G = GEWÄSSER   • KLEINERER TEIL

93: Ansprüche der verschiedenen Nutzergruppen an die Wasserreserven.

und die Landwirtschaft nutzen das Wasser als Stoff (W), während die übrigen Gruppen das Gewässer als Ganzes benutzen (G) (s. auch Abb. 2). Weltweit gesehen lag der Wasserbedarf der Gemeinden 1967 bei 5 %, der Industrie bei 22 % und der Landwirtschaft bei 73 %. Unter den humiden Klimabedingungen der Bundesrepublik Deutschland ist der Bedarf der Landwirtschaft (Bewässerung) gering. Hier lauten die entsprechenden Zahlen: Gemeinden 19 %, Industrie 72 %, Landwirtschaft 9 %.

Zu unterscheiden ist bei der Wassernutzung der *Gebrauch* und der *Verbrauch* von Wasser. Gebrauch bedeutet, daß die verfügbare Wassermenge nicht vermindert wird (z. B. Wasserkraftnutzung oder Schiffahrt). Verbrauch heißt dagegen, daß bei der Nutzung ein Teil des Wassers verdunstet, d. h. lokal dem Wasserkreislauf entzogen wird und damit für eine weitere Nutzung nicht mehr zur Verfügung steht. Die Gemeinden und die Industrie verbrauchen 10 % bis 30 % des abgeleiteten Wassers, bei der Landwirtschaft liegt der Verbrauch bei 75 % (s. auch Abb. 2).

Der Wasserbedarf der *Gemeinden* resultiert aus den häuslichen, öffentlichen und gewerblichen Wasseransprüchen. Die Bedarfsziffern streuen von Gemeinde zu Gemeinde außerordentlich stark und hängen hauptsächlich von den Faktoren Klima, Einwohnerzahl, Qualität und Quantität des verfügbaren Wassers, Wasserkosten, Lebensstandard und Haustierhaltung (in ländlichen Gemeinden) ab. Gemeindewasserversorgungen sind an die Qualitätskriterien für Trinkwasser gebunden.

Der *industrielle Bedarf* wird durch die Herstellungsprozesse bestimmt, ist aber jeweils relativ einfach feststellbar, da Gebrauch und Verbrauch recht genau bekannt sind. Die Qualtiätsansprüche hängen von der Art der verschiedenen Produktionsprozesse ab und schwanken in weiten Grenzen.

Bewässerung, d. h. eine künstliche Wasserversorgung der Pflanzen ist erforderlich, wenn die natürlichen Niederschläge nicht ausreichen, um ein normales Pflanzenwachstum zu unterhalten. Unter humiden klimatischen Verhältnissen (Europa) ist künstliche Bewässerung ein Zusatz zum normalen Niederschlag, während in ariden oder semiariden Gebieten eine produktive Landwirtschaft oft nur mit Hilfe von Bewässerung möglich ist. Die Größe des Wasserbedarfs und seine jahreszeitliche Verteilung hängen in erster Linie vom Klima, vom Boden und von der Art der angebauten Kulturpflanzen ab.

Die *Energieerzeugung* ‹verbraucht› kein Wasser wie beispielsweise Industriebetriebe, sondern benutzt es lediglich in seiner Eigenschaft als Energieträger. Kraftwerke verarbeiten das Wasser entweder in seiner natürlichen zeitlichen Verteilung (Flußkraftwerke) oder unter Zwischenschaltung von Speichern, die das veränderliche Wasserdargebot dem Verlauf des Energiebedarfs anpassen (Speicherkraftwerke).

Für die *Schiffahrt* muß in Flüssen soviel Wasser verbleiben, daß die erforderlichen Fahrwasserbreiten und -tiefen entlang der gesamten schiffbaren Flußstrecke gesichert sind.

Die dafür notwendigen Wassermengen stehen anderen Verbrauchern nicht zur Verfügung. Bei Schiffahrtskanälen und in den Haltungen regulierter Flüsse sind Verdunstungs- und Versickerungsmengen zu ersetzen. Sie stellen ebenfalls einen Bedarf dar, der in die Wasserwirtschaftspläne einzusetzen ist.

Fischerei und Erholung erfordern jeweils ein gewisses Minimum an Wasser in den natürlichen Gewässern, künstlichen Wasserläufen und Fischteichen, das für andere Nutzer nicht zur Verfügung steht.

Menge und Art der in die Flüsse eingeleiteten *Abwässer*, der Grad ihrer Vorbehandlung, die natürlichen Abflußmengen des Vorfluters, das Selbstreinigungsvermögen des Wassers und die Nutzungen anderer Flußanlieger sind an jedem Punkt entlang eines Flußufers derart aufeinander abzustimmen, daß das chemische und biologische Gleichgewicht des Gewässers erhalten bleibt. Oder anders ausgedrückt: Die im Gewässer zu verbleibende (nicht zu nutzende) Wassermenge muß so groß sein, daß die inhärenten (ihr innewohnenden) Reinigungsprozesse in der Lage sind, die eingeleiteten Abwässer ohne bleibende Störung des chemischen und biologischen Gleichgewichts abzubauen. Diese Menge kann im Rahmen der Wasserwirtschaftspläne als der ‹Wasserbedarf› der Abwasserbeseitigung angesehen werden.

Wasserreserven

Das Wasserpotential der Erde besteht aus der im hydrologischen Kreislauf zirkulierenden Wassermenge (s. Abb. 4, 5). Davon stehen für die Deckung des gesellschaftlichen Wasserbedarfs rund 25 000 km^3 zur Verfügung (s. S. 37). Dieser Menge steht ein Bedarf gegenüber, der 1975 bei 2500 km^3 lag (10 %) und im Jahr 2000 in der Größenordnung von 6000 km^3 (24 %) liegen wird (Framji/Holy, 1977).

Bei einer rein mengenmäßigen Bewertung der Weltwasservorräte als Ganzes wäre aus diesen Zahlen zu schließen, daß die Wasserversorgung noch für lange Zeit gesichert ist und daß ein unmittelbarer Anlaß zur Besorgnis nicht besteht. Die tatsächlichen Probleme werden jedoch sofort sichtbar, wenn in Betracht gezogen wird, daß das nutzbare Wasserdargebot regional unterschiedlich verteilt ist (Tabelle 6), jahreszeitlich

	Nutzbares Dargebot (km^3)	Nutz. Dargebot (m^3) je Kopf der Bevölkerung		Gesamtbedarf 2000	
		1973	2000	km^3/Jahr	% des Dargebots
1 N-Amerika	3 962	17 031	13 372	1 020	26
2 NW-Europa	1 253	5 382	4 743	200	16
3 S-Europa	431	2 510	1 839	180	42
4 O-Europa	3 143	8 865	7 095	730	23
5 Australien, Japan, S-Afrika	930	4 913	3 367	250	27
6 M-Amerika	664	6 737	2 900	110	17
7 S-Amerika	4 940	2 414	1 228	190	4
8 N-Afrika, Mittl. Osten	334	1 522	686	340	103
9 W-Afrika	1 316	9 424	4 368	190	14
10 M-Afrika	662	9 978	4 299	100	15
11 SO-Asien	4 867	4 681	2 325	1 750	36
12 O-Asien	1 930	2 262	1 575	1 020	53
Gesamt	24 432			6 080	25

Tabelle 6: Örtliche Verteilung des Wasserdargebots und des Wasserbedarfs im Jahr 2000.

stark schwankt und nirgendwo mit dem völlig anders gearteten Bedarf der Gesellschaft übereinstimmt, der von der Siedlungsdichte sowie von dem Arbeits- und Lebensrhythmus des Menschen geprägt ist und örtlich wie zeitlich extreme Spitzen aufweist. Anders und einfacher ausgedrückt: Wasser ist zwar genügend verfügbar, jedoch oft am falschen Platz, zur falschen Zeit und zuweilen auch in der falschen Qualität. Dazu kommt, daß es vielfach unzweckmäßig oder gar nicht bewirtschaftet wird. Das Problem der Wasserwirtschaft ist grundsätzlich also nicht ein Problem der Quantität, sondern eine Frage des Managements im Hinblick auf einen örtlichen und zeitlichen Ausgleich, unter Umständen über Jahre und über Kontinente hinweg.

Wasserbewirtschaftung

Die geregelte Wasserwirtschaft einer bestimmten Region ist letzten Endes eine Bilanz, in der auf der Haben-Seite das natürliche Wasserdargebot erscheint und auf der Soll-Seite der Wasserbedarf der Gesellschaft. Falls die Bilanz örtlich nicht aufgeht, ist durch wasserwirtschaftliche Planungen und wasserbauliche Maßnahmen zeitlich und räumlich ein Ausgleich zu schaffen.

Der zeitliche Ausgleich beinhaltet den Transfer von Wasser aus Zeiten des Wasserüberflusses in Zeiten des Wassermangels. Eine Vorratshaltung (Speicherung) kleiner Wassermengen in Gefäßen, Behältern und Zisternen ist aus allen frühen Kulturen bekannt, ihr Ursprung liegt weit zurück in vorgeschichtlicher Zeit. Ein großmaßstäblicher Wassertransfer über Jahreszeiten oder über Jahresreihen hinweg wurde jedoch erst mit dem Seßhaftwerden der Menschen und dem dadurch lokal drastisch erhöhten Bedarf an Trinkwasser und Bewässerungswasser erforderlich. Die dafür notwendigen Speicherräume können nur durch Talsperren geschaffen werden. Die ersten Großspeicher wurden bereits vor rund 5000 Jahren gebaut (s. S. 54f). Heute gibt es auf der Welt bereits etwa 16000 große Talsperren (Höhe über 15 m oder Speichervolumen über 1 Mio. m^3), und jährlich kommen weitere 300 bis 400 künstliche Wasserspeicher dazu.

Der örtliche Ausgleich erfordert eine Überleitung aus Wasserüberschußgebieten in wasserarme Regionen. Die Art und der Umfang eines derartigen Wassertransfers umfassen das gesamte Spektrum vom manuellen Transport mit Gefäßen bis hin zur großmaßstäblichen Versorgung von Städten, Industrieregionen und Bewässerungsgebieten über mehr als 1000 km Entfernung hinweg. Wie bei der Wasserspeicherung so gibt es auch beim regionalen und überregionalen Wasserausgleich hervorragende historische Beispiele (s. S. 74ff, 121ff).

Die Größenordnung der geschichtlichen Wasserausgleichsanlagen war vergleichsweise bescheiden, und dementsprechend wurde nur begrenzt in den örtlichen natürlichen Wasserhaushalt eingegriffen. Ökologische Störungen größeren Ausmaßes sind daher nicht aufgetreten. Die äußeren Rahmenbedingungen (Bedarf) und die dadurch bedingten Dimensionen der Projekte haben sich im 20. Jahrhundert jedoch beträchtlich verändert (Garbrecht, 1976, 1977):

- Die Bevölkerungszahl der Erde steigt exponential an. Bewohnten um 1900 erst 1,6 Mrd. Menschen unseren Planeten, so ist für das Jahr 2000 mit einer Zahl von 6 bis 6,5 Mrd. zu rechnen (Trinkwasserversorgung).
- Da der größte Teil der Weltbevölkerung in ariden oder halbariden Gebieten lebt, kann eine ausreichende Ernährung nur durch Bewässerungslandwirtschaft gesichert werden (Bewässerungswasser).
- Industrie und Gewerbe werden weiter ausgebaut. Dabei besteht insbesondere in den Entwicklungsländern ein großer Nachholbedarf (Brauchwasser, Kühlwasser, Wasserkrafterzeugung).
- Mit den steigenden Anforderungen (Lebensqualität) vergrößern sich auch die Ansprüche an Menge und Güte des erforderlichen Wassers.
- Der zunehmende Zwang zum Schutz und zur Sicherung des natürlichen Wasservorkommens (Ökologie, Erholung, Gesundheit) begrenzen das mögliche Ausmaß der Eingriffe in den hydrologischen Kreislauf.

In der Bundesrepublik Deutschland wird beispielsweise der Wasserbedarf des Ruhrgebiets aus dem Wasserpotential des benachbarten Sauerlands gedeckt (s. S. 229ff). Die Städte Braunschweig, Wolfsburg, Hildesheim, Hannover und Bremen erhalten ihr Trinkwasser z. T. aus dem Harz, und der Raum Stuttgart–Heilbronn wird mit Bodenseewasser versorgt. Aus der großen Zahl ausländischer Projekte für einen großräumigen und langzeitlichen Wasserausgleich mit den klassischen Mitteln der Wasserspeicherung und der Wasserüberleitung seien hier stellvertretend der israelische ‹National Water Carrier› und der amerikanische ‹California Water Plan› herausgegriffen.

Die Wasserversorgung des jungen Staates Israel ist, zunächst beginnend mit örtlichen Grundwassernutzungen, dann durch Wasserzuleitung aus dem Yarkon-Fluß im Norden und schließlich durch die Einbeziehung von Wasser aus dem natürlichen Speicher des Sees Genezareth (Lake Tiberias) zu einem großräumigen Verbundnetz zusammengewachsen, das einen landesweiten Wasserausgleich ermöglicht. Grundprinzip dieses Versorgungssystems ist die Verbindung des wasserreichen Nordens (1000 mm Niederschlag bei Safed) mit den Trockengebieten im Süden (31 mm Niederschlag bei Eilat) (Abb. 94). Aus dem 165 km^2 großen Tiberiassee (Zufluß rund 625 Mio. m^3, Speichervolumen knapp 4 Mrd. m^3) werden jährlich 320 Mio. m^3 in das Verbundnetz eingespeist. Das Wasser wird dabei aus dem 210 m unter dem Meeresspiegel liegenden See durch zwei Pumpwerke um 250 m + 120 m = 370 m in ein Betriebsspeicherbecken (Beit-Netofa, 6 Mio. m^3) gehoben und fließt dann von hier über bis zu

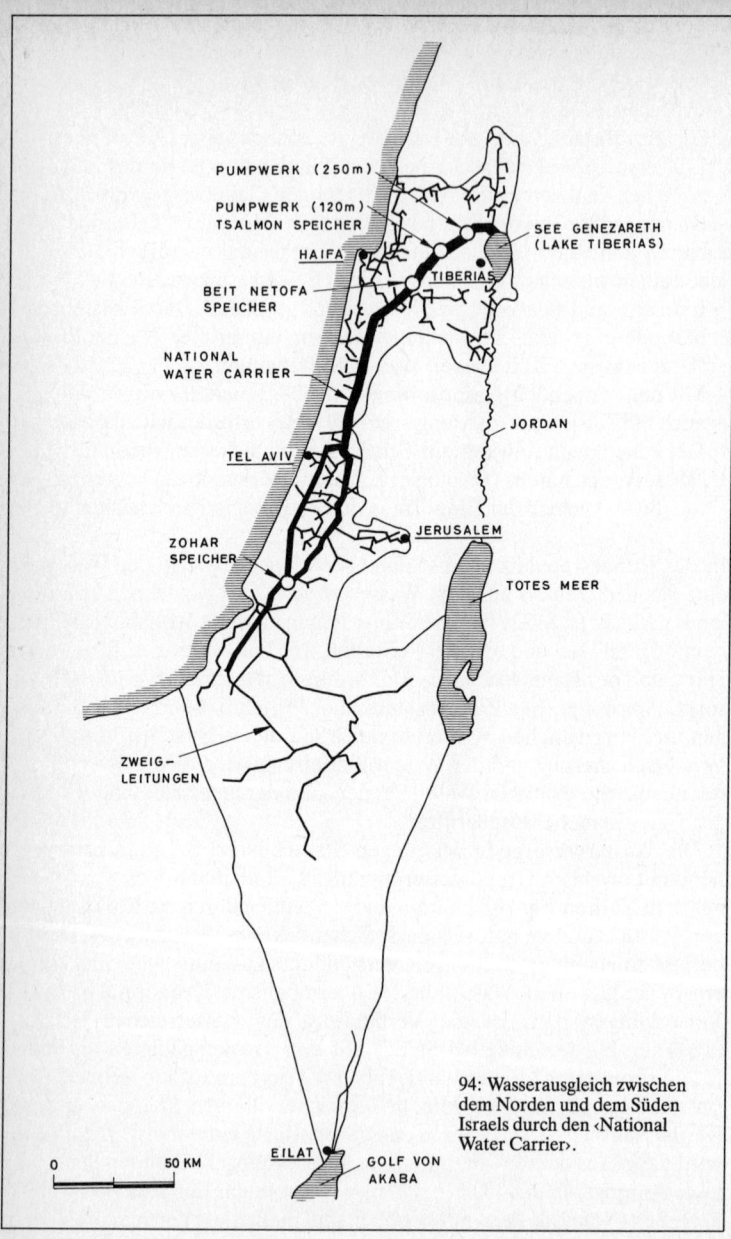

PUMPWERK (250 m)

PUMPWERK (120 m)
TSALMON SPEICHER

SEE GENEZARETH
(LAKE TIBERIAS)

HAIFA

TIBERIAS

BEIT NETOFA
SPEICHER

NATIONAL
WATER CARRIER

JORDAN

TEL AVIV

JERUSALEM

ZOHAR
SPEICHER

TOTES MEER

ZWEIG-
LEITUNGEN

94: Wasserausgleich zwischen
dem Norden und dem Süden
Israels durch den ‹National
Water Carrier›.

0   50 KM

EILAT   GOLF VON
           AKABA

206

400 km Entfernung in den Süden. Durch den ‹National Water Carrier› zwischen dem See Genezareth und der Negev-Wüste hat sich Israel ein überregionales Wasserausgleichssystem geschaffen, mit dem eine flexible Versorgung der Kommunen, der Industrie und der Landwirtschaft möglich ist. Im Vergleich zur Priorität der Versorgung der Bevölkerung und der Bewässerungslandwirtschaft hat die Störung des Wasserhaushalts des Toten Meeres eine vergleichsweise geringe Bedeutung.

In Kalifornien ist die Problemstellung ähnlich wie in Israel. Über 70% des natürlichen Wasserpotentials liegen im Norden des Landes, einem Gebiet mit einem Wasserbedarf von nur 30% des Gesamtbedarfs. Der stark bevölkerte südliche Landesteil hat dagegen nur geringe Wasserreserven. Der ‹California Water Plan› gleicht diese Unterschiede zwischen Bedarf und Dargebot durch Speicherung und Überleitung aus (Abb. 95). Er ist mit 22 Speichern, 23 Pumpstationen, sechs Kraftwerken und 1126 km an Kanälen das größte Einzelwasserversorgungsprojekt der westlichen Welt. Die Leistungsfähigkeit der einzelnen Leitungen schwankt dabei

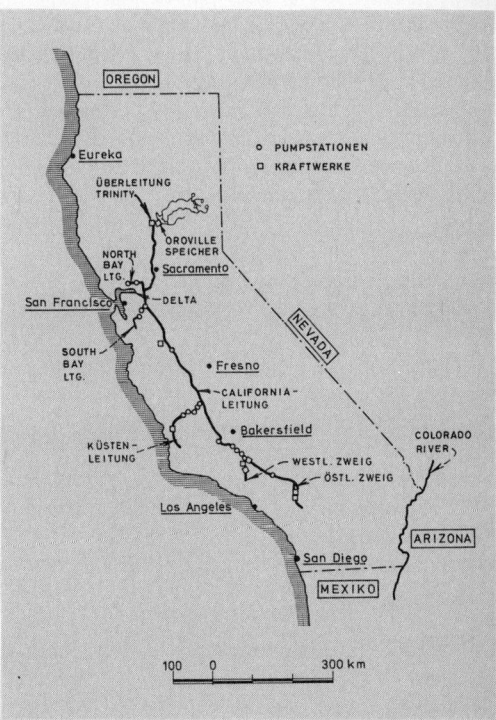

95: Wasserausgleich zwischen dem Norden und dem Süden Kaliforniens durch die Anlagen des ‹California Water Plan›.

zwischen 3 m³/s (North Bay Aquädukt) und 292 m³/s (California Aquädukt). Jährlich werden 5,2 Mrd. m³ Wasser aus dem Norden übergeleitet, davon zwei Drittel bis in den südlichen Teil des Landes unter Überwindung von 1100 m Höhenunterschied.

Im Zusammenhang mit diesen Projekten stellt sich die Frage, ob derartige wasserwirtschaftliche Eingriffe der herkömmlichen Art auch in der Zukunft und überall ausreichen, um den immer weiter steigenden Wasserbedarf zu decken. Die Antwort ist für eine ganze Reihe von Gebieten in der Welt negativ, in denen Aridität oder Semiaridität mit dichter Besiedlung, starker industrieller Entwicklung und intensiver Landwirtschaft zusammenfallen. Darüber hinaus wird es in nicht allzuferner Zukunft auch in manchen humiden Ballungsgebieten Regionen geben, in denen mit akutem Wassermangel zu rechnen ist. Da Wasserspeicherung und Wasserüberleitung hier nicht mehr ausreichen werden, muß zwangsläufig auf Reserven zurückgegriffen werden, die in Konservierung, Einsparung, Wiedergewinnung und Neugewinnung von Wasser liegen.

Der Begriff *Wassererhaltung* (Wasserkonservierung) umfaßt in diesem Zusammenhang alle Maßnahmen, die dazu dienen, die Wassermengen zu verringern, die in Perioden starker Niederschläge und Abflüsse (Hochwasser) ungenutzt ins Meer fließen:

– Oberirdische Speicherung in Talsperrenseen
– Anreicherung des Grundwassers durch Terrassierungen (meist in Verbindung mit Bodenschutzmaßnahmen)
– Ableitung von Hochwasser auf geeignete Landflächen zur Versickerung

Wassereinsparung ist möglich durch:

– Einführung wassersparender Verfahren in der Industrie.
– Ersatz von Wasserkühlung bei industriellen Fertigungsprozessen oder bei der Energieerzeugung durch Luftkühlung.
– Wenn vertretbar, Verwendung von Wasser minderer Qualität an Stelle von hochwertigem gereinigten Wasser.
– Steigerung des Wirkungsgrades von Bewässerungsanlagen (Verminderung von Versickerung und Verdunstung, Beschränkung des Anbaus auf Pflanzen mit geringerem Wasserverbrauch, Vermeidung von Überbewässerung).
– Verringerung der Verluste bei technischen Wassernutzungsanlagen (z. B. bei Schiffahrtskanälen).

Eine Wassersparnis ist vor allem im Bewässerungslandbau möglich, der nicht nur der größte Wassernutzer und Wasserverbraucher ist, sondern gleichzeitig mit Abstand auch der größte Wasserverschwender. In keinem anderen Produktionszweig sind die Wirkungsgrade bei der Wasserverwendung so gering wie hier. Nach Abzug der Verluste zwischen der Wasserquelle und der Wurzelzone auf dem Feld steht der Pflanze nur noch ein Bruchteil der ursprünglich vorhandenen Menge zur Verfügung. Der Wirkungsgrad einer großen Anzahl von Bewässerungsanlagen im Südosten der USA betrug 1950 im Mittel 30%. Nach Angaben der FAO (Food and Agriculture Organization/Welternährungsorganisation) liegt der Wirkungsgrad in den Entwicklungsländern nur halb so hoch.

Städtische und industrielle Abwässer sind gekennzeichnet durch einen hohen Gehalt an chemischen Substanzen, organischer Materie oder auch Wärme. Der größte Teil dieser Abwässer kann gleichwohl durch eine Reihe von Verfahren *wiedergewonnen* werden, die von der Grundwasseranreicherung über Bodenfiltration bis zur Destillation reichen.

Die Meere enthalten mehr als 97% der gesamten Wasservorräte der Welt und sind damit für küstennahe Regionen eine unerschöpfliche Wasserquelle, wenn es gelingt, den Salzgehalt von 35‰ mit vertretbaren Kosten auf 0,25‰ (Trinkwasserstandard), 0,50‰ (Industrieansprüche, mittel) oder 2,00‰ (Landwirtschaft, salztolerante Kulturen) zu verringern und damit zusätzliches Süßwasser *neu zu gewinnen*. Für die Entsalzung steht eine ganze Reihe von Verfahren zur Verfügung. Trotz intensiver Arbeiten und technischer Fortschritte liegen die Kosten jedoch nach wie vor hoch. Für Betrieb und Amortisation werden für heute bereits bestehende Anlagen Werte zwischen 1,00 DM/m^3 und 7,00 DM/m^3 angegeben.

Zusammenfassend läßt sich sagen, daß es auch unter schwierigen Bedingungen immer möglich sein wird, den Wasserbedarf zu decken. Rationelle Bewirtschaftung des verfügbaren Dargebots, weitgehende Wassererhaltung, sparsame Nutzung, Mehrfachverwendung von Wasser und schließlich Meerwasserentsalzung sind Wege und Mittel, die Wasserversorgung zu sichern. Jede besondere Situation erfordert dabei entsprechende Lösungen, wobei eine Begrenzung letztendlich nur durch die Kosten gegeben ist.

Der Wasserbau

Für die Deckung des Wasserbedarfs aus dem natürlichen Wasserdargebot sind ausgleichende Baumaßnahmen erforderlich, da Bedarf und Dargebot nach Raum und Zeit unterschiedlich sind (s. Abb. 1). Diese Bauten dienen vor allem
– der Überwindung von Höhenunterschieden (Heben)
– der Überwindung von Entfernungen (Leiten, Verteilen)
– dem zeitlichen Ausgleich (Speichern).
Dazu kommen Baumaßnahmen für die Wasserkraftnutzung und Schiffahrt.

	Name	Fluß	Land	Baujahr	Typ
Höhe	Rogun h = 335 m	Vakhsh	UdSSR	(1985)	Erdsteinschütt-damm
Höhe	Nurek h = 300 m	Vakhsh	UdSSR	1980	Erddamm
Höhe	Grande Dixence h = 285 m	Dixence	Schweiz	1962	Gewichtsmauer
Damm-Volumen	New Cornelia Tailings 209 Mio. m³	Ten Mile Wash	USA	1973	Erddamm
Damm-Volumen	Tarbela 122 Mio. m³	Indus	Pakistan	1976	Erdsteinschütt-damm
Damm-Volumen	Fort Peck 96 Mio. m³	Missouri	USA	1940	Erddamm
Speicher-Volumen	Bratsk 169 Mrd. m³	Angara	UdSSR	1964	Erddamm/Gewichtsmauer
Speicher-Volumen	Assuan 164 Mrd. m³	Nil	Ägypten	1970	Erdsteinschütt-damm
Speicher-Volumen	Kariba 160 Mrd. m³	Sambesi	Sambia/Simbabwe	1959	Gewichtsbogen-mauer

Tabelle 7: Größte Talsperrenbauten und größte Speicherseen.

Bauwerke und Systeme zur Hebung, Leitung, Verteilung und Speicherung von Wasser sowie für die Schiffahrt und die Wasserkraftnutzung sind bereits seit mehr als 5000 Jahren geplant und gebaut worden (s. Abb. 3, 6) Neu ist im 20. Jahrhundert, parallel zur Zunahme der Weltbevölkerung und zur wirtschaftlichen Entwicklung, daß die Anzahl und die Abmessungen der Wasserbauten bisher ungeahnte Größenordnungen erreicht haben. Grundlage für diese Entwicklung waren die großen Fortschritte in den Natur- und Ingenieurwissenschaften (Bodenmechanik, Strömungsmechanik, Statik, Dynamik, Festigkeitslehre), die eine zuverlässige Berechnung dieser Bauwerke ermöglichten.

Die *Wasserhebung* begann vor Jahrtausenden mit dem einfachen Schöpfen des Wassers und entwickelte sich über den Einsatz mechanischer Hebemaschinen bis hin zu modernen Groß-Pumpwerken. Für die Wasserversorgung von Stuttgart werden heute beispielsweise aus dem Bodensee bis zu $9{,}0\,\text{m}^3/\text{s}$ Wasser auf eine Höhe von 312 m gepumpt, und die 4 Pumpen des Speicherwerkes Hotzenwald (Hornberg-Stufe) im südlichen Schwarzwald vermögen 144 m^3/s zu leisten (Pumphöhe 626 m). Die beiden größten Pumpstationen im Rahmen des California Water Plan fördern 370 m^3/s auf 30 m Höhe und 116 m^3/s auf 587 m Höhe.

Für regionale und überregionale *Wasserüberleitungen* sind Tunnel und Kanäle gebaut worden, deren Leistungsvermögen die mittlere Wasserführung großer deutscher Flüsse erreicht (Weser 300 m^3/s, Elbe 730 m^3/s).

In Tabelle 7 sind die größten bisher zur *Wasserspeicherung* gebauten Talsperren und die größten künstlichen Seen zusammengestellt. Die Volumina der 3 größten Talsperrenseen Bratsk, Assuan und Kariba liegen dabei jeweils in der Größenordnung des Bodenseeinhalts, und das Schüttvolumen des Dammes New Cornelia Tailings entspricht dem Stauraum der größten deutschen Talsperren Schwammenauel (205 Mio. m^3) und Eder (202 Mio. m^3). Die höchsten deutschen Talsperren sind Schwammenauel (Eifel) und Oker (Harz) mit je 73 m Höhe. Während in Europa und in Nordamerika bereits eine gewisse Sättigung eingetreten ist (die meisten günstigen Sperrenstellen sind bereits genutzt), nimmt die Zahl der Talsperrenbauten in den anderen Erdteilen überproportional zu.

Wasserkraftwerke besitzen im Vergleich zu Wärmekraftwerken (Öl, Kohle, Erdgas, Uran) den Vorteil, daß sich ihr Potential im Rahmen des hydrologischen Kreislaufs immer wieder erneuert und daß sie außerordentlich umweltfreundlich sind. Dem Ausbau der Wasserkräfte wird daher, wo immer möglich, Vorrang eingeräumt. Während es Länder gibt, die ihr verfügbares Wasserkraftpotential bereits zu mehr als 90 % ausgebaut haben (Frankreich, Schweiz), sind weltweit noch große Reserven vorhanden. Die Schätzungen gehen von einem ausbauwürdigen Wasserkraftpotential von 2200 Mio. kW (Tabelle 8) bis 3000 Mio. kW aus.

Wasserkraftpotential (Mio. kW)			
Region	ausbauwürdig	ausgebaut (1980)	%
Asien	610	53	9
Lateinamerika	432	34	8
Afrika	358	17	5
Nordamerika	356	129	36
UdSSR	250	30	12
Europa	163	96	59
Ozeanien	45	7	15
Welt	2214	363	17

Tabelle 8: Schätzung des Wasserkraftpotentials in der Welt (Mio. kW)

Wie bei den Talsperren, so sind auch bei den Abmessungen der Wasserkraftmaschinen und den Leistungen der Wasserkraftwerke in den letzten Jahrzehnten ungeahnte Größenordnungen erreicht worden. Es werden Fallhöhen von 1770 m genutzt (Pelton-Turbinen, Reisseck-Kreuzeck, Österreich), und die Leistungen von Einzelturbinen erreichen 600 000 kW (Francis-Turbinen, Grand Coulee, USA). Einzelne Kaplan-Turbinen vermögen Wassermengen von 300 m³/s zu verarbeiten, das ist ein Wasserstrom, der dem mittleren Abfluß im Unterlauf der Weser entspricht.

Die größten bestehenden Kraftwerke leisten 7,5 Mio. kW (Grand Coulee, USA) bzw. 6,0 Mio. kW (Krasnoyarsk, UdSSR). Im Bau befinden sich Kraftwerke von 12,6 Mio. kW (Itaipu, Brasilien/Paraguay) bzw. 10,0 Mio. kW Leistung (Guri, Venezuela). Auch das Werk Grand Coulee soll auf eine Gesamtleistung von 10,8 Mio. kW ausgebaut werden. Das größte deutsche Einzelwasserkraftwerk ist die Hornbergstufe des Hotzenwaldwerkes (Pumpspeicherwerk) mit 0,96 Mio. kW.

Der *Transport* von Gütern auf dem Wasserweg war, lange vor dem Beginn der geschriebenen Geschichte, sicher eine der frühesten Wassernutzungen durch den Menschen (s. Abb. 3). Seit dem Mittelalter (s. S. 167f) und insbesondere mit den zunehmenden Verkehrsansprüchen seit dem 18. Jahrhundert (s. S. 190f) ist das Binnenwasserstraßennetz (Flüsse, künstliche Schiffahrtskanäle) immer weiter ausgebaut worden. Ein großer Impuls auf die Binnenschiffahrt ging von der Erfindung der Dampfmaschine aus, die die Schiffsbewegung unabhängig vom Wind und von den Strömungen machte. Heute ist die Binnenschiffahrt (vor allem für den Transport von Massengütern) in vielen Ländern eine Ergänzung, oft eine Alternative und immer ein Konkurrent des Landverkehrs auf der Schiene und der Straße.

In der Bundesrepublik Deutschland führte die technische Weiterent-

		Bundesrepublik Deutschland	USA (a)	UdSSR
Streckennetzlänge	(km)	4 375	40 844	132 800
Mittlere Transportweite	(km)	236	506	490
Mittlere Verkehrsdichte	($10^3 \frac{\text{tkm}}{\text{km}}$)	9 234	4 897	708
Schiffahrtstage/Jahr (Durchschnitt)	(Tage)	325	325	200

(a) ohne Große Seen

Tabelle 9: Binnenschiffahrt in der Bundesrepublik Deutschland, den USA und der UdSSR.

	Bundesrepublik Deutschland		USA		UdSSR	
	Mrd. tkm	%	Mrd. tkm	% (a)	Mrd. tkm	%
Eisenbahnen	52,3	44,4	925	46,8	1429	86,7
Binnenschiffahrt	40,4	34,2	200[a]	10,1[a]	94	5,7
Straßengüterfernverkehr	22,1	18,8	481	24,4	84	5,1
Rohrfernleitungen	3,0	2,6	369	18,7	41	2,5
Zusammen:	117,8	100	1975	100	1648	100

(a) ohne Große Seen (dort $99 \cdot 10^9$ tkm)

Tabelle 10: Transportarbeit von Binnenverkehrsträgern in der Bundesrepublik Deutschland, den USA und der UdSSR.

wicklung und insbesondere die Einführung der Schubsysteme gegen Ende der fünfziger Jahre zu beträchtlichen wirtschaftlichen Erfolgen. Die Ladefähigkeit der Motorschiffe nahm von 300 t (1950) auf 900 t (1980) und die der Schubleichter von 830 t (1960) auf 1650 t (1980) zu. Heute liegt im Bundesgebiet der Anteil der Binnenschiffahrt an der gesamten Transportarbeit bei 25 %.

Einen Vergleich der Binnenschiffahrt in der Bundesrepublik Deutschland mit den USA und der UdSSR zeigen die Tabellen 9, 10. Bei den angegebenen Werten ist zu berücksichtigen, daß es sich jeweils um den Gesamtverkehr aller Nationalitäten auf den Verkehrswegen handelt. Während der Anteil von Binnenschiffahrt und Lkw-Verkehr auf den Territorien der USA und der UdSSR jeweils fast vollständig durch Fahrzeuge aus diesen Ländern erbracht wurde, sind bei den Zahlen für die Bundesrepublik die Fahrzeuge anderer Staaten wesentlich beteiligt. So trugen z. B. im Jahr 1981 Binnenschiffe unter deutscher Flagge nur 53,7 % der gesamten Transportarbeit auf deutschen Binnenwasserstraßen bei. (Die Vergleichszahlen der Tabellen 9 und 10 beziehen sich auf das Jahr 1960, das letzte Jahr, in dem zuverlässige Zahlen aus der UdSSR bekannt sind.)

V Wasserwirtschaft und Wasserbau
in der Bundesrepublik Deutschland

1. Allgemeines

Die vielfältigen Nutzungsansprüche der Gesellschaft an das Wasser als Stoff außerhalb des hydrologischen Kreislaufs und an die Gewässer in ihrem natürlichen Vorkommen (s. Abb. 2, 92) sind nur zu erfüllen auf der Grundlage einer klar formulierten staatlichen Wasserpolitik, einer entsprechenden Gesetzgebung, einer effizienten Verwaltung sowie einer engen Zusammenarbeit zwischen Behörden, Verbänden, Wirtschaft und Forschung.

Der Begriff *Wasserpolitik* schließt alle Maßnahmen der Regierung auf den verschiedenen Ebenen ein, die die Entwicklung und die Verteilung des Wasserdargebotes betreffen. Die Wasserpolitik ist dabei, im Gegensatz zur allgemeinen Wirtschaftspolitik, weniger von Märkten und Preisen beeinflußt, als vielmehr durch Gesetze und Verordnungen sowie durch Entscheidungen der Verwaltung, der Kommunen und der Wasserverbände. Die Bestrebungen der Wasserpolitik können grundsätzlich nicht isoliert werden, sie hängen eng mit anderen gesellschaftspolitischen Zielsetzungen zusammen. Mittel einer staatlichen Wasserpolitik ist dabei eher die Programmierung der wasserwirtschaftlichen Institutionen, als die Programmierung (in technischem Sinne) des Wasserdargebotes selbst. Sie umfaßt die Aufstellung von

– Grundsätzen (Gesetzen) für die Wasserentwicklung (Nutzung des Wasserdargebotes) und von
– Grundsätzen (Gesetzen) für die Wasserverteilung (Deckung des Wasserbedarfs).

Die Grundfrage bei der Bedarfsdeckung ist die der Priorität bei beschränktem Wasserdargebot. Ihre Beantwortung hängt in hohem Maß von den örtlichen Bedingungen ab. In jedem Fall hat jedoch die Bereitstellung von Trinkwasser (kommunale Wasserversorgung) unbedingten Vorrang. Für weitere Nutzer (Landwirtschaft, Schiffahrt, Naturschutz, Energieerzeugung, Industrie usw.) müssen durch die Verwaltung sowie durch die örtlichen Wasserversorgungsverbände Prioritäten gesetzt werden (und falls erforderlich immer wieder revidiert werden), die von der angestrebten kommerziellen, volkswirtschaftlichen und gesellschaftlichen Entwicklung des betreffenden Raumes abhängen.

2. Wasserrecht, Wasserverwaltung

Die immer größer werdenden Ansprüche an das Wasser erfordern eine staatliche Lenkung der Wasserwirtschaft, die ihren Ausdruck in der öffentlich-rechtlichen Natur der modernen Wassergesetzgebung findet. Das Wasserrecht umfaßt alle zur rechtlichen Ordnung der Wasserwirtschaft erlassenen Vorschriften. Es gehört fast ausschließlich dem Öffentlichen Recht an.

Das Grundgesetz gibt in Art. 75, Nr. 4 dem Bund die Befugnis, Rahmenvorschriften über den Wasserhaushalt zu erlassen. Das ist durch die Verabschiedung des Gesetzes zur Ordnung des Wasserhaushaltes (WHG) vom 27. 7. 1957 (einschließlich einiger späterer Änderungen) erfolgt. Um den vom WHG geschaffenen Rahmen auszufüllen und auch die dort nicht behandelten Materien landeseinheitlich zuordnen, sind in allen Bundesländern eigene Wassergesetze erlassen worden.

Das WHG sucht die Ordnung des Wasserhaushaltes vor allem dadurch herbeizuführen, daß es die Benutzung der Gewässer von einer behördlichen Zulassung abhängig macht. Unter ‹Benutzung› sind dabei u. a. zu verstehen:
– der Aufstau oder die Absenkung des Wasserspiegels,
– die Ableitung von Wasser,
– das Einbringen von Fremdstoffen,
– das Entnehmen von Feststoffen (Sand, Kies, Schilf usw.) und
– alle Maßnahmen, die schädliche Veränderungen der physikalischen, chemischen oder biologischen Beschaffenheit des Wassers herbeiführen.

Zur Sicherung einer geordneten Nutzung des Wasserdargebots wurde neben den vorstehend genannten Bundes- und Landesgesetzen eine Reihe von weiteren Vorschriften erlassen:

Das *Abwasserabgabengesetz* (AbwAG) vom 13. 9. 1976, das am 1. 1. 1978 in Kraft trat, verpflichtet für das Einleiten von Abwasser in ein Gewässer zur Zahlung einer Abgabe, die sich grundsätzlich nach der Schädlichkeit des Abwassers unter Zugrundelegung der Abwassermenge richtet. Das AbwAG soll eine flankierende Maßnahme im Interesse des Gewässerschutzes zum Instrumentarium des sogenannten klassischen Wasserrechts (WHG und Landeswassergesetze) darstellen.

Das *Wassersicherstellungsgesetz* vom 24. 8. 1965 ist auf Artikel 73 Nr. 1 des Grundgesetzes (Verteidigung) gestützt und bezweckt, im Verteidigungsfall das Funktionieren der Wasserwirtschaft in lebenswichtigem Umfang sicherzustellen.

Das *Abfallbeseitigungsgesetz* vom 7. 6. 1972 in der Fassung vom

5. 1. 1977 regelt, wie Abfälle zu beseitigen sind und enthält vor allem organisatorische und verfahrensrechtliche Vorschriften.

Das *Waschmittelgesetz* vom 20. 8. 1975 nimmt schon bei der Herstellung und der Einfuhr auf die Zusammensetzung der Wasch- und Reinigungsmittel im Interesse des Gewässerschutzes Einfluß.

Das *Altölgesetz* in der Fassung vom 11. 12. 1979 hat zur Aufgabe, mit finanziellen Maßnahmen die wirtschaftliche Sicherung der Altölbeseitigung und die Überwachung des Verbleibs von Altöl zu gewährleisten. Auch das geschieht im Interesse der Gewässerreinhaltung.

Zu den Vorschriften, die u. a. ebenfalls dazu dienen, mögliche Gefahren für den Wasserhaushalt schon im Vorfeld des eigentlichen Wasserrechts zu begegnen, gehören ferner das *Raumordnungsgesetz*, das *Bundesbaugesetz,* das *Atomgesetz,* die *Strahlenschutzverordnung,* die *Verordnung über brennbare Flüssigkeiten* und die *Vorschriften über den Transport gefährlicher Güter.*

Die Verwaltungskompetenz auf dem Gebiet der Wasserwirtschaft liegt bei den Ländern. Grundsätzlich sind dabei zwei große Tätigkeitsbereiche zu unterscheiden:
– die Lenkung und Ordnung des Wasserhaushalts
– die Bautätigkeit.

Die Lenkung und Ordnung des Wasserhaushalts erfolgt über wasserwirtschaftliche Rahmenpläne. Die bauliche Tätigkeit (Planung, Bauausführung, Finanzierung, Betrieb, Unterhaltung) umfaßt im allgemeinen die Gebiete Wasserregelung (Flußbau, Küstenschutz, Bodenverbesserung, Wasserspeicherung, Energiegewinnung), Wasserversorgung (Trink- und Brauchwasser) sowie Abwasserbeseitigung (Reinigung, Abführung, landwirtschaftliche Verwertung). Neben dem Staat können sich auch kommunale Selbstverwaltungen sowie Wasser- und Bodenverbände mit wasserwirtschaftlichen Belangen befassen. Die Verbände sind Körperschaften öffentlichen Rechts und werden, räumlich begrenzt, für die Erfüllung wasserwirtschaftlicher Aufgaben im Rahmen der staatlichen Gesetzgebung gegründet.

3. Wasserversorgung

Kommunen

Der Wasserbedarf der Gemeinden setzt sich aus den häuslichen, öffentlichen und gewerblichen Wasseransprüchen zusammen. Die Bedarfsziffern streuen von Gemeinde zu Gemeinde außerordentlich stark, je nach Klima, Einwohnerzahl, Qualität und Quantität des verfügbaren

Wassers, Wasserkosten, Lebensstandard und Haustierhaltung (in ländlichen Gemeinden). Spezifische Bedarfswerte liegen in der Bundesrepublik Deutschland im Jahresmittel zwischen 50 l je Einwohner und Tag (ärmere ländliche Orte) und 300 l/(E · d) (Großstädte). Der mittlere Bedarf der Haushalte, des Kleingewerbes und der öffentlichen Einrichtungen betrug 1982 137 Liter pro Einwohner und Tag, das sind jährlich 3 Mrd. m³. Bis zum Jahr 2000 wird eine Steigerung auf 219 l/(E·d) und bis zum Jahr 2010 auf 245 l/(E·d) erwartet (Wasserversorgungsbericht, 1982).

Die öffentliche Wasserversorgung gewährleisten zur Zeit rund 7300 Unternehmen mit unterschiedlichen Rechtsformen. 1979 waren bereits 97,3 % der Bevölkerung an öffentliche Netze angeschlossen. Bemerkenswert ist dabei, daß rund 60 % des gesamten Wasseraufkommens der öffentlichen Versorgung von nur 75 Unternehmen (das sind 1 % aller Werke) aufgebracht werden. Es handelt sich dabei um Unternehmen, die ihren Standort in städtischen Ballungsgebieten haben und entsprechende Kapazitäten auf sich vereinen.

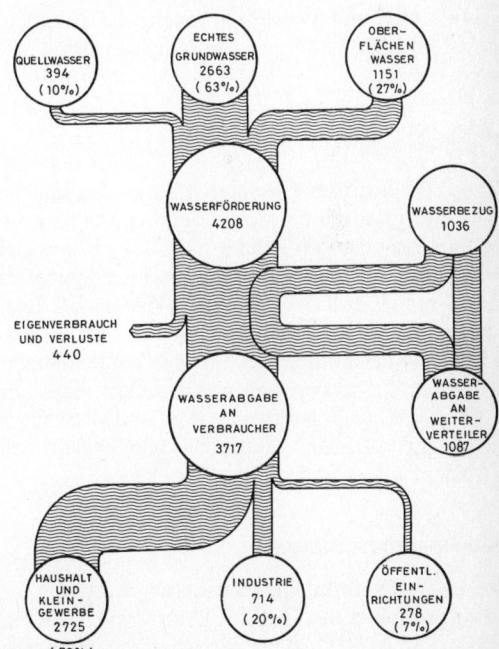

96: Wasserflußbild der öffentlichen Trinkwasserversorgung in der Bundesrepublik Deutschland im Jahr 1982 (Angaben in Mio. m³).

Im Rahmen der gesamten öffentlichen Wasserversorgung (einschl. Industriebetriebe) wurden im Jahr 1982 insgesamt 4,2 Mrd. m³ gefördert, davon 2,6 Mrd. m³ aus echtem Grundwasser, 451 Mio. m³ aus angereichertem Grundwasser, 394 Mio. m³ aus Quellwasser, 267 Mio. m³ aus Uferfiltrat und 433 Mio. m³ aus Flüssen, Seen und Talsperren (Abb. 96).

Industrie

Der Wasserbedarf der Wirtschaft in der Bundesrepublik Deutschland hat in den letzten Jahren nur unwesentlich zugenommen. 48 626 erfaßte Betriebe haben 1979 rund 37,4 Mrd. m³ Wasser benötigt, davon 81 % als Kühlwasser. Bemerkenswert ist die Zunahme der Eigengewinnung von Wasser auf rund 91 % des Gesamtbedarfs im Jahr 1979. Dabei wird Kühl- und Kesselspeisewasser durch Kreislaufführung mehrfach genutzt.

In vielen Industriebetrieben sind in den vergangenen Jahren Anstrengungen unternommen worden, den Wasserbedarf zu reduzieren. Das Wasser wird dabei in betriebsinternen Kreisläufen geführt, in denen das gebrauchte Wasser aufbereitet und wieder verwendet wird. Durch Frischwasser sind dann jeweils nur die Verluste (etwa 10 %) zu ersetzen.

Nach den vorliegenden Prognosen wird sich die Wassernutzung (Wassergebrauch und Wasserverbrauch) der Industrie von 37,4 Mrd. m³ im Jahr 1979 auf 66,3 Mrd. m³ im Jahr 2010 erhöhen (Wasserversorgungsbericht, 1982).

Landwirtschaft

In der Landwirtschaft zeigt sich die Bedeutung des Wassers für Mensch, Tier und Pflanzen besonders deutlich, da hier die Versorgungsbereiche eng miteinander verflochten sind. Neben dem täglichen Bedarf im Haus wird bei der Tierhaltung Tränk- und Reinigungswasser benötigt, und auf dem Feld dient das Wasser den Pflanzen als Transportmittel für die im Wasser gelösten Nährstoffe. Für die Lebensfunktionen verbraucht die Pflanze dabei weniger als 5 % des aufgenommenen Wassers, der Rest wird über die Verdunstung an die Atmosphäre zurückgegeben.

Der jährliche Wasserbedarf der Landwirtschaft lag 1965 in der Größenordnung von 1,3 Mrd. m³. Für das Jahr 2000 wird eine Steigerung auf rund 3 Mrd. m³ erwartet.

Abwasserbeseitigung

Industrie, Gewerbe und Haushalte geben rund 80 % des genutzten Wassers in verminderter Qualität (Abwasser) wieder in das Gewässernetz zurück (s. Abb. 2, 93). Landwirtschaftlich genutztes Wasser fließt zu rund

25 % wieder in das Grundwasser und in die Flüsse zurück. Menge und Art der in den hydrologischen Kreislauf zurückgeleiteten Abwässer und der Grad der Vorbehandlung sind so auf die natürlichen Abflüsse und das Selbstreinigungsvermögen der Gewässer abzustimmen, daß deren biologisches und chemisches Gleichgewicht erhalten bleibt. Der Zustand und die Entwicklung der Gewässerbelastung wird von den zuständigen Wasserbehörden der Länder laufend überwacht.

Die erforderliche Reinigung der industriellen und häuslichen Abwässer erfolgt nach Maßgabe der Gesetze (s. S. 215f) in Kläranlagen. Je nach Art und Zusammensetzung der Abwässer wird die Reinigung mechanisch, biologisch oder physikalisch-chemisch durchgeführt:
- Mechanische Reinigung: Entfernung von Schwimmstoffen und absetzbarem Material.
- Biologische Reinigung: Oxydation und Stabilisierung von nicht absetzbaren und kolloidalen Feststoffen sowie von gelösten organischen Stoffen durch Mikroorganismen unter Mitwirkung von Sauerstoff.
- Physikalisch-chemische Reinigung: Abbau problematischer Stoffe (z. B. Stickstoff- und Phosphorverbindungen, Schwermetalle, Salze), die weder mechanisch noch biologisch erfaßt werden können.

Im öffentlichen Bereich wurden in der Bundesrepublik zwischen 1971 und 1981 14 Mrd. DM für den Bau von Kläranlagen und 25 Mrd. DM für den Bau von Kanalisationen investiert. Es wird geschätzt, daß bis 1990 weitere 40 Mrd. DM für die Abwasserreinigung aufgewendet werden müssen (BMI, 1984). Heute sind bereits 80 % der Bundesbürger an öffentliche Kläranlagen angeschlossen (1963: 40 %). Die Abwässer von 70 % der Bundesbürger werden dabei biologisch gereinigt (1963: 10 %). Der Großteil der für den Ausbau der Abwasserbeseitigung notwendigen Mittel wurde dabei von den Kommunen aufgebracht.

Wie Bund, Länder und Kommunen hat auch die Industrie in den vergangenen Jahren erhebliche Anstrengungen unternommen, die Belastung der Gewässer durch den verstärkten Ausbau von Kläranlagen sowie durch die Einführung neuer Produktionsverfahren zu verringern. Allein die chemische Industrie hat zwischen 1974 und 1980 2,2 Mrd. DM für den Bau von Kläranlagen aufgewendet, mit Betriebskosten von 6,2 Mrd. DM im gleichen Zeitraum (BMI, 1984). Zur Zeit wird von der gesamten Industrie jährlich etwa 1 Mrd. DM für Gewässerschutz investiert.

Durch die Gewässerschutzmaßnahmen der Industrie und der Gemeinden sowie von Bund und Ländern hat sich die Gewässergüte in der Bundesrepublik Deutschland seit Mitte der siebziger Jahre im Mittel um fast 2 Güteklassen verbessert. Bis Ende der achtziger Jahre ist es durchaus möglich, daß für alle Gewässer die Güteklasse II («mäßig belastet») er-

reicht wird. Das Bemühen wird sich dabei in erster Linie auf die ‹proble-
matischen Stoffe› (z. B. Blei, Quecksilber, Cadmium, organische Chlorverbindungen) konzentrieren (BMI, 1984). Voraussetzung für eine Fortsetzung der positiven Entwicklung ist dabei, daß die Bundesländer auf
der Basis der gesetzgeberischen Grundlagen (s. S. 215f) die erforderlichen Durchführungsgesetze erlassen und die Vollzugsbehörden das neue
Instrumentarium konsequent anwenden.

4. Wasserkraftnutzung

Der Energiebedarf der Bundesrepublik Deutschland wurde 1983 aus folgenden Primärenergiequellen gedeckt (Blind, 1983):

43% Erdöl	6% Kernkraft
21% Steinkohle	3% Wasserkraft
15% Erdgas	1% Sonstiges
11% Braunkohle	

An der Versorgung mit elektrischem Strom hat die Wasserkraft zwar
einen größeren Anteil, liegt jedoch immer noch unter 10%:

35% Steinkohle	8% Wasserkraft (davon 1/3
25% Braunkohle	Import)
18% Kernkraft	3% Heizöl
10% Erdgas	1% Sonstiges

Daß die Wasserkraft bei der Energieversorgung der Bundesrepublik eine
nur untergeordnete Rolle spielt, liegt daran, daß das verfügbare Wasserkraftpotential sowohl absolut als auch auf die Bevölkerung bezogen nur
gering ist (Tabelle 11).

	Ausbauwürdiges Potential Mio. kWh	Potential je Einwohner kWh/E	Bereits ausgebaut
Norwegen	130000	35000	60%
Frankreich	63000	1300	>90%
Italien	63000	1200	90%
Schweiz	30000	5500	>90%
BR Deutschland	21000	350	80%
Großbritannien	6000	105	90%

Tabelle 11: Wasserkraftpotential einiger europäischer Länder (Mio. kWh).

An den deutschen Flüssen sind heute 175 größere und mittlere Laufwasserkraftwerke (Kraftwerke ohne Wasserspeicherung) in Betrieb, die in einem Regeljahr 14 Mrd. kWh elektrische Energie erzeugen. Dazu kommen noch rund 400 kleine Anlagen, die dezentral zur Energieversorgung beitragen (etwa 1,5 Mrd. kWh). Darüber hinaus erzeugen Kraftwerke an 30 Talsperren mit einem Gesamtspeichervolumen von 1,3 Mrd. m³ zusammen rund 1 Mrd. kWh.

Die täglichen Spitzen des Energiebedarfs werden durch Pumpspeicherwerke gedeckt, die nachts mit billiger Überschußenergie Wasser in hochgelegene Becken pumpen und die so gespeicherte Energie dann zu Spitzenzeiten am Tage wieder ins Netz zurückgeben (2,4 Mrd. kWh).

Eine Steigerung der deutschen Energieversorgung aus Wasserkraft ist nur begrenzt möglich, da bereits rund 80 % des verfügbaren Potentials genutzt sind.

Ein weiterer Ausbau des verbleibenden (und wirtschaftlich vergleichsweise unattraktiven) Anteils wird auch erschwert durch die relativ hohen Kosten und den wachsenden Widerstand der immer umwelt- und landschaftsbewußter werdenden Bevölkerung gegen größere Eingriffe in die Natur.

5. Schiffahrt

Flüsse und ihre Täler haben seit Anbeginn der Geschichte die Hauptverkehrslinien zwischen Siedlungen und zwischen Staaten vorgezeichnet. Da es für Reise und Transport gleich leistungsfähige Alternativen nicht gab, bildeten die natürlichen Flüsse, ergänzt durch Kanäle, bis ins 19. Jahrhundert hinein die hauptsächlichen Adern des Handels und Verkehrs. Eine Konkurrenz erwuchs den Wasserwegen erst im ausgehenden 19. und im 20. Jahrhundert durch das neu entstehende Eisenbahnnetz und durch den Ausbau der Straßen. In neuerer Zeit sind noch Rohrleitungen als Transportmittel, insbesondere für Öl, dazugekommen. Im Güterfernverkehr (Abb. 97) in der Bundesrepublik Deutschland entfielen 1981 auf die Binnenschiffahrt 24,4 %, die Eisenbahn 30,3 %, den Straßentransport 39,2 % und auf Ölleitungen 6,1 % der geleisteten Tonnenkilometer (tkm).

Das deutsche Binnenschiffahrtsnetz (die Bundeswasserstraßen) setzte sich 1983 zusammen aus 1093 km Schiffahrtskanälen und 4169 km schiffbaren Flüssen (BMV, 1983).

Die deutsche Binnenflotte bestand 1982 aus 3496 Einheiten (Güterschiffe, Schubleichter und Schubkähne) mit einer Tragfähigkeit von 3,5 Mio. t. Sie leistete im gleichen Jahr insgesamt 33 165 Mio. tkm, darunter 25 813 Mio. tkm auf deutschen Wasserstraßen, das sind 52,3 % der

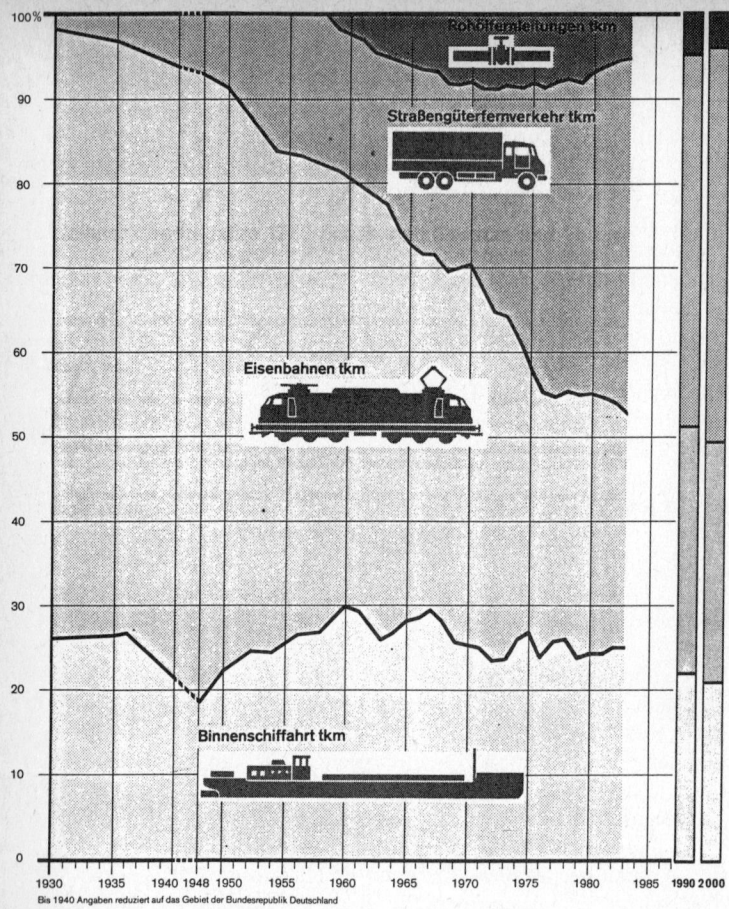

97: Anteil der Hauptverkehrsträger am binnenländischen Güterfernverkehr.

Gesamtverkehrsleistungen (einschließlich der Schiffe unter ausländischer Flagge) im deutschen Binnenschiffahrtsnetz.

Bemerkenswert ist, daß von dieser Transportleistung rund 2/3 der Verkehrsleistungen auf den Rhein entfallen. So liegen auch drei Rheinhäfen mit ihrem Güterumschlag (1982) an der Spitze der Liste der deutschen Binnenhäfen:

Duisburg   39,1 Mio. t
Köln   12,0 Mio. t

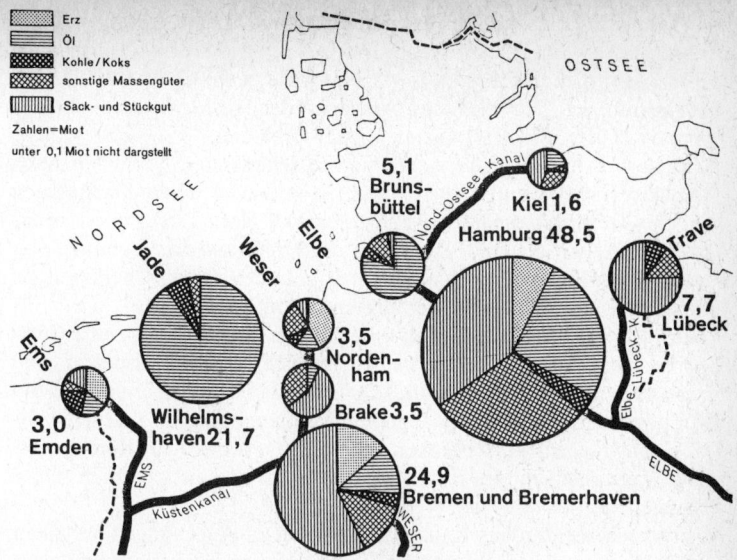

98: Güterumschlag (Seeschiffe) in den größeren deutschen Seehäfen.

Karlsruhe	10,5 Mio. t
Hamburg	9,2 Mio. t
Mannheim	8,4 Mio. t
Ludwigshafen	7,8 Mio. t
Berlin (West)	7,7 Mio. t
Bremen	6,1 Mio. t
Frankfurt	5,9 Mio. t

Die bundesdeutschen Seeschiffahrtsreedereien verfügten 1984 über 419 Handelsschiffe unter deutscher Flagge mit zusammen rund 5 Mio. BRT. Den Güterumschlag in den größeren deutschen Seehäfen zeigt Abb. 98.

6. Hochwasserschutz

In den Flußtälern besteht neben dem Zwang zur Deckung der Wasseransprüche der verschiedenen Nutzer auch die Notwendigkeit des Schutzes von Leben und Eigentum gegen exzessive Wassermengen sowie andere inhärente Risiken des Flußregimes wie Erosion, Geschiebe-

223

ablagerungen, Eisgang, Flußverwilderungen und Laufverlegungen. Da in der Bundesrepublik Deutschland mit ihrer großen Bevölkerungsdichte die Flußtäler dicht besiedelt und intensiv genutzt sind, gehört der Hochwasserschutz zu den wichtigsten Aufgaben der Wasserwirtschaftsbehörden und der öffentlich-rechtlichen Wasserverbände.

Zur Vermeidung oder Verringerung von Schäden und Verlusten durch Hochwasser sind grundsätzlich Kontroll- und/oder Schutzmaßnahmen möglich. Kontrollmaßnahmen sind offensiver Natur, sie greifen in das Abflußgeschehen ein und verringern die Höhe und das Volumen von Hochwasserspitzen. Schutzbauten haben rein defensiven Charakter, sie verändern das natürliche Wasseraufkommen nicht.

Hochwasserkontrollmaßnahmen beinhalten grundsätzlich eine Speicherung, d. h. einen Rückhalt der Hochwasserspitzen. Talsperren sind permanente Speicher, die die zurückgehaltenen Hochwasserabflüsse erst in abflußarmen Zeiten wieder abgeben, d. h. langfristig ausgleichend wirken. Hochwasserrückhaltebecken nehmen dagegen die Hochwasserspitzen nur kurzfristig auf, ihr Einstaubereich kann landwirtschaftlich extensiv genutzt werden (Wiesen, Weiden).

Talsperren werden aus Kostengründen nur in Ausnahmefällen allein für den Hochwasserschutz errichtet. Schutz gegen Überschwemmungen im Unterlauf ist meist nur ein willkommener Nebeneffekt von Speicherbauten für andere Zwecke (Tabelle 12). Abb. 99 zeigt als Beispiel die ausgleichende Wirkung (die Hochwasserkontrolle) der Okertalsperre auf den Abfluß der Oker.

Hochwasserrückhaltebecken als wirksame und wirtschaftliche Mittel zum Hochwasserschutz sind in den letzten Jahrzehnten in Deutschland in großer Zahl gebaut worden. Diese temporären Speicher können entwe-

Talsperre	Speicherung (Mill. m^3)	Zweck
Schwammenauel	205	W, E, H
Eder	202	R, E, H
Foggensee	165	E, H
Bigge	150	E, H
Möhne	135	R, E, H
Dhünn	81	W, E, H
Sorpe	70	R, E, H
Oker	47	R, E, H

(W = Wasserversorgung, R = Abflußregulierung, E = Energieerzeugung, H = Hochwasserschutz)

Tabelle 12: Größte deutsche Talsperren.

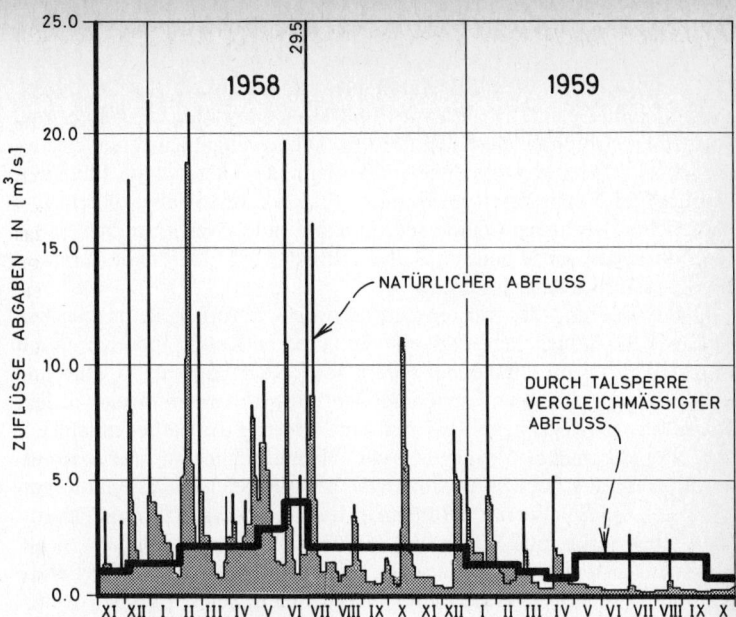

99: Ausgleichende Wirkung der Okertalsperre auf den natürlichen Abfluß der Oker.

der durch die Anlage von Dämmen direkt im Flußlauf geschaffen werden, oder als Becken oder Polder im Talgebiet neben dem eigentlichen Flußlauf. Oft wird im Becken ein ‹Dauersee› als permanente Wasserfläche zu Erholungszwecken erhalten.

Wenn die Hochwasserabflüsse nicht oder nicht ausreichend durch permanente oder temporäre Speicherung verringert werden können, sind rein defensive Maßnahmen gegen sonst unvermeidliche Überschwemmungen zu ergreifen (*Hochwasserschutz*). Eine Standardmaßnahme ist dabei der Bau von Deichen, die den eigentlichen Flußlauf in Abständen an beiden Seiten begleiten und so das überschwemmte Gebiet auf den flußnahen Bereich begrenzen. Allerdings muß in diesem Fall das Sicker-, Fremd- und Niederschlagswasser, das außerhalb der Deiche anfällt, über Pumpwerke in den Fluß gefördert werden. Zu den defensiven Maßnahmen gehört auch die Trennung der Hochwassermenge vom eigentlichen Abfluß durch Ableitung in Entlastungskanäle, Flutmulden oder Umleitungskanäle. Hochwasserfreilegungen durch Umleitungen werden meist zum Schutz von Siedlungen gebaut, wenn andere Kontroll- oder Schutzmaßnahmen nicht möglich sind.

7. Küstenschutz

Natürliche ungeschützte Küstenlinien (Strände, Steilufer) sind Küsten-strömungen, Gezeitenströmungen und Wellenangriffen ausgesetzt und verformen sich unter diesen Einflüssen. Die jeweilige Küstenlinie ist le-diglich eine Momentaufnahme im Verlauf der kurzzeitigen und/oder langfristigen Veränderungen. Extreme Fluten können dabei zu katastro-phalen Landverlusten (Zuidersee, Dollart, Jade, Westküste Schleswig-Holstein) oder, wie in jüngster Zeit, zu Schäden in Milliardenhöhe führen (Holland 1953, Hamburg 1962).

Die Bedeutung des Küstenschutzes wuchs naturgemäß im gleichen Maß wie die natürlichen Küstenlandschaften zu Kulturlandschaften mit großer Wohndichte, blühender Ferienindustrie, bedeutendem Verkehrs-umschlag (Seehäfen) und zunehmenden Industrieansiedlungen wurden. Die technischen Schutzmaßnahmen zur Sicherung des tiefliegenden Hin-terlandes haben heute die ehemals variable natürliche Land-Meer-Konfi-guration in eine neue, wasserbautechnisch festgelegte Küstenlinie ver-wandelt. Querbauwerke (Buhnen), Längsbauwerke (Strandmauern, Ufer-Deckwerke) und Vorspülungen (künstliche Sandzufuhr) zur Siche-rung der Küstenlinie sowie Deichbauten zum Schutz gegen Überflutun-gen sind die hauptsächlichen Schutzmaßnahmen. Seit der großen Sturm-flut in Hamburg am 16./17. Februar 1962 sind in der Bundesrepublik Deutschland jährlich rund 200 Mio. DM für den Küstenschutz aufgewen-det worden.

8. Zusammenfassung

Den Versuch einer Wasserbilanz für die Bundesrepublik Deutschland im Jahr 2000 hat Clodius (1974) unternommen (Abb. 100). Danach beträgt das Wasserdargebot:

Niederschlag	803 mm = 199 Mrd. m^3
Verdunstung:	404 mm = 100 Mrd. m^3
Oberflächenabfluß:	289 mm = 72 Mrd. m^3
Grundwasserabfluß:	110 mm = 27 Mrd. m^3
Zufluß von Oberliegern (Ausland):	80 Mrd. m^3

Der Wasserbedarf im Jahr 2000 liegt nach Clodius in den Größenord-nungen von:

Kommunen	27 mm = 6,7 Mrd. m^3
Landwirtschaft	12 mm = 3,0 Mrd. m^3
Industrie	95 mm = 24,6 Mrd. m^3
Insgesamt	134 mm = 34,3 Mrd. m^3

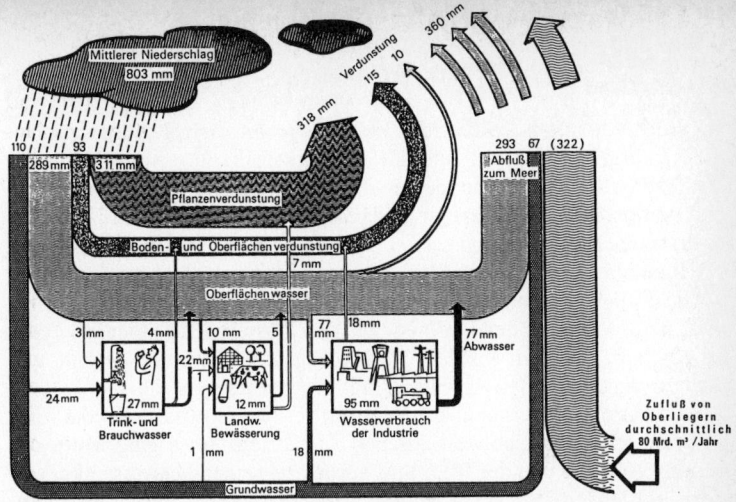

100: Schema des Wasserkreislaufs im Bundesgebiet im Jahr 2000, vereinfachte Darstellung.

34 Mrd. m³ Bedarf im Jahr 2000 stehen $72 + 80 = 152$ Mrd. m³ Oberflächenabfluß und 27 Mrd. m³ Grundwasserabfluß gegenüber. Wenn davon auch nur ein Bruchteil genutzt werden kann, so ist doch, rein mengenmäßig gesehen, die Wasserbilanz der Bundesrepublik Deutschland für die absehbare Zukunft positiv. Voraussetzung für eine volle Nutzung der Wasserreserven sind dabei jedoch umfangreiche Maßnahmen für
– einen regionalen Ausgleich des Dargebotes (Überleitungen)
– einen zeitlichen Ausgleich des Dargebotes (Speicherung)
– die Erhaltung der Wasserqualität (Wasserreinhaltung).

Im Haushaltsjahr 1983 wurden von der öffentlichen Hand (Bund, Länder) in der Bundesrepublik Deutschland insgesamt fast 7 Mrd. DM für wasserwirtschaftliche und kulturbautechnische Maßnahmen aufgewendet (Wasserwirtschaftsjahr 1983). Im einzelnen wurden investiert:

Landwirtschaft, Kulturtechnik	608 Mio. DM
Hochwasserschutz, Flußbau	844 Mio. DM
Trinkwasserversorgung	1055 Mio. DM
Kanalisation	2556 Mio. DM
Kläranlagen	1592 Mio. DM
Küstenschutz	200 Mio. DM
Gesamt	6855 Mio. DM

9. Die Wasserwirtschaft im Ruhrgebiet

Allgemeines

Das rechtsrheinisch-westfälische Industriegebiet, besser unter dem Namen Ruhrgebiet bekannt, umfaßt die stärkste Ballung von Siedlungen und Industrien in der Bundesrepublik Deutschland. Wasserverbrauch und Abwasseranfall liegen hier je Flächeneinheit siebenmal und im Kernraum achtzehnmal so hoch wie im Bundesdurchschnitt. Am Beispiel dieses Raumes soll gezeigt werden, wie es durch vorausschauende wasserwirtschaftliche Planung und zweckmäßige Wasserbauten möglich ist, auch unter schwierigsten Bedingungen den Wasserbedarf einer Industriegesellschaft aus dem lokalen Wasserdargebot heraus zu decken und gleichzeitig den großen Abwasseranfall zu beherrschen.

Der Steinkohlebergbau als wesentliche Antriebskraft für die Entwicklung des rheinisch-westfälischen Industriegebietes ging Mitte des 18. Jahrhunderts von der Ruhr aus, verlagerte seinen Schwerpunkt dann nach Norden ins Emschergebiet und dringt jetzt immer stärker ins Lippegebiet vor (Abb. 101). Im Emschergebiet konzentrieren sich mit der Kohle verbundene Industrien, besonders Stahl und Chemie, und die großen Städte. Das Einzugsgebiet der Ruhr wird vor allem durch eisenverar-

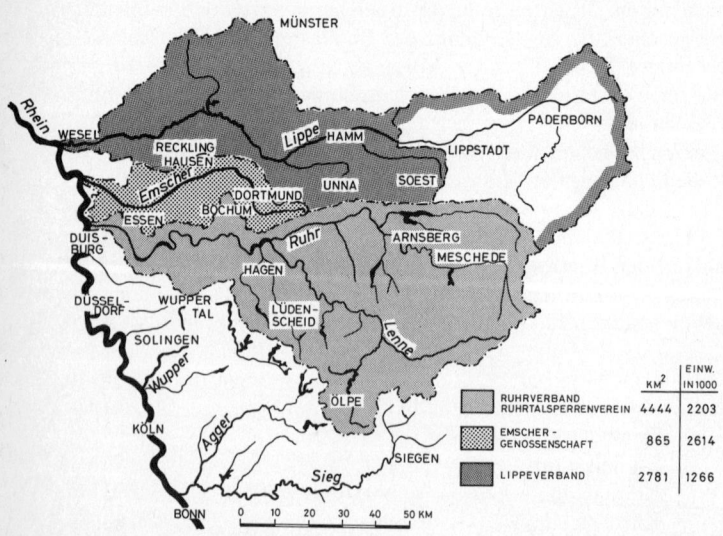

101: Wasserverbände im Ruhrgebiet.

228

beitende Industrien geprägt und das Lippegebiet durch große Chemiebetriebe, Kraftwirtschaft und Stahlverarbeitung (Annen, 1984).

Zur Sicherstellung der Wasserversorgung und der Abwasserbeseitigung wurden bereits um die Jahrhundertwende durch Sondergesetze Wasserverbände auf Genossenschaftsbasis gegründet und mit den Aufgaben der Wasserbeschaffung und der Abwasserreinigung betraut (s. Abb. 101):

Ruhrtalsperrenverein

Gründung:	1899 privatrechtlicher Verein
	1913 Körperschaft des öffentlichen Rechts
Zweck:	Wasserbeschaffung durch Talsperren und in besonders wasserknappen Zeiten auch aus dem Rhein
Mitglieder:	Wasserwerke und Triebwerksbesitzer

Ruhrverband

Gründung:	1913 Körperschaft des öffentlichen Rechts
Zweck:	Reinhaltung der Ruhr und ihrer Nebenflüsse
Mitglieder:	Diejenigen, die zur Verschmutzung beitragen

Emschergenossenschaft

Gründung:	1904 (durch preußisches Sondergesetz)
Zweck:	Regelung der Vorflutverhältnisse im Bereich der durch Bergbau abgesunkenen Flächen; Abwasserreinigung, um den Rhein nicht zu stark zu belasten
Mitglieder:	Bergwerke, andere gewerbliche Unternehmungen, Eisenbahnen, Gemeinden

Lippeverband

Gründung:	1926 (Lippegesetz)
Zweck:	Regelung der Vorflut; Abwasserreinigung, um die Wasserversorgung aus dem Lippewasser für Industrie und aus dem Grundwasservorkommen der Halterner Sande für Trinkwasserversorgung zu ermöglichen; Hochwasserschutz
Mitglieder:	Bergwerke, Gemeinden, gewerbliche Unternehmungen, Eisenbahnen, Bundesrepublik, Land Nordrhein-Westfalen

Wasserversorgung

Ursprünglich konzentrierten sich Kohleförderung und Stahlerzeugung im Tal der Ruhr, wo die Kohle an die Oberfläche trat und leicht zu gewinnen war. Das natürliche örtliche Grundwasserdargebot reichte hier bald nicht

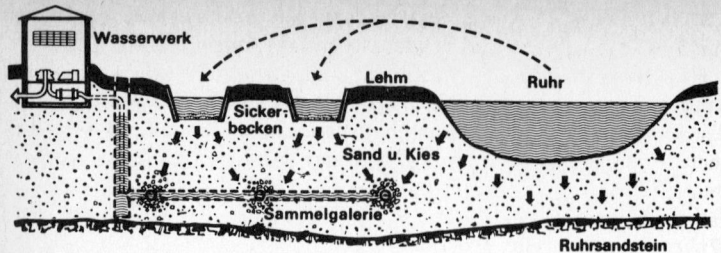

102: Schema der Wassergewinnung im Ruhrtal.

mehr aus, um den steigenden Bedarf zu decken. Man ging daher dazu über, das Grundwasser mit Ruhrwasser über Versickerungsbecken künstlich anzureichern, um es dem Untergrund nach entsprechender Verweilzeit als Trinkwasser wieder zu entnehmen (Abb. 102).

Obwohl sich Bergbau und Stahlerzeugung in der Folgezeit weiter nach Norden ausgedehnt haben, hat die Ruhr die Aufgabe, Trink- und Brauchwasser zu liefern, bis zum heutigen Tage behalten. Das mag zunächst überraschen, da doch in nicht allzu großer Entfernung der größte westeuropäische Strom, der Rhein, vorbeifließt. Für die Nutzung des Ruhrwassers spricht jedoch eine ganze Reihe von Gründen:

1. Das Ruhrtal ist von Natur aus durch seinen geologischen Aufbau besonders für die Trinkwassergewinnung geeignet.
2. Die Ruhr durchfließt den großen Wirtschaftsraum von Osten nach Westen. Ihr Wasser fällt in einer günstigen geodätischen Höhe an und kann durch verhältnismäßig kurze Rohrleitungen bei niedrigen Pumphöhen in die nördlich liegenden Versorgungsgebiete eingeleitet werden.
3. Die Qualität des Ruhrwassers ist der Qualität des Rheinwassers überlegen; es ist weniger verschmutzt und hat eine geringere Härte.

Die Ruhr besitzt ein Niederschlagsgebiet von 4488 km². Die Niederschlagshöhe liegt zwischen 800 mm (Ebene) und 1400 mm (Sauerland), im Durchschnitt bei 1030 mm. Das jährliche Wasserdargebot beträgt unter Berücksichtigung von Versickerung und Verdunstung rund 2,5 Mrd. m³ (mittl. Abfluß 78 m³/s). Jahreszeitlich bedingt ist die Wasserführung der Ruhr jedoch sehr ungleichmäßig. In langdauernden Trockenzeiten kann der Abfluß an der Ruhrmündung unter 3,5 m³/s absinken, während das höchste Hochwasser 2000 m³/s übersteigen kann. Eine derartige Spanne von 1:600 ist für mitteleuropäische Flüsse ungewöhnlich groß. Der für eine sichere Wasserversorgung notwendige Ausgleich zwischen wasserreichen und wasserarmen Zeiten kann unter diesen Bedingungen nur mit Hilfe von Talsperren erreicht werden.

Durch ein Gesetz des Preußischen Landtages vom 5.6.1913 wurde der Ruhrtalsperrenverein gegründet mit dem Auftrag, der Ruhr entzogenes Wasser zu ersetzen. In Wahrnehmung dieser Aufgabe hat der Verein zunächst den Bau kleinerer Talsperren unterstützt, in späteren Jahren den Bau größerer Talsperren selbst geplant und durchgeführt. Heute unterhält der Ruhrtalsperrenverein 14 Sperren mit einem Speicherraum von 471,1 Mio. m³ (Abb. 103). Im Einzugsbereich der Ruhr liegen damit 20 % des in der Bundesrepublik Deutschland vorhandenen Stauraumes.

Das Wasser aus den Talsperren wird dabei nicht in Rohrleitungen direkt zu den Versorgungsgebieten geführt, sondern in die Flußläufe abgegeben. Damit wird die vorhandene Wasserführung angereichert und gleichzeitig die Wasserqualität verbessert. Der Ruhrtalsperrenverein hat dabei für eine ausreichende Wasserführung in der Ruhr zu sorgen, während die Entnahme, die Aufbereitung und die Verteilung des Wassers Aufgaben der Wasserwerke sind. Die Wasserversorgung aus der Ruhr erfolgt also indirekt über die ‹fließende Welle› des Flußsystems.

Maßgebend für die Wasserabgabe aus den Talsperren ist der Abfluß an der Ruhrmündung. Unterschreitet die unbeeinflußte Wasserführung hier den Wert von 20,2 m³/s, dann beginnt der Ersatz für die Wasserentnahme durch Wasserzufuhr aus den Talsperren. Das vorhandene Talsperrensystem kann bei voller Verfügbarkeit auch bei anhaltenden extrem ungün-

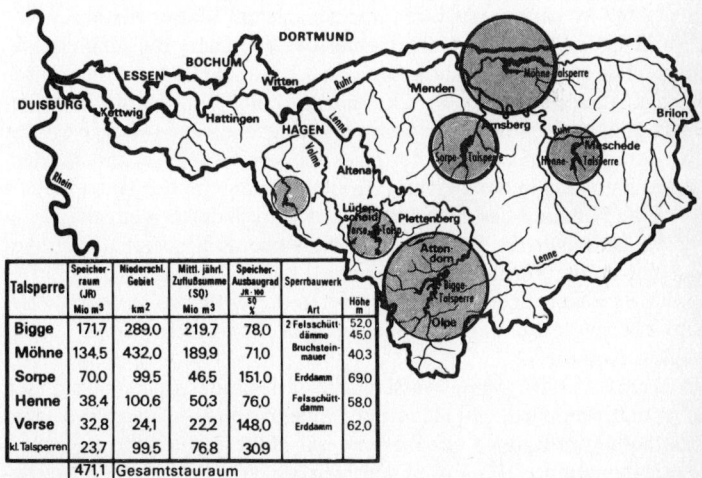

Talsperre	Speicherraum (JR) Mio m³	Niederschl. Gebiet km²	Mittl. jährl. Zuflußsumme (SQ) Mio m³	Speicher-Ausbaugrad JR : SQ %	Sperrbauwerk Art	Höhe m
Bigge	171,7	289,0	219,7	78,0	2 Felsschüttdämme	52,0 45,0
Möhne	134,5	432,0	189,9	71,0	Bruchsteinmauer	40,3
Sorpe	70,0	99,5	46,5	151,0	Erddamm	69,0
Henne	38,4	100,6	50,3	76,0	Felsschüttdamm	58,0
Verse	32,8	24,1	22,2	148,0	Erddamm	62,0
kl. Talsperren	23,7	99,5	76,8	30,9		
471,1	Gesamtstauraum					

103: Wasserspeicher des Ruhrtalsperrenvereins.

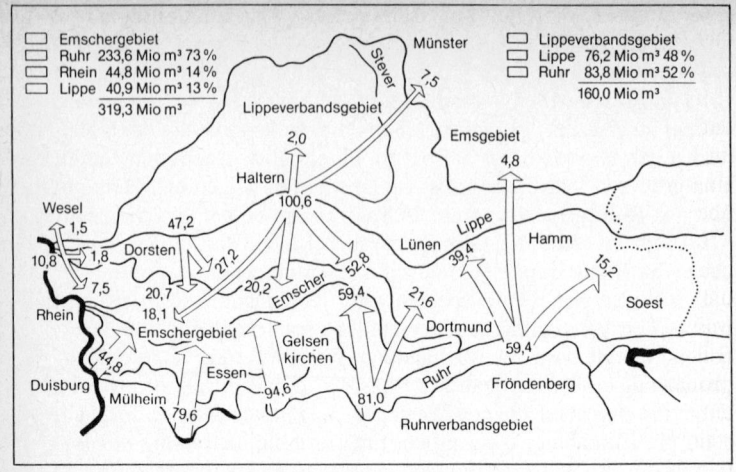

104: Wasserversorgung aus der Ruhr und aus dem Lippegebiet.

stigen Verhältnissen eine Entnahme von 15 m³/s abdecken bei Erhaltung einer Wasserführung von 12 m³/s an der Ruhrmündung.

Die Wasserentnahme aus der Ruhr liegt heute bei 1300 Mio. m³ jährlich. Davon werden 234 Mio. m³ ins Emschergebiet und 84 Mio. m³ ins Lippeverbandsgebiet übergeleitet (Abb. 104). Insgesamt werden aus der Ruhr 5 Mio. Menschen und ihre Arbeitsplätze mit Wasser versorgt.

Nördlich der Ruhr liegt das Gebiet der Emscher. Bei einer durchschnittlichen Niederschlagshöhe von 788 mm/Jahr beträgt die theoretisch nutzbare Wassermenge im Emschereinzugsgebiet 324 Mio. m³/Jahr. Der Bedarf übersteigt hier die theoretisch verfügbare Wassermenge um ca. 20%; darüber hinaus muß in der Emscher Abwasser abgeführt werden, das mengenmäßig in der gleichen Größenordnung wie der Wasserbedarf liegt. Eine Nutzung des Emscherwassers wird dadurch weitgehend unmöglich. Da wegen des Bergbaues für die Versorgung geeignetes Grundwasser nicht zur Verfügung steht, muß der Wasserbedarf der Industrie und der Bevölkerung im Emschergebiet im wesentlichen aus dem Überschuß der angrenzenden Flußgebiete gedeckt werden (Lippe, Ruhr, Rhein, s. Abb. 104).

Den größten natürlichen Wasserspeicher des Industriegebietes bilden die bis zu 200 m mächtigen Halterner Sande im Einzugsgebiet der Lippe. Sie enthalten im Bereich des Wasserwerks Haltern einen Grundwasservorrat von mehr als 1 Mrd. m³. Dabei wird mit zunehmendem Wasserbedarf auch Oberflächenwasser aus der Stever und dem Mühlenbach (nach

232

Zwischenspeicherung im Halterner See und in der Stevertalsperre) zur Grundwasseranreicherung herangezogen. Stever und Mühlenbach führen den beiden Halterner Seen jährlich im Mittel 236 Mio. m³ Wasser zu.

Wegen der Mächtigkeit der Halterner Sande beträgt die Aufenthaltsdauer des Wassers im Boden mit 6–8 Wochen ein Vielfaches der Zeiten im Ruhrtal. Vertikalbrunnen von 40 m bis zu 165 m Tiefe fördern heute eine jährliche Wassermenge von über 100 Mio. m³, mit der in 17 Städten über 1 Mio. Menschen sowie Industrie und Gewerbe versorgt werden.

Um den Wasserbedarf des nördlichen Ruhrgebietes langfristig zu sichern, wurde 1970 damit begonnen, das Netz der Schiffahrtskanäle für die Zuleitung von Wasser heranzuziehen. Als überdimensionale Fernwasserleitungen ermöglichen die Kanäle einen Verbund der Flüsse Lippe, Ruhr und Rhein. Es wird angestrebt, bis zu 350 Mio. m³ Brauchwasser pro Jahr für Industrie-, Gewerbe- und Wasserversorgungsunternehmen aus den Kanälen bereitzustellen und die Wasserführung der besonders stark genutzten Lippe aufzubessern. Zur Zeit werden den Kanälen jährlich rund 80 Mio. m³ Brauchwasser entnommen.

Der gesamte Wasserverbrauch des Ruhrgebietes wird heute aus dem Einzugsbereich der Lippe und aus dem der Ruhr gedeckt. Dabei fällt der Ruhr im wesentlichen die Trinkwasserversorgung, der Lippe und den Kanälen die Bereitstellung von Betriebswasser zu.

Wasserentsorgung

In den ersten Phasen des industriellen Aufschwungs und eines raschen Bevölkerungswachstums wurden die Abwässer auf dem kürzesten Weg in die vorhandenen Gewässer geleitet. Die Zunahme der aus der Industrie und den Städten anfallenden Abwässer zwang jedoch schon sehr früh zu einer großräumig geplanten und durchgeführten Erfassung, Reinigung und Ableitung.

Der *Ruhrverband* unterhält zur Zeit 118 Kläranlagen, die 385 Mio. m³ Abwasser von rund 2 Mio. Einwohnern und von Industriebetrieben reinigen (Abb. 105). Je nach den Eigenschaften der anfallenden Abwässer werden dabei

> 288 Mio. m³ biologisch gereinigt,
> 91 Mio. m³ mechanisch gereinigt und
> 6 Mio. m³ chemisch gereinigt.

Zur Ergänzung der Kläranlagen und um die Verschmutzungen im Verlauf der Ruhr abzubauen, die durch Mischwasserzuleitungen entstehen, wurden vom Ruhrverband vier Stauseen errichtet, der Baldeneysee, der Kemnader Stausee, der Harkortsee und der Hengsteysee. Durch die

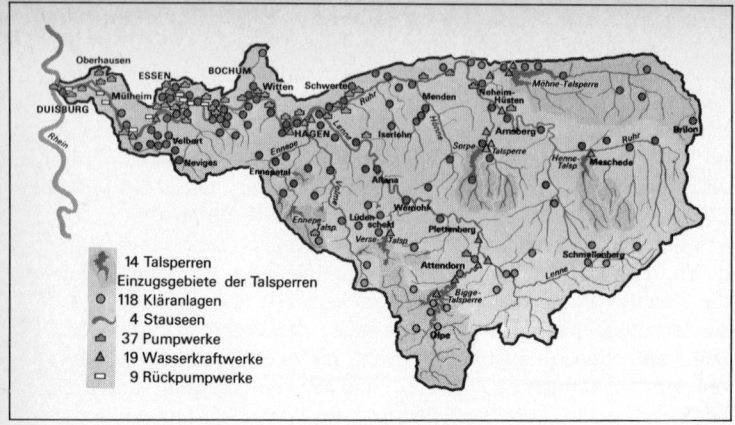

105: Wasserentsorgungsanlagen im Einzugsgebiet der Ruhr.

lange Verweildauer des Flußwassers in den Seen verringert sich die Fließgeschwindigkeit stark mit der Folge eines deutlichen Reinigungseffektes durch Absetzvorgänge und durch biologischen Abbau.

Sämtliche Maßnahmen an der Ruhr haben zur Folge, daß trotz der Einleitung von Abwässern und trotz der vielfältigen Belastung eine erträgliche Trinkwasserqualität des uferfiltrierten Ruhrwassers erreicht wird. Dies ist letztlich nur durch die Trennung der Funktionen ‹Wasserversorgung› aus der fließenden Welle der Ruhr und ‹Abwasserbeseitigung› über die Emscher möglich geworden.

Die wasserwirtschaftliche Situation im Einzugsgebiet der *Emscher* ist gekennzeichnet durch ein außergewöhnliches Zusammentreffen ungünstiger Randbedingungen:

– geringe natürliche Wasserführung,
– geringes Gefälle,
– starke Belastung durch Abwässer,
– Bergsenkungen durch den Kohleabbau.

Das Einbrechen der vom Bergbau hinterlassenen unterirdischen Hohlräume hat in den vergangenen 60 bis 70 Jahren in weiten Teilen des Emschergebietes zu Geländeabsenkungen in der Größenordnung von 20 m geführt. Unter diesen Bedingungen schied die andernorts übliche Sammlung der Abwässer in unterirdisch verlegten großen Rohren aus. Es bestand der Zwang, die Abwassermengen in das offene, natürliche Gewässernetz einzuleiten, das besser zugänglich und leichter auszubessern ist.

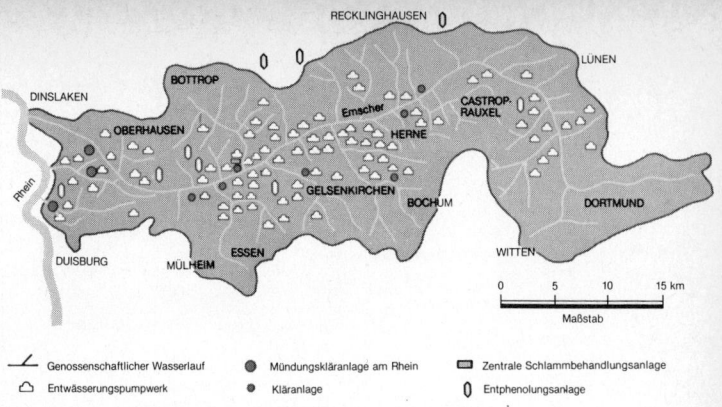

RECKLINGHAUSEN

LÜNEN

BOTTROP

DINSLAKEN

Emscher

CASTROP-RAUXEL

OBERHAUSEN

HERNE

Rhein

GELSENKIRCHEN

BOCHUM

DORTMUND

DUISBURG

MÜLHEIM

ESSEN

WITTEN

0   5   10   15 km

Maßstab

⌐ Genossenschaftlicher Wasserlauf   ● Mündungskläranlage am Rhein   ▭ Zentrale Schlammbehandlungsanlage

△ Entwässerungspumpwerk   ● Kläranlage   Ɣ Entphenolungsanlage

106: Wasserentsorgungsanlagen im Einzugsgebiet der Emscher.

Zunächst konnte durch Begradigung der Emscher und ihrer Nebenläufe ein natürliches Gefälle erhalten werden. Nachdem durch fortschrei-
tende Senkungen die noch vorhandenen Gefälleüberschüsse verbraucht
waren, mußten die Wasserläufe im Senkungsgebiet durch Aufschüttun-
gen hochgehalten und durch Deiche eingefaßt werden. Die umliegenden
Flächen sanken unter den Wasserspiegel der Emscher bzw. ihrer Nebenläufe ab und wurden zu Poldern. Diese Polderflächen wachsen ständig;
sie umfassen bereits mehr als ein Drittel (36 %) des 865 km^3 großen Einzugsgebietes der Emscher. Heute fördern mehr als 90 Pumpwerke mit
einer Gesamtleistung von 450 m^3/s das in den Poldergebieten anfallende
Abwasser und das Niederschlagswasser in die höher gelegenen Wasserläufe (Abb. 106).

Die Emscher bildet heute als zentraler Hauptwassersammler mit ihren
Nebenläufen ein zusammenhängendes Entwässerungsnetz von 365 km
Länge. Der überwiegende Teil der Abwässer wird unbehandelt in die Emscher eingeleitet. Lediglich größere Industriewerke betreiben Vorbe-
handlungsanlagen, in denen stark sauerstoffzehrende Bestandteile sowie
schwer abbaubare und giftige Rückstände beseitigt werden, u. a. organische Chlorverbindungen und Schwermetalle. Unterhalb von Dinslaken
wird dann die gesamte Emscher in das 1976 fertiggestellte Flußklärwerk
Emschermündung geleitet und biologisch gereinigt.

Auch die *Lippe* und ihre Nebenläufe durchziehen Bergbauzonen mit
absinkendem Gelände, in dem die Gewässer ihr natürliches Gefälle ver-
lieren und durch Vertiefen oder Heben (und Eindeichen) laufend regu-
liert werden müssen. Gebiete, die durch Bodensenkungen ihr natürliches

235

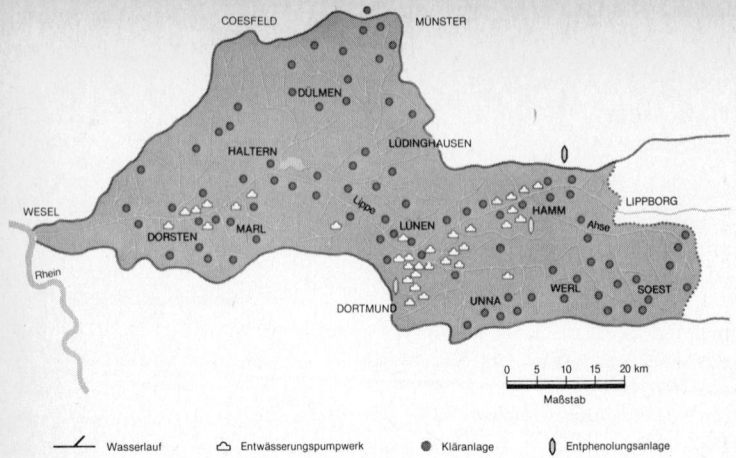

COESFELD MÜNSTER

DÜLMEN

LÜDINGHAUSEN

HALTERN

WESEL LIPPBORG

Lippe HAMM

DORSTEN MARL LÜNEN Ahse

Rhein

WERL SOEST

DORTMUND UNNA

0 5 10 15 20 km

Maßstab

⌐ Wasserlauf △ Entwässerungspumpwerk ● Kläranlage Ⓞ Entphenolungsanlage

107: Wasserentsorgungsanlagen im Einzugsgebiet der Lippe.

Gefälle verloren haben, machen bereits 9% des Lippeverbandsgebietes aus. Sie werden durch 34 Pumpwerke, die zusammen 140 m³/s zu fördern vermögen, gegen Überflutungen geschützt (Abb. 107). Die Schutzdeiche, die mit fortschreitender Absenkung immer weiter erhöht werden müssen, haben örtlich bereits 17 m Höhe erreicht (Deich in Hamm-Herringen).

Anders als bei der Emscher, die bewußt als Abwassersammler ausgelegt ist und bei der die Reinigung vorzugsweise auf den Rhein ausgerichtet ist, werden die Abwässer im Lippegebiet dezentral gereinigt, bevor sie in die Lippe oder ihre Nebenläufe gelangen. Die Abwässer von rund 1,2 Mio. Menschen sowie die gewerblichen und industriellen Abwässer werden in 86, meist biologischen, Kläranlagen behandelt.

Um die Aufnahmekapazität der Lippe für die Abwässer auch in abflußarmen Zeiten zu erhalten, werden dem Fluß in Trockenperioden bis zu 4,5 m³/s aus dem Datteln-Hamm-Kanal zugeleitet. Dem Kanalnetz wird diese Abgabemenge dann wieder durch Pumpwerke vom Rhein und von der Ruhrmündung her zugeführt.

Die Maßnahmen des Lippe-Verbandes haben bewirkt, daß eine gute Wasserqualität der Lippe und ihrer Nebenläufe gesichert ist. Bei den Flußregelungsarbeiten wurde großer Wert darauf gelegt, die Flüsse so weit wie möglich in ihrer ursprünglichen Gestalt als natürliche Glieder der Landschaft zu belassen und technische Elemente auf ein Minimum zu beschränken. Rückhaltebecken im oberen Einzugsgebiet verringern wir-

236

kungsvoll die Hochwassergefahren. An der Lippe ist es beispielhaft gelungen, technische Belange (Wassernutzung, Wasserschutz) mit landschaftlichen und ökologischen Forderungen abzustimmen.

Zusammenfassung

In keinem Bereich der Bundesrepublik Deutschland ballen sich Siedlungen und Industrie so stark zusammen wie im rechtsrheinisch-westfälischen Industriegebiet, und nirgendwo sind daher die wasserwirtschaftlichen Probleme so umfangreich und so komplex wie hier.

Durch die vorbildliche Arbeit von vier großen Wasserverbänden ist hier ein enges, aus den natürlichen Bedingungen und aus der Entwicklung des Gebietes gewachsenes Zusammenwirken von drei Flußgebieten erreicht worden. Die *Ruhr* und die *Lippe* liefern Trink- und Brauchwasser, und die *Emscher* übernimmt die Abführung problematischer Abwässer. Der Rhein und die westdeutschen Schiffahrtskanäle werden zusätzlich zur Sicherung der Wasserversorgung herangezogen. Planung, Bau und Betrieb dieses wasserwirtschaftlichen Systems waren und sind Vorbild für die Lösung ähnlicher Aufgabenstellungen in der ganzen Welt geworden.

Das Beispiel der erfolgreichen Bewältigung wasserwirtschaftlicher Probleme auch unter extremen Randbedingungen, wie sie im Ruhrrevier vorliegen, erlaubt es, die Frage nach der langfristigen Sicherung der Wasserversorgung in der Bundesrepublik Deutschland durchaus positiv zu beantworten. Mit den heute verfügbaren technischen Mitteln, angewandt auf der Basis moderner wissenschaftlicher Erkenntnisse, kann bei dem gegebenen natürlichen Wasserpotential der Wasserbedarf der Gemeinden, des Gewerbes und der Industrie auch auf lange Sicht gedeckt werden. Die Probleme liegen dabei nicht auf den Gebieten Recht, Verwaltung oder Technologie, sondern im wesentlichen im Bereich der Finanzierung der erforderlichen Maßnahmen zur Reinhaltung und zweckmäßigen Nutzung unserer Gewässer.

VI Versuch eines Ausblickes

1. Die Wassernutzung im Jahr 2000

Bei einer globalen Bilanzierung von Wasservorrat und Wasserbedarf ist auf der Haben-Seite von einem Kapital von 25000 km^3 auszugehen (s. S. 37 f). Diesem Wert steht auf der Soll-Seite ein Bedarf gegenüber, der 1967 bei 2000 km^3 lag. Für 1975 gelten Bedarfsmengen zwischen 2400 km^3 und 2800 km^3 (Framji, Holy, 1977), das sind rund 10 % der unmittelbar nutzbaren Wassermenge.

Die Vorausschätzung der Steigerung des Wasserbedarfs der einzelnen Nutzergruppen muß folgende Prozesse berücksichtigen:
– die Zunahme der Bevölkerung (im Jahr 2000 n. Chr. 6–6,5 Mrd. Menschen)
– den Nachholbedarf in den Entwicklungsländern (Nahrungsmittelproduktion, Pro-Kopf-Verbrauch an Wasser),
– die technologische Entwicklung (Bewässerungstechnik, Kühl- und Produktionsprozesse in der Industrie).

Obwohl jede der Abschätzungen von Trends abhängt, die selbst wiederum durch eine ganze Reihe von schwer voraussehbaren Faktoren bestimmt sind, liegen die verschiedenen Prognosen erstaunlich eng beisammen. Der Weltwasserbedarf wird im Jahr 2000 demnach in der Größenordnung von 6000 km^3 liegen, d. h. bei 24 % des unmittelbar nutzbaren Dargebots (Tab. 13).

Rein mengenmäßig und weltweit betrachtet scheint also ein Anlaß zur Sorge nicht gegeben zu sein, vor allem wenn in Betracht gezogen wird, daß ein Teil des Bedarfs nur ‹Gebrauch› und nicht ‹Verbrauch› des Wassers ist, also in den natürlichen Wasserkreislauf zurückkehrt und damit unter Umständen noch einmal oder mehrmals genutzt werden kann. Die regionale Gegenüberstellung von Dargebot und Bedarf zeigt jedoch ein weit ungünstigeres Bild. So wird z. B. in Nordafrika und im Mittleren Osten bis zum Jahr 2000 der Wasserbedarf das verfügbare Dargebot übersteigen (s. Tab. 6). In den südeuropäischen Ländern und im ostasiatischen Raum wird rund die Hälfte des Dargebots genutzt sein. Werden die 12 Regionen weiter unterteilt, dann schälen sich Gebiete mit Wassermangel bereits im Jahr 1977 heraus. Südkalifornien ist ein Beispiel dafür, daß auch auf relativ wasserreichen Kontinenten die Wasserreserven örtlich überbeansprucht sein können. Israel nutzt sein Wasserdargebot bereits

Quelle	Jahr	Haus-halte	Indu-strie	Landwirt-schaft	Speicher-verluste	Gesamt
Framji, Holy (1977)	1967	93 (5%)	438 (22%)	1459 (73%)	–	1990 100%
Framji, Holy (1977)	2000	317	2230	2902	–	5449
Mare (1976)	2000	555	1775	3505	245	6080
Falkemark, Lindh (1974)	2000	–	–	–	–	6030
Kalinin, Shiklomanow (1974)	2000	440	1900	3400	245	5985
Doxiadis (1975)	2000	950	950	4600	–	6500
Mittel	2000	8%	29%	59%	4%	100%

Tabelle 13: Abschätzung des Weltwasserbedarfs im Jahr 2000 (Werte in km^3).

bis an die Grenze des Möglichen, und Hongkong hat als extremstes Beispiel die Grenze des natürlichen Süßwasserdargebots bereits seit langem überschritten und versorgt die Bevölkerung zu einem großen Teil mit importiertem Wasser und mit entsalztem Meerwasser.

Örtlich muß auf der Erde also bereits heute Wasser über 1000 und mehr Kilometer geleitet werden, um einen Ausgleich zwischen dem beschränkten Dargebot und einem steigenden Bedarf zu erreichen. Wasser wird über nationale Grenzen im- und exportiert, und Meerwasser wird zur Trinkwasserversorgung entsalzt. Der Zwang,
– Wasser über große Entfernungen (unter Umständen Kontinente) zu transportieren (umzuleiten),
– Wasser mehrfach zu nutzen,
– Wasserverluste und Wasserverschwendung (insbesondere im Bewässerungslandbau) drastisch zu verringern,
– wassersparende Prozesse einzuführen (Produktion, Kühlung),
– wenn immer möglich, Wasser geringerer Qualität zu verwenden (Kühlung, Feuerlöschzwecke, Reinigung) und
– in steigendem Maße Meerwasser zur Erhöhung des absoluten Wasserdargebots zu entsalzen,
wird sich in der Zukunft verstärken, da der Weltwasserbedarf weiterhin

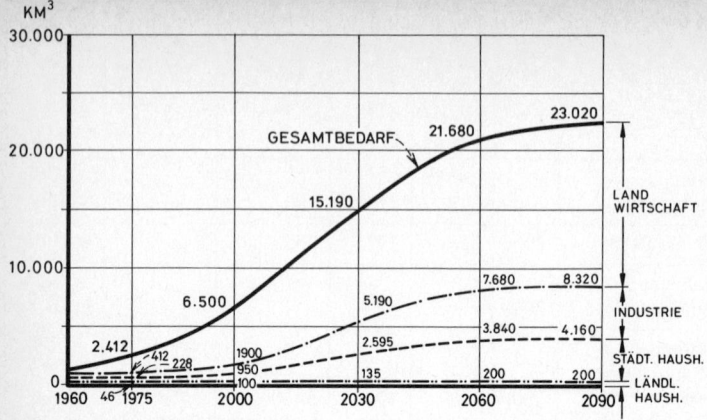

108: Zunahme des Weltwasserbedarfs.

zunimmt (Abb. 108). Je mehr unkonventionelle Maßnahmen zur Wassergewinnung ergriffen werden müssen, um so mehr werden sich auch die
Kosten erhöhen. Jedes Land hat dabei seine eigenen spezifischen Probleme und Möglichkeiten und wird entsprechende Lösungen entwickeln
müssen. In jedem Fall ist jedoch eine völlige Kontrolle des Dargebotes
durch die Verantwortlichen für die Wasserbewirtschaftung (Regierung,
Verbände usw.) spätestens dann erforderlich, wenn Wassermangel zu
einem begrenzenden Faktor für eine nationale Entwicklung wird (Garbrecht, 1977).

Es sei in diesem Zusammenhang noch auf die Tatsache aufmerksam
gemacht, daß die Kosten von Wasser heute weit unter denen vergleichba-
rer Rohmaterialien liegen. Wir geben rund hundertmal mehr Geld für
Lebensmittel aus als für Wasser, und der Schluß liegt nahe, daß unsere
Wirtschaft auch einen mehrfach höheren Wasserpreis ohne allzu große
Rückwirkungen ertragen könnte. Damit würde dann auch die Nutzung
unkonventioneller oder weit entfernter Wasserquellen in den Bereich der
Wirtschaftlichkeit rücken, soweit nicht der dafür erforderliche starke
Energieverbrauch dies einschränkt.

2. Die Nutzung internationaler Flüsse

Die allgemeine wirtschaftliche Entwicklung und die starke Bevölkerungszunahme während der letzten Jahrzehnte zwingen die Staaten in den
Trockengebieten der Erde, die Bewässerungslandwirtschaft in einem bis-

240

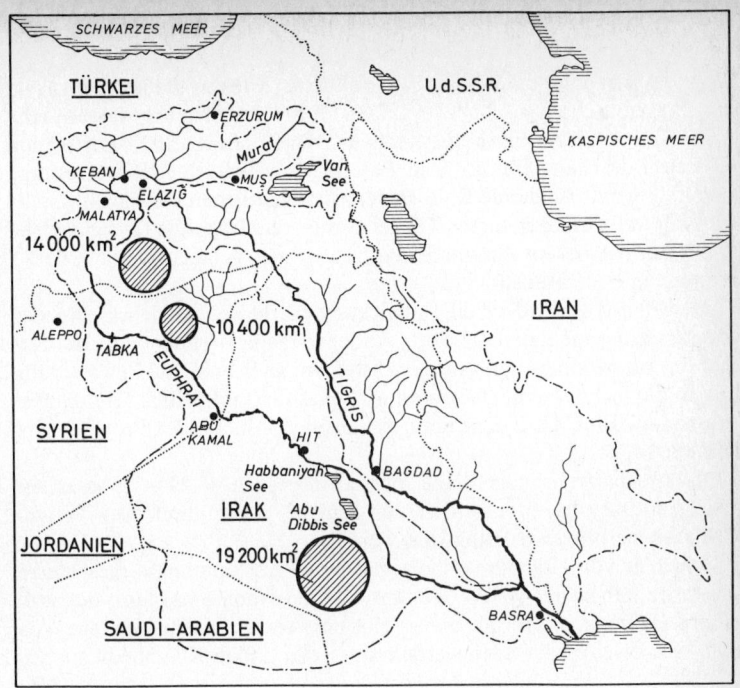

109: Wassernutzungsprojekte (Bewässerung) im Euphratgebiet.

her nicht gekannten Maß auszubauen. In den Fällen, in denen mit diesen Projekten die Ableitung von Wasser aus internationalen Flüssen verbunden ist, ergeben sich mit Sicherheit Interessenkonflikte zwischen den Anliegerstaaten, da eine beträchtliche Wasserableitung aus Flüssen für Bewässerungszwecke für die wirtschaftliche Entwicklung der Unterliegerstaaten ernste Konsequenzen haben kann.

In einem Bericht zur Neugründung der ‹Universität der Vereinten Nationen› wird zur Frage der Nutzung und Bewirtschaftung natürlicher Ressourcen gesagt:

«... Betrachtungen über natürliche Rohstoffe und Reserven sind nicht neu. Kriege über die Rechte an knappem Wasser, Völkerwanderungen zur Sicherung von Naturschätzen und der Untergang ganzer Kulturen infolge einer Fehlbewirtschaftung natürlicher Reserven symbolisieren den geschichtlichen Ursprung der Zusammenhänge .../... Wasserknappheit droht als potentiell vielleicht folgenschwerstes Rohstoffproblem in den vor uns liegenden Jahrzehnten .../... Eine gute (Wasser-) Bewirtschaftung kann, insbesondere in den Entwicklungsländern, im Wortsinn den Unterschied zwischen Leben und Tod bedeuten ...» (UN-University, 1975, S. 3 und 19).

Wieweit Nutzung und Nutzungspläne regional gehen können, zeigt das Beispiel des Euphrat (Abb. 109). Der Fluß hat eine Jahreswasserfracht von 28,4 km^3 an der türkisch-syrischen Grenze, von rund 32,4 km^3 an der syrisch-irakischen Grenze. Sein Potential (Wasserkraft, Bewässerung) spielt eine entscheidende Rolle in den wirtschaftlichen Entwicklungsplänen der drei Anliegerstaaten Türkei, Syrien und Irak. Die Energieerzeugung kann in diesem Zusammenhang außer acht gelassen werden, da sie Wasser nicht verbraucht.

Bedrohlich sind jedoch die Entwicklungen, die sich auf dem Gebiet der Bewässerung anbahnen. Alle drei Anliegerstaaten arbeiten ohne Koordination, von Kooperation ganz zu schweigen, an Plänen, die Bewässerung bis an die technisch mögliche und wirtschaftlich vertretbare Grenze auszudehnen. Eine Übersicht über die Größenordnung der Projekte gibt Tabelle 14.

Bei Realisierung aller Pläne müssen insgesamt 48,5 km^3 Wasser aus dem Euphrat abgeleitet werden, von denen 37,2 km^3 durch die Pflanzenbestände verbraucht (verdunstet) werden.

Die in den drei Ländern ohne gegenseitige Abstimmung vorgesehenen Speicher haben mit 90 km^3 Gesamtvolumen einen Stauraum, der weit über das für einen Überjahresausgleich notwendige Maß hinausgeht. Von den Oberflächen der Seen werden unter den ariden Klimabedingungen

	Türkei	Syrien	Irak	Gesamt
Landw. nutzbare Bruttofläche (km^2)	16 500	14 500	19 700	50 700
1975 bewässert (km^2)	1 600	3 000	14 700	19 300
Zukünftige Bewässerungsfläche (km^2)	14 000	10 400	19 200	43 600
Zukünftiger Bewässerungsbedarf (km^3)	11,2	8,0	18,0	37,2
Zukünftige Wasserableitung aus dem Fluß (km^3)	16,0	10,5	22,0	48,5
Verdunstung aus Speicherseen (km^3)	3,6	1,5	2,0	7,1

Mittl. Jahreswasserfracht Euphrat (syrisch-irakische Grenze) 32,4 km^3

Tabelle 14: Umfang der Bewässerungsobjekte im Euphratgebiet.

rund 7 km^3 Wasser verdunsten. Weitere Probleme sind die Wasserqualität und die Gefahr des weiteren Vordringens von Meerwasser aus dem Persischen Golf in das Delta. Man hat davon auszugehen, daß für eine erträgliche Verdünnung des aus den Bewässerungsflächen zurücksickernden Dränwassers und für eine genügende Rückdrängung des Meerwassers etwa 8 km^3 Frischwasser im Euphrat verbleiben müssen.

Der Wasserverbrauch in den Bewässerungssystemen, die Verdunstung aus den Speicherseen und die im Fluß zu verbleibende Wassermenge erreichen zusammen 52 km^3, das sind 160 % der vorhandenen Wasserfracht. Damit sind ernstliche Auseinandersetzungen bereits vorprogrammiert. Erste Konflikte, die bis zur Androhung von Waffengewalt gingen, sind ja in jüngster Vergangenheit zwischen Syrien und dem Irak bereits aufgetreten (Garbrecht, 1971).

Ähnlich, wenn auch z. Zt. noch nicht akut, liegen die Verhältnisse am Nil (Abb. 110). Die heutige großmaßstäbliche Nutzung des Flusses umfaßt:
– die Owen Falls-Talsperre, Auslauf des Victoriasees (Wasserkraft)
– die Talsperre Jebel Aulia (2,5 Mrd. m^3), Weißer Nil (Bewässerung)
– die Talsperren Sennar (1925, 0,9 Mrd. m^3) und Roseiris (1966, 3 Mrd. m^3), Blauer Nil (Bewässerung, Wasserkraft)
– die Talsperre Khashm el Girba, Atbara (Bewässerung)
– den Assuan-Hochdamm (140 Mrd. m^3), Nil (Bewässerung, Wasserkraft)

Der Konfliktstoff für die Zukunft liegt in der beschränkten Wasserfracht des Nils. In einem mittleren Jahr stehen rund 84 Mrd. m^3 Wasser zur Verfügung. Nach Abzug der Verdunstungsverluste aus den Speichern verbleibt eine Nettomenge von 74 Mrd. m^3. Kritisch ist dabei die Frage der Aufteilung dieser verfügbaren Wassermenge auf die Anliegerstaaten, da auf lange Sicht gesehen der Wasserbedarf das Wasserdargebot übersteigt. Die Frage des Nilwassers ist vor allem für Ägypten eine Lebensfrage, da

	Nach dem Bau des Assuan-Hochdammes	Nach der Fertigstellung des Jonglei-Kanals
Verfügbare Wassermenge	84 − 10 ≅ 74 Mrd. m^3	74 + 7 ≅ 81 Mrd. m^3
Recht auf Nutzung: Ägypten Sudan Oberlieger	75% ≅ 55,5 Mrd. m^3 25% ≅ 18,5 Mrd. m^3 −	75% ≅ 61 Mrd. m^3 25% ≅ 20 Mrd. m^3 −

Tabelle 15: Verteilung des Nilwassers auf die beiden Unterliegerstaaten.

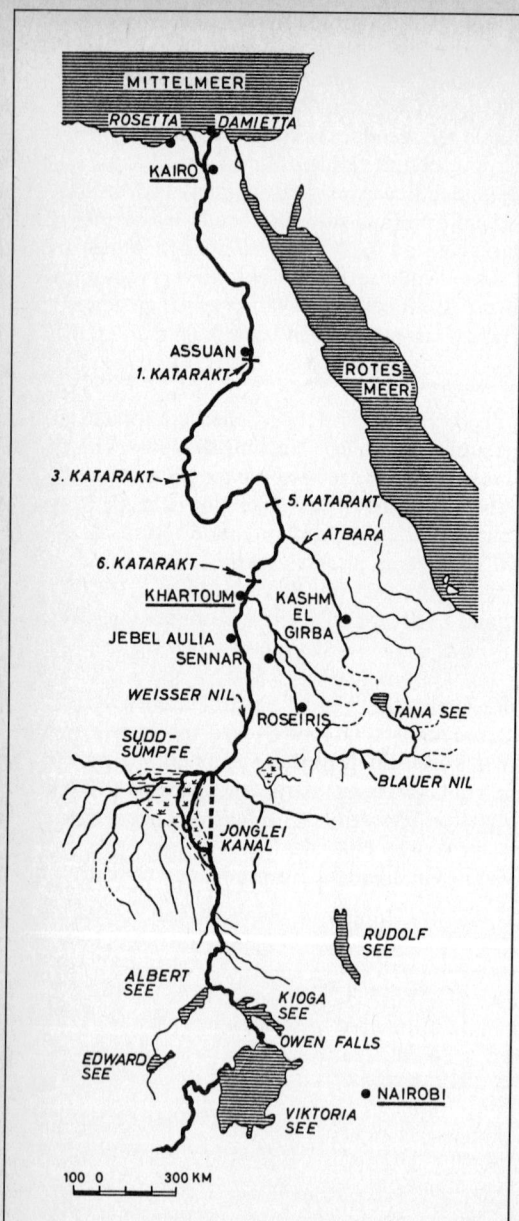

MITTELMEER

ROSETTA DAMIETTA

KAIRO

ASSUAN
1. KATARAKT

ROTES
MEER

3. KATARAKT

5. KATARAKT

ATBARA

6. KATARAKT

KHARTOUM

KASHM
EL
GIRBA

JEBEL AULIA
SENNAR

WEISSER NIL

ROSEIRIS

TANA SEE

SUDD-
SÜMPFE

BLAUER NIL

JONGLEI
KANAL

RUDOLF
SEE

ALBERT
SEE

KIOGA
SEE

EDWARD
SEE

OWEN FALLS

NAIROBI

VIKTORIA
SEE

100 0   300 KM

110: Wassernutzungs-
projekte (Talsperren) im
Einzugsgebiet des Nils.

das Niltal, von einigen kleineren Oasen abgesehen, das einzige landwirtschaftlich nutzbare Gebiet des Landes ist.

Erste Vereinbarungen über Wasserableitungen gehen auf das Jahr 1929 zurück, als der Sudan sich gegenüber Ägypten verpflichten mußte, im Sennar-Speicher nur während der Hochwasserzeit Überschußwasser zu speichern. In der übrigen Zeit des Jahres durfte der Verlauf des Abflusses nicht verändert werden. 1953 kamen England und Ägypten überein, daß Ägypten beim Bau der Owen Falls-Sperre den Teil der Kosten trägt, der für die Hebung des Wasserspiegels im Victoriasee und damit für die Nutzung des Sees als Speicher notwendig war.

1959 schließlich, als Voraussetzung für den Bau des Assuan-Dammes, mußte Ägypten dem Sudan eine Erhöhung seiner Wasserrechte auf 18,5 Mrd. m^3 zugestehen, das sind 25 % der verfügbaren Nettomenge von 74 Mrd. m^3. Ägypten besitzt ein Recht auf 55,5 Mrd. m^3 oder 75 % des Nilwassers (Tab. 15).

Das ägyptisch-sudanesische Abkommen negiert völlig die Existenz der Oberlieger (beispielsweise Äthiopien, aus dem 60 % des Nilwassers kommen), die in nicht allzu ferner Zukunft als landwirtschaftlich ausgerichtete Länder ebenfalls Bewässerungswasser in größeren Mengen beanspruchen werden.

Bisher wurden im Sudan nur etwa 5 Mrd. m^3 Wasser verbraucht. Eine Steigerung der Entnahme auf die vollen, vertragsmäßigen 18,5 Mrd. m^3 sowie weitere Ableitungen in Äthiopien oder in den zentralafrikanischen Staaten würden ernste Konsequenzen für die ägyptische Wirtschaft nach sich ziehen, da dies eine Verringerung der verfügbaren Wassermenge etwa auf den Stand vor dem Bau des Assuan-Dammes bedeuten würde.

Durch den seit 1983 im Bau befindlichen Jonglei-Kanal im südlichen Sudan werden die Sudd-Sümpfe teilweise umgangen und damit die beträchtlichen Verdunstungsverluste halbiert. Es wird mit einem Zuwachs des jährlichen Nilabflusses um 7 Mrd. m^3 gerechnet (s. Tab. 15).

Eine grundlegende Verbesserung der Situation könnte jedoch nur durch einen Gesamtausbauplan für den Nil von den zentralafrikanischen Seen bis zur Mündung erreicht werden. Aufstellung und Ausführung eines derartigen Rahmenplanes werfen jedoch nicht nur große technische Probleme auf, sondern auch auf rechtlich-politischer Ebene bestehen Schwierigkeiten, da der Ausbau die Zustimmung der Regierungen von Uganda, Kenya, Tansania, Burundi, Ruanda, Äthiopien, des Sudans, des Kongos und Ägyptens finden muß, die jeweils recht unterschiedliche Anforderungen an das Nilwasser stellen. Finanziell übersteigen die erforderlichen Arbeiten die Möglichkeiten aller Beteiligten bei weitem.

Insgesamt gibt es etwa 200 internationale Flüsse, davon einen großen Teil in Wassermangelgebieten, mit ähnlichen Problemen wie vorstehend für den Euphrat und den Nil beschrieben. Nur internationale Zusammenarbeit kann hier zu den erforderlichen Kompromissen und zu einer optimalen Nutzung der beschränkten Wasserreserven zum Nutzen aller Anliegerstaaten führen.

3. Technische Machbarkeit und ökologische Grenzen

Allgemeines

Die Wasserversorgung weiter Gebiete der Erde kann auf lange Sicht nur durch einen großmaßstäblichen, örtlichen und zeitlichen Ausgleich der Wasserreserven, unter Umständen über Kontinente und Jahre hinweg, gesichert werden. Als erfolgreiche Planungen wurden der israelische National Water Carrier und der amerikanische California Water Plan vorgestellt. Auch der Assuan-Hochdamm in Ägypten gehört zu den modernen Großprojekten für eine größtmögliche Nutzung begrenzter Wasserreserven.

Die bisherigen Erfahrungen aus diesen und anderen großmaßstäblichen Wasserausgleichsprojekten und die laufenden Diskussionen über noch größere, ganze Kontinente einschließende Bauvorhaben zeigen, daß sich hier neuartige Problemstellungen technologischer, ökologischer und sozioökonomischer Art ergeben (Abb. 111). Es handelt sich dabei nicht mehr um klar überschaubare monokausale Abläufe, sondern um komplexe, vernetzte Systeme, die untereinander zeitlich und räumlich vielfach verknüpft sind. Die Zahl und die Komplexität der zu berücksichtigenden Parameter, die Art und das Ausmaß der gegenseitigen Beeinflussung und die Unsicherheit der Prognosen über zukünftige Auswirkungen sind so groß, daß letztendlich die Frage nach der Notwendigkeit und Nützlichkeit zu stellen wäre. Bei der Nutzung grenzüberschreitender Flüsse treten zusätzlich noch politisch-rechtliche Fragen auf, die nur schwer zu lösen sind, da es ein internationales Wasserrecht nicht gibt.

Die weitreichenden Konsequenzen, die sich aus derartig gravierenden Eingriffen in den Wasserhaushalt mittel- und langfristig für die Gesellschaft, Wirtschaft und Umwelt ergeben, erfordern strukturpolitische Entscheidungen, technische Maßnahmen und finanzielle Aufwendungen einer bisher nicht bekannten Größenordnung. Insbesondere ökologische Gesichtspunkte haben hier in den letzten Jahren stark an politischem Gewicht gewonnen. In den westlichen Industrienationen ist wegen der vielen offenen Fragen in naher Zukunft wohl mit größeren Projekten nicht zu rechnen. Erst nach Vorliegen weiterer Erfahrungen und neuer Forschungsergebnisse wird die ‹kritische Größe› von Wasserüberleitungsprojekten über die bereits ausgeführten Dimensionen hinaus weiter stei-

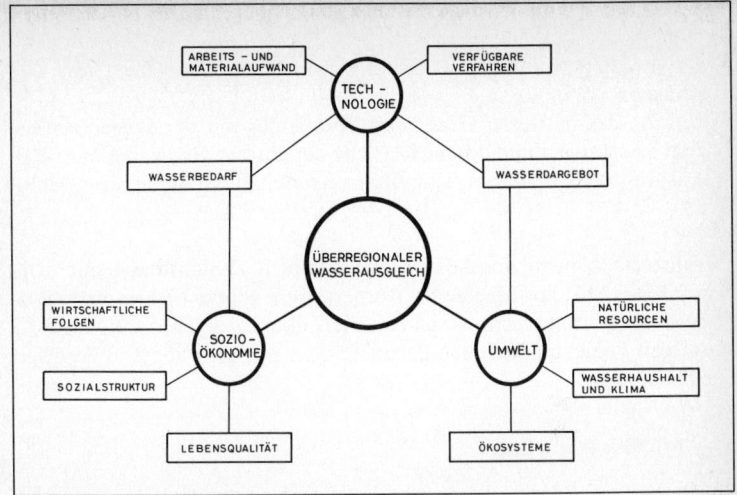

111: Überregionaler Wasserausgleich und mögliche Einflußbereiche.

gen. In sozialistischen Staaten sind manche Voraussetzungen für die Planung und den Bau von übergreifenden Projekten einfacher zu schaffen. Die zentrale staatliche Planung der gesamten Wirtschaft einschließlich der Entwicklung der Gesellschaft sowie das Staatseigentum an Land und Wasser erleichtern hier eine überregionale Planung.

Es hat fast den Anschein, als ob mit den landesweiten Ausgleichsprojekten in Israel und in Kalifornien eine obere Grenze für die rationale Kalkulierbarkeit erreicht worden ist. Der Überjahresausgleich des Nilabflusses durch den Assuan-Hochdamm hat diese Grenze vielleicht bereits überschritten. Die durch den massiven Eingriff in das Flußregime verursachten nachteiligen Veränderungen im Naturraum Niltal waren qualitativ vor dem Dammbau bekannt:

Rückhalt des Nilschlamms im Staubecken und damit:
- Degradation (Erosion) im Nillauf unterhalb des Dammes
- Störung des Gleichgewichts der Küstenlinie des Deltas (Küstenerosion wegen fehlendem Neuaufbau)
- Ausfall der natürlichen Düngung der Felder
- Ausfall des Nachschubs an Material für den Hausbau in den Dörfern
- Ausbleiben der Sardinenschwärme vor dem Delta (Entfall der Nahrungsbasis Nilschlamm)

247

Veränderung des natürlichen Abflußregimes (jahreszeitlicher Ausgleich) und damit:

– Wasserverluste durch Verdunstung von der großen Oberfläche des Stausees
– Anstieg des mittleren Grundwasserbestandes mit der Folge von Bodenversalzungen und der Gefährdung der antiken Bauwerke im Niltal
– Ausbreitung von wassergebundenen Krankheiten (Bilharziose, Malaria)

Ob ihre noch nicht absehbaren quantitativen Dimensionen mit wirtschaftlichen Mitteln aufgefangen werden können, oder ob hier ein zu großer Schritt gewagt wurde, kann erst die Zukunft zeigen, zumal die notwendigen Gegenmaßnahmen gar nicht oder nur sehr zögernd ergriffen werden.

Der NAWAPA-Plan

Die positiven Auswirkungen des California State Projects und einer Reihe anderer amerikanischer Wasserüberleitungs-Projekte haben zu dem Konzept eines kontinentweiten Wasserausgleichs-Plans (NAWAPA = North-American-Water-and-Power-Alliance) geführt (Abb. 112). Der Grundgedanke hierbei ist, Überschußwasser aus den Gebieten starken Niederschlags und geringer Besiedlung im Nordwesten des amerikanischen Kontinents (Alaska, Kanada) in wasserarme Regionen Kanadas, der Vereinigten Staaten und Mexikos überzuleiten. Das Wasser soll zunächst durch eine Reihe von Talsperren in Alaska und im nördlichen British Columbia gespeichert werden. Die mit den Speichern verbundenen Kraftwerke würden genügend Energie erzeugen, um das Wasser in das Becken des Rocky-Mountains-Grabens zu fördern. Weitere Pumpstationen sollen das Wasser in den Sawtoth-Speicher in Idaho heben, von wo es dann im Freispiegelabfluß nach Süden weitergeleitet wird. Insgesamt würden so im ersten Ausbau für sieben kanadische Provinzen, 33 amerikanische Staaten und das nördliche Mexiko rund 140 Mrd. m³ Wasser verfügbar sein.

Des weiteren soll in Kanada ein schiffbarer Kanal die mittelkanadischen Provinzen mit Bewässerungswasser versorgen, mit einem Abzweig zum Missouri River und zum Minnesota River. Die Wasserführung zu den großen Seen würde deren Wasserstände und den Abfluß im St.-Lorenz-Strom stabilisieren.

Der NAWAPA-Wasserausgleich auf dem nordamerikanischen Kontinent ist sicher ein gigantisches Konzept, geeignet, die Imagination von Ingenieuren anzuregen, dürfte aber zumindest für dieses Jahrhundert in den Bereich der Utopie zu verweisen sein. Nicht, weil es rein technisch

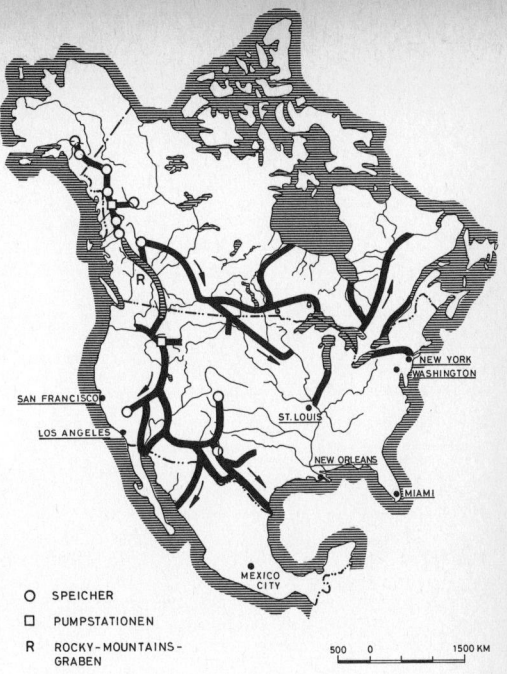

112: Utopisches NA-WAPA-Projekt zum Ausgleich der Wasserreserven auf dem nordamerikanischen Kontinent.

O SPEICHER

□ PUMPSTATIONEN

R ROCKY-MOUNTAINS-GRABEN

500   0   1500 KM

nicht durchführbar wäre, sondern vor allem darum, weil die wirtschaftlichen, sozialen und ökologischen Auswirkungen eines Projektes dieser Größe nicht vorausgesagt werden können. Fraglich ist darüber hinaus, ob Kanada einem derart großen Export von Wasser überhaupt zustimmen könnte.

Wasserausgleich auf dem indischen Subkontinent

In Indien (3,33 Mio. km^2, 620 Mio. Einwohner) leben 70 % der Bevölkerung von der Landwirtschaft und erarbeiten dabei 50 % des Brutto-National-Einkommens. Da der Niederschlag örtlich außerordentlich ungleichmäßig verteilt ist (4000 mm östlicher Himalaya, weniger als 100 mm in Rajasthan und Gujavat im Nordwesten) und zeitlich auf die vier Monate von Juni bis September beschränkt ist (Regenzeit 90 % des jährlichen Niederschlags), hängt die Landwirtschaft bei den gegebenen tropischen Klimabedingungen sehr stark von künstlicher Wasserzufuhr ab.

Heute sind von den insgesamt kultivierten 161 Mio. ha Land nur 44 Mio. ha mit Bewässerungswasser versorgt. Die wasserwirtschaftlichen

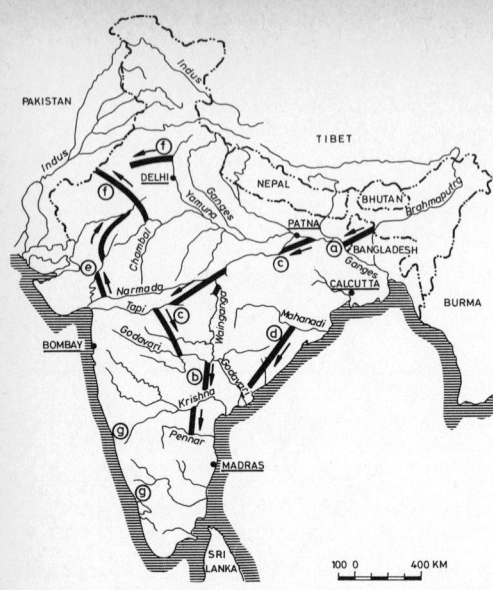

113: Wasserausgleichs-
projekte auf dem indi-
schen Subkontinent.

Planungen in Indien zielen bei den gegebenen Verhältnissen darauf
ab, Monsunwasser zu speichern und dadurch die Bewässerung zu sichern und auszuweiten (zu verdoppeln). Da jedoch, insbesondere im
Ganges- und Brahmaputragebiet sowie im südwestlichen Küstenbe-
reich die Speichermöglichkeiten aus topographischen und geologischen
Gründen begrenzt sind, ist ein überregionaler Wasserausgleich für Indien von großer Bedeutung. Es werden Konzepte erörtert, zu den
schon bestehenden Wasserausgleichssystemen und den im Bau befindlichen Projekten Wasserüberschußgebiete durch eine Reihe von überregionalen Wassertransferprojekten mit Wassermangelgebieten zu verbinden. In Diskussion stehen die folgenden Überleitungen (Abb. 113):

Verbindung Brahmaputra – Ganges (a in Abb. 113)

Während der Trockenzeit fließen im Brahmaputra 5000 m³/s ab. Da diese
Wassermenge den Bedarf im Unterlauf überschreitet, würde eine Überleitung der Landwirtschaft im Gangestal nutzen, wo zur gleichen Zeit
Wassermangel herrscht. Der Verbindungskanal würde 320 km lang sein
und eine Kapazität von 1150 m³/s haben.

Überleitung Godavari – Pennar (b in Abb. 113)

Wassertransfer Ganges – Godavari (c in Abb. 113)
Aus dem Ganges sollen unterhalb von Patna 1700 m³/s abgeleitet werden, davon 290 m³/s zur Nutzung im südöstlichen Teil des Gangesgebietes und 1410 m³/s zur Versorgung der südlich anschließenden Regionen.

Verbindung Mahanadi – Godavari (d in Abb. 113)

Überleitung vom Narmada River nach Nord-Gujarat und West-Rajasthan (e in Abb. 113)
425 m³/s sollen aus einem Speicher im Narmada River bei Navagaun (275 m Pumphöhe) über 960 km Entfernung bis in die Provinzen Gujarat und Rajasthan geleitet werden (Bewässerung von 2,3 Mio. ha).

Wasserausgleich Chambal – Zentral-Rajasthan (f in Abb. 113)
Es laufen Studien über eine Wasserversorgung von Zentral-Rajasthan aus dem Chambal-Einzugsgebiet über einen 520 km langen Kanal (Pumphöhe 275 m). Des weiteren wird erwogen, Wasser aus dem Yamuna nach Rajasthan zu leiten.

Durchtunnelung der Western Ghats (g in Abb. 113)
Die Flüsse zur Westküste Indiens führen während der Monsunzeit große Mengen von Wasser, die wegen des starken Gefälles und der kurzen Laufzeiten nur zum Teil genutzt werden können. Eine Überleitung (Durchtunnelung der Western Ghats) nach Osten in den Regenschatten der Gebirgskette würde den Trockengebieten in den Staaten Andhra Pradesh, Maharashtra, Kamataka und Tamil eine beträchtliche Entlastung bringen.

Rein technisch gesehen könnten die genannten Projekte heute ausgeführt werden. Eine Schwierigkeit wird lediglich in der Bereitstellung von Energie für erforderlichen Pumpstationen gesehen, insbesondere bei der Überwindung der Wasserscheide zwischen dem Ganges und dem Narmada (c). Über rechtliche Fragen wird z. T. bereits heute verhandelt. Umwelteinflüsse spielen bisher bei den Erörterungen anscheinend eine nur untergeordnete Rolle. Über die Kosten liegen nur grobe Schätzungen vor.

Überregionaler Wasserausgleich in der UdSSR

Mit 11 % Anteil am globalen Gesamtabfluß ist die Sowjetunion an sich kein wasserarmes Land. Die ernsten Wasserversorgungsprobleme des Landes rühren aus der Tatsache her, daß 75 % der Bevölkerung in Gebieten leben, in denen gleichzeitig Industrie und Bewässerungslandwirtschaft konzentriert sind (Europa, Kaukasus, Zentralasien), in denen aber nur 15% des nationalen Wasserdargebots liegen. Die laufenden, starken Wasserableitungen aus den Flüssen haben hier zu einer Reihe von quantitativen und qualitativen wasserwirtschaftlichen Problemen geführt, die regional eine weitere wirtschaftliche Entwicklung beeinträchtigen oder sogar verhindern können. Ein Indikator für das Ausmaß dieser Probleme ist das Absinken der Wasserspiegel im Kaspischen Meer (2,5 m in den Jahren 1935–1975) und im Aralsee (1,5 m in den Jahren 1965–1975). Das Ausmaß der bestehenden und der zu erwartenden Entnahmen für einige der nach Süden fließenden Flüsse zeigt Tab. 16. Die Auswirkungen dieser Ableitungen auf die großen Binnenseen sind in Tab. 17 zusammengestellt (Golubev, Vasiliev, 1978).

Fluß	Mittl. jährl. Dargebot (Mrd. m³)	Abflußverminderungen durch Entnahmen (%)		
		1970	1986	2000
Dnestr	9	14	32	38
Dnepr	54	20	26	34
Wolga	254	6	10	14
Don	28	18	30	45
Ural	11	14	23	26
Amudarya	77	12	59	95 (!)
Syrdarya	34	31	46	92 (!)
Alle nach Süden fließenden Flüsse	516	8	19	30

Tabelle 16: Wasserentnahmen aus den nach Süden fließenden russischen Flüssen.

Gewässer	Natürlicher Zufluß (Mrd. m³)	Zuflußverminderungen durch Flußentnahmen im Einzugsgebiet (%)		
		1970	1985	2000
Kaspisches Meer	295	8	15	25
Aral See	54	17	56	94
Asowsches Meer	41	19	34	51

Tabelle 17: Rückgang der natürlichen Zuflüsse in die südrussischen Seen (Meere).

Fluß	Mittl. jährl. Dargebot (Mrd. m³)	Abflußverminderungen durch Entnahmen (%)		
		1970	1986	2000
Pechora	128	0	0	0
Ob	384	2	4	5
Jennissey	555	1	1	1
Lena	525	1	1	1

Tabelle 18: Wasserdargebot der nach Norden fließenden russischen Flüsse.

Als mögliche Lösungen der Wasserversorgungs- und Wasserhaltungsprobleme werden, einzeln oder gemeinsam, folgende Maßnahmen erwogen:
a) Reduzierung des Bedarfs (Erhöhung der Wirkungsgrade in der Wassernutzung, Modifikation oder Ersatz von stark wasserverbrauchenden Industrien).
b) Stärkere Nutzung und straffere Bewirtschaftung lokaler Wasservorkommen (Grundwasser).
c) Überregionaler Wasserausgleich zwischen den Einzugsgebieten der nordwärts (Tab. 18) und der südwärts (s. Tab. 16) fließenden Flüsse.

Wenn auch von den Maßnahmen a) und b) eine Erleichterung erwartet wird, so ist doch insbesondere für die südlichen Gebiete (Kaukasus, Zentralasien) eine Deckung des Wasserbedarfs und darüber hinaus eine Sicherung und Erhaltung weiterer Bereiche des Lebensraums nur durch einen großmaßstäblichen Wasserausgleich zwischen dem Norden und dem Süden erreichbar.

Während der Umfang der größten Wasserüberleitungen zu Anfang dieses Jahrhunderts noch unter 1 Mrd. m³ lag, werden heute in der UdSSR jährlich bereits Wassermengen zwischen 2,2 Mrd. m³ (Irtysch-Karaganda-Kanal, Länge 460 km) und 7,8 Mrd. m³ (Amudarya-Karakum-Kanal, Länge 760 km) übergeleitet. Die zur Deckung des südrussischen Wasserdefizits (Bewässerung, Ökologie) notwendigen Mengen von rund 100 Mrd. m³ im Jahre 2000 liegen eine Größenordnung höher als alle bisher aufgeführten Projekte.

Grundsätzlich werden vier Möglichkeiten erörtert, den Süden der Sowjetunion für die kommenden 40 bis 50 Jahre ausreichend mit Wasser zu versorgen (Voropaev, 1978):
a) Zentralasien und Kasachstan werden aus dem Einzugsgebiet des Ob versorgt, das südliche europäische Rußland über die Wolga aus den

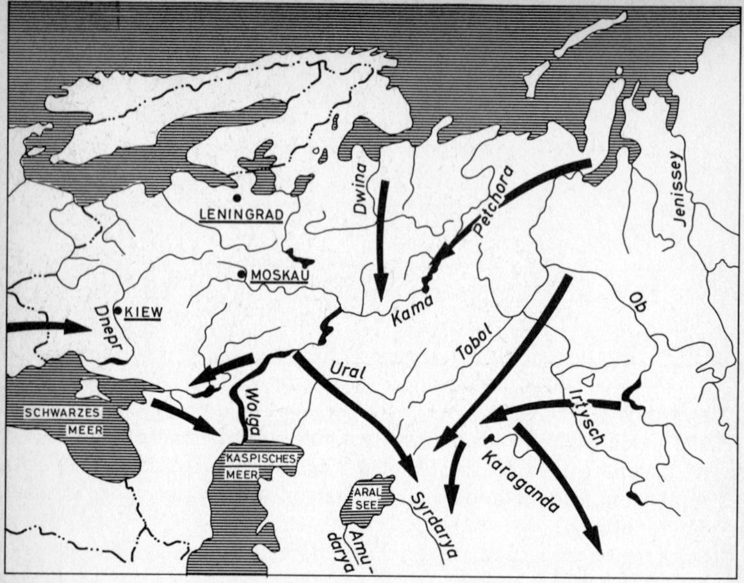

114: Wasserumleitungsprojekte aus dem Norden in den Süden der UdSSR.

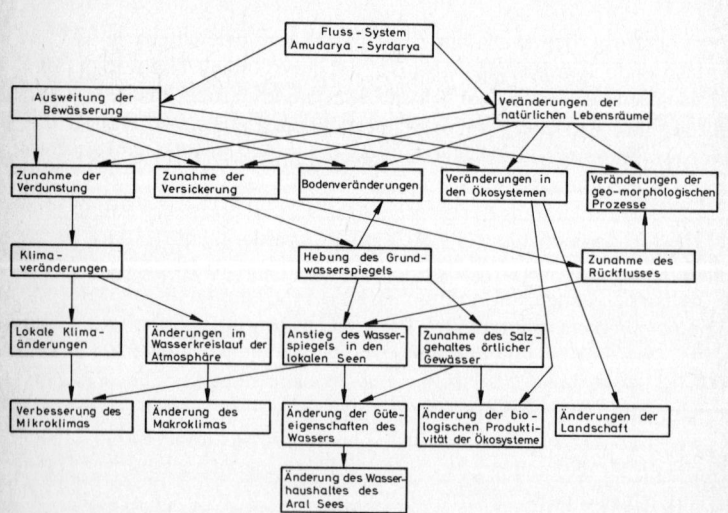

115: Probleme und ihre gegenseitigen Abhängigkeiten bei einer großmaßstäblichen Überleitung von Wasser in das Flußgebiet Amudarya/Syrdarya.

nordrussischen Flüssen (Pechora, Dwina) und Seen sowie über den Dnepr aus der Donau.

b) Überleitung aus dem Ob und den nordrussischen Flüssen/Seen in die Wolga und von hier aus Versorgung sowohl der asiatischen als auch der europäischen Gebiete im Süden. Zuleitung zum Dnepr aus der Donau.

c) Versorgung nur aus der Wolga. Der Wasserspiegel im Kaspischen Meer wird durch Überleitungen aus dem Schwarzen Meer gehalten. Zuleitung zum Dnepr aus der Donau.

d) Integriertes Wasserausgleichssystem (Abb. 114) als Kombination der (modifizierten) Varianten (a), (b) und (c).

Die komplexen Probleme, die im Verlauf dieser Überleitungen auftreten, sind beispielhaft für den letzten Abschnitt (Aralsee, Flußgebiet Syrdarya/Amudarya) im Diagramm der Abb. 115 skizziert. Wenn durch die Auflösung der Gesamtüberleitung in eine große Zahl von Teilbereichen die Erfassung und Untersuchung der wirtschaftlichen, hydrologischen und ökologischen Konsequenzen des Projektes auch vereinfacht worden sind, so ist doch in jeder der überschaubaren Einzelregionen immer noch ein System in sich komplexer und vielfach miteinander verflochtener Abläufe vorhanden, die eine Prognose der Veränderungen für die absehbare Zukunft außerordentlich schwierig machen (Golubev, 1978).

Zusammenfassung

Bei zunehmendem Wasserbedarf und begrenzten Wasserreserven ist (neben einer strafferen Bewirtschaftung, einer Erhöhung der Nutzungsgrade und einer Erschließung neuer Wasserquellen durch Meerwasserentsalzung oder durch Wetterbeeinflussung) die Wasserüberleitung aus Gebieten mit Wasserüberschuß in Wassermangelgebiete eine der Möglichkeiten des Ausgleichs der Wasserbilanz.

Derartige Versorgungen mit Wasser aus größeren Entfernungen sind seit 5000 Jahren geplant und gebaut worden, als in den ersten großen Städten örtliche Bedarfsspitzen entstanden, die aus dem lokalen Wasserdargebot nicht gedeckt werden konnten. Rom wurde zur Zeit seiner größten Machtentfaltung über 11 Fernwasserleitungen jährlich mit rund 0,2 Mrd. m^3 Wasser versorgt. Am Anfang des 20. Jahrhunderts wurden bis zu 1 Mrd. m^3 über größere Entfernungen geleitet, und heute liegt der größte überregionale Wasserausgleich in der Größenordnung von 5 bis 10 Mrd. m^3 im Jahr. Für die nahe Zukunft werden in der Sowjetunion Überleitungen in der Größenordnung von 100 Mrd. m^3 über Entfernungen von mehr als 2000 km geplant.

So interessant die technischen Entwürfe auch sind, eine Entscheidung über ihre Ausführung wird weniger in den Konstruktionsbüros als vielmehr auf politischer Ebene fallen. Rechtliche Aspekte, der Widerstand in den für die Abteilung vorgesehenen Staaten bzw. Regionen, Veränderungen des natürlichen Wasserhaushalts, mögliche, sogar wahrscheinliche ökologische Konsequenzen, anderweitig mögliche Maßnahmen zur Erhöhung des Dargebots und nicht zuletzt die Unsicherheit der Prognosen über die langzeitliche Entwicklung des Bedarfs in den Wassermangelgebieten wie auch in den Wasserüberschußgebieten werden dabei eine entscheidende Rolle spielen. Die technische Machbarkeit und die wirtschaftliche Rechtfertigung, die früher meist die alleinentscheidenden Kriterien waren, werden heute weitgehend durch nicht-technische und nicht-ökonomische Gesichtspunkte ergänzt oder gar verdrängt.

VII Schlußwort

Von der gesellschaftlichen Entwicklung innerhalb der vergangenen 5000 Jahre ist die Auseinandersetzung des Menschen mit dem Wasser nicht zu trennen. Erzwungen durch die Notwendigkeit der physischen Lebenssicherung haben Ingenieure in allen Zivilisationen hydrotechnische Infrastrukturen geschaffen, ohne die die großen Reiche der Geschichte nicht hätten bestehen können.

Diesem pragmatisch-nüchternen Verhältnis überlagert war eine scheue, tief im Innern verwurzelte mythisch-kultische Ehrfurcht vor dem natürlichen Lebenselement Wasser. Durch alle frühen Überlieferungen, durch die Veden, das Gilgamesch-Epos, die Bibel und den Koran zieht sich die Verehrung des Wassers. Das Paradies wird von vier Strömen umflossen, das Eintauchen in den Jordan und den Ganges befreit von den Schlacken der Vergangenheit, und mit der Taufe wird der Mensch in die christliche Gemeinschaft aufgenommen. Die Ägypter verehrten den lebenspendenden Genius des Nils, die Perser legten größten Wert auf die Reinhaltung der natürlichen Gewässer, in der antiken Welt galten Quellen und Flüsse als Sitze der Götter, und alle Wasseranlagen wurden reich mit Götterbildern und Symbolfiguren geschmückt. Neben technischem Können war es sicherlich auch diese respektvolle innere Einstellung, die in der antiken Welt zur Schaffung der eindrucksvollen Wasserwirtschaftssysteme und der großartigen hydrotechnischen Anlagen beitrug.

Wie eh und je muß die Gesellschaft sich auch heute gegen Wasser in seinen extremen Erscheinungsformen schützen und muß ihren Wasserbedarf aus dem sie umgebenden Naturraum heraus sichern. Gegenüber der Vergangenheit liegen die Ansprüche an die Wassermengen und auch die Wassergüte in der Gegenwart jedoch unvergleichlich höher. Es gibt wohl nur wenige andere Elemente in unserer natürlichen Umwelt, an die so große und so vielfältige Ansprüche gestellt werden, wie an das Gewässernetz und an das Grundwasservorkommen (s. Abb. 2):
- die Menschen benötigen Trink- und Brauchwasser,
- Gewerbe und Industrie verwenden Wasser als Grundstoff und Produktionsmittel,
- Land- und Forstwirtschaft sind abhängig von einem geordneten Wasserhaushalt,
- die Gesellschaft benötigt das Gewässernetz als Aufnahmebecken für die Abwässer,
- die Verkehrswirtschaft benutzt, vor allem für den Massengütertransport, die Flüsse und Kanäle als Verkehrswege,

- die Energieversorgung setzt Wasserkraft in elektrische Energie um und benötigt die Gewässer zur Aufnahme von Abwärme,
- Flüsse und Seen sind wesentliche Erholungs- und Freizeitelemente (Sportbootfahrer, Segler, Angler, Schwimmer).

Daneben fordern Ökologen, Landschaftspfleger, Fischer und zunehmend naturbewußte Bürger, daß die Flüsse bleiben (oder wieder werden), was sie in der Vergangenheit waren: integrale Bestandteile der Landschaft mit all ihrer vielfältigen Fauna und Flora.

Es darf vielleicht mit einiger Berechtigung gesagt werden, daß viele dieser Ansprüche mit den heute verfügbaren technischen Mitteln, angewandt auf der Basis der vorhandenen wissenschaftlichen Erkenntnisse und bei Beachtung der durch die Natur gesetzten Grenzen, erfüllt werden können. Wie eine ganze Reihe von gelungenen Beispielen zeigt, ist es sehr wohl möglich, technische Notwendigkeiten und natürliche Ursprünglichkeit zur Harmonie einer Kulturlandschaft zu vereinigen.

Es ist immer wieder erstaunlich, aber auch beängstigend zu sehen, mit welcher gedankenlosen Selbstverständlichkeit in den Industrienationen vorausgesetzt wird, daß Wasser in der erforderlichen Menge und gewünschten Güte zu jeder Zeit und an jedem Ort zur Verfügung steht. Ehrfurcht, Verehrung, ja auch nur bewußte Wertschätzung sind keine Begriffe, die der Mitteleuropäer unmittelbar mit dem Wasser in Verbindung bringt. Wer, wenn er in humiden und technisch entwickelten Gebieten der Erde lebt, denkt schon daran, daß in 75 Entwicklungsländern nur jeder zehnte Einwohner einen verläßlichen Wasseranschluß besitzt und fast zwei Drittel der Bevölkerung ihren dringendsten Wasserbedarf nur aus entfernten und unzuverlässigen Schöpfstellen und Wasserläufen decken können. Da unter diesen Bedingungen auch nur die rudimentärsten Qualitätsvoraussetzungen nicht erfüllt sind, kommt es immer wieder zu Krankheiten und Epidemien.

Vielleicht sollten wir alle versuchen, unser Verhältnis zum Wasser zu überdenken. Dieses Element ist nicht nur einfach H_2O, ein Wirtschaftsfaktor oder irgendein technisch verwendbarer Stoff, sondern im Wortsinne die Grundlage allen Lebens. Wenn wir, wie unsere Vorfahren in ihrem unverbildeten Natursinn, wieder Respekt und Achtung vor dem Wasser empfinden, dann stellt sich bei jedem von uns alles Notwendige von selbst ein: sorgsame Behandlung, größtmögliche Pflege, haushälterische Bewirtschaftung und bewußt sparsame Nutzung unseres wohl kostbarsten Naturschatzes. Wie sagte doch Thales von Milet: «Wasser ist der Urgrund aller Dinge.»

VIII Studien im Deutschen Museum

Rundgang durch die Abteilung Wasserbau

Fritz Hartung

I.

Beim Betreten der Abteilung Wasserbau im Deutschen Museum (Abb. 116, 117) muß sich der Besucher über drei Dinge im klaren sein:

erstens ist seit der Konzeption dieser Abteilung ein Menschenalter vergangen, und in dieser Zeit hat sich auch im Wasserbau und in der Wasserwirtschaft einiges getan, mehr als in den beiden Menschenaltern davor;

zweitens ist das Gebiet Wasserbau und Wasserwirtschaft außerordentlich verzweigt, und auch diese Zweige sind sehr vielgestaltig und haben fast alle eine fünftausendjährige Geschichte, die erst in letzter Zeit baulich und geistig ausgegraben wurde;

drittens greifen Wasserbau und Wasserwirtschaft weitgehend in die große Natur ein, so daß eine besucherfaßliche konforme Wiedergabe vieler Objekte im Rahmen eines Museums nicht möglich ist.

Am ehesten ist eine umfassende Darstellung der komplexen Beziehung Mensch–Wasser, zu der ja auch noch immer eine solche nichtmaterieller Art gehört, in einem Buch wie dem vorstehenden möglich, dem man allerdings einen größeren Umfang wünschen würde. Auch im größten Museum ist Wasserbau und Wasserwirtschaft nur punktweise darstellbar.

II.

Als ein allerdings extremes Beispiel hierfür findet man schon beim Betreten des Vorraumes links eine in Betrieb befindliche prinzipielle Modelldarstellung einer Kläranlage, die fast allein mit ein paar Fotos ein sehr großes Fachgebiet vertreten muß, das zwar nicht zum klassischen Wasserbau gehört, nichtsdestoweniger aber heute von allergrößter Bedeutung ist. Auf keinen Fall darf dieses Modell den Besucher etwa dazu verführen, dieses große Fachgebiet unter dem Eindruck seines Notquartiers zu simplifizieren: Abwasserwirtschaft und Wasserversorgung benötigen heute selbstverständlich eine eigene Abteilung, für die es indessen einstweilen an Raum fehlt. Übrigens ist dieses Modell einer Kläranlage außerdem das einzige Objekt der Sammlung, das eine Beziehung der Wasserwirtschaft zum Umweltschutz sozusagen expressis verbis wenigstens punktweise aufzeigt.

Das schöne Bild der römischen Wasserleitung im Eingang gegenüber führt dann aber schon zu den Resten einer früher an der rechten Seite gedachten historischen Wand hinüber, die der Abwasserschau weichen mußte. Ihre vier verbliebenen knappen Darstellungen wirken etwas abstrakt, leiten aber gut zum heutigen Flußbau über.

In den letzten 25 Jahren hat sich eine wasserbauliche Archäologie entwickelt –

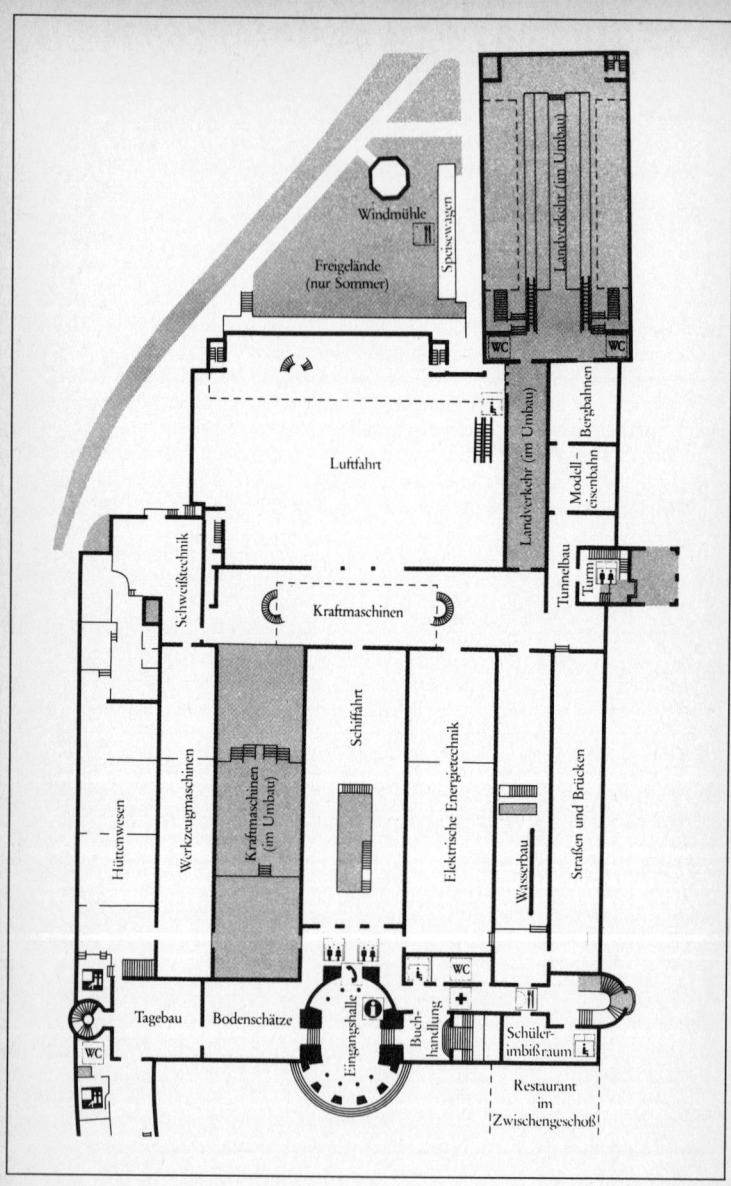

Windmühle

Speisewagen

Freigelände
(nur Sommer)

Landverkehr (im Umbau)

WC   WC

Landverkehr (im Umbau)

Bergbahnen

Schweißtechnik

Luftfahrt

Modell –
eisenbahn

Tunnelbau

Turm

Kraftmaschinen

Hüttenwesen

Werkzeugmaschinen

Kraftmaschinen
(im Umbau)

Schiffahrt

Elektrische Energietechnik

Wasserbau

Straßen und Brücken

WC

WC

Tagebau

Bodenschätze

Eingangshalle

Buch-
handlung

WC

Schüler-
imbißraum

Restaurant
im
Zwischengeschoß

116: Lageplan der Abteilung Wasserbau
im Deutschen Museum.

260

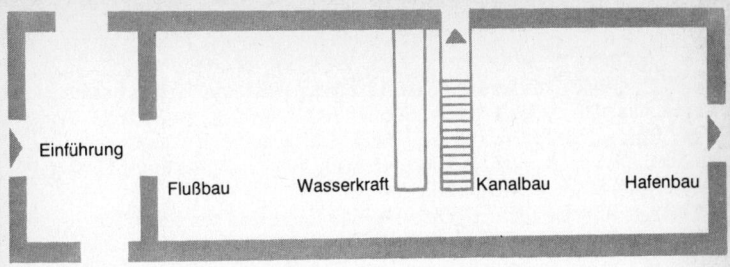

117: Raumplan der Abteilung Wasserbau.

s. vorstehende Schrift –, die hier im Museum noch keinen Platz finden konnte, an Hand deren Ergebnisse aber gezeigt werden kann, daß die Größenordnung wasserbaulicher Maßnahmen und Bauten schon vor 3000 Jahren beachtlich war und daß solche Eingriffe in den natürlichen Wasserhaushalt nicht erst im industriell-kapitalistischen Zeitalter aufkamen, sondern schon in der frühen Antike zur Notwendigkeit wurden.

Im Übergang zur eigentlichen Wasserbauabteilung steht als einziger Vertreter der großen und in den letzten 20 Jahren international außerordentlich geförderten Grundwissenschaft der Hydrologie – es sei nur an die internationale hydrologische Dekade erinnert – ein Pegel, der ferngesteuert den Wasserstand der Elbe bei Cuxhaven anzeigt. Auf seiner Rückseite stehen Beispiele der auch heute noch zur Geschwindigkeitsmessung und damit bei bekanntem Durchflußquerschnitt auch zur Wassermengenmessung benutzten hdyrologischen Flügel. Es gibt sie heute bis zu allerfeinsten Laborflügeln von 10 mm Durchmesser. Sie müssen geeicht werden, d. h., in einem Schleppgerinne wird die Beziehung zwischen Umdrehungszahl des Flügels in der Zeiteinheit und der Fahr- bzw. Fließgeschwindigkeit ermittel.

Dann finden wir auf der rechten Wand zeichnerische und fotografische Darstellungen aus dem Gebiet des Flußbaues, der Flußregelung und des Hochwasserschutzes. Hier fehlt natürlich die Beziehung zur Hydrologie und zur großen Natur. Doch sind die Darstellungen über die Maßnahmen an der Donau bei Straubing, bei denen verschiedene Entwicklungsstadien durch Leuchtlinien sichtbar gemacht wurden, für die Besucher recht ‹einleuchtend›. Sie müßten nur noch durch den sehr interessanten jetzigen Endzustand nach der Umgestaltung im Zusammenhang mit der Staustufe Straubing ergänzt werden, der ja paradoxerweise einen vor 500 Jahren bestehenden Zustand wieder herstellt. Diese Donaustrecke ist zur Erläuterung flußbaulicher Maßnahmen zweifellos besonders geeignet. Die typische Konstruktion von Hochwasser-Schutzdeichen kann man dem gezeigten Querschnittsbeispiel gut entnehmen. Was fehlt, ist eine entsprechende typische Darstellung des Polderpumpwerkes. Den manchmal auch heute noch fast handwerklichen Charakter von Flußbauarbeiten zeigt in diesem Rahmen eine Reihe schöner Fotos.

In der Mitte des Raumes tritt uns das für diese Sammlung namengebende Element Wasser zum erstenmal selbst entgegen. Ein Stück durchströmtes Flußgerinne in Form einer S-Krümmung mit echter Kiessohle steht im Mittelpunkt. Hier wird dem Besucher anschaulich demonstriert, daß die natürlichen Flußläufe keine Kanäle sind, sondern lebende Gerinne mit beweglicher Sohle.

Auch zeigt dieses Modell die Wechselwirkung zwischen Strömung und Gerinne-wand, das entscheidende Merkmal des Bauens im und am Fluß. Wir sehen die Kolkbildung und den Uferangriff am Außenufer, die Anlandung am Innenufer von Krümmungen sowie die Entstehung einer Furt in der Übergangsstrecke zwischen den beiden gegensätzlichen Krümmungen. Die Dynamik des Geschehens im Fluß ist jedenfalls gut zu erkennen, obgleich man sich einige erläuternde Hinweise direkt am Modell gut vorstellen könnte.

Die andere Seite und der ganze folgende Raum sind den Eingriffen des Menschen in den Lauf des Wassers gewidmet, in erster Linie den Stauanlagen. Zunächst ist von den festen und beweglichen Wehren die Rede.

Wehre sollen im Gegensatz zu Talsperren nicht speichern, sondern lediglich einen Spiegelunterschied zwischen oberhalb (Oberwasser) und unterhalb (Unterwasser) des Wehres schaffen, der dann dazu benutzt werden kann, um oberstrom seitliche Kanäle für Bewässerung, Mühlen und Kraftwerke (Kanalkraftwerke) abzuleiten oder Kraftwerke direkt in eine solche Staustufe einzubauen (Flußkraftwerke). Oft sollen Wehre als sogenannte Stützwehre auch helfen, die Flußsohle zu stabilisieren.

In einer Modellserie sind die einfachen alten festen oder auch alte Formen regelbarer beweglicher Wehre anschaulich angegeben. Die einfache Form der festen Wehre gab es schon vor 5000 Jahren und wird es auch in Zukunft bei uns als Stützschwellen und für Kleinkraftwerke geben, vor allem aber in Entwicklungsländern für die Bewässerung. Feste Wehre und Schwellen sind noch sehr naturverbundene Bauwerke. Dagegen zeigt die im Zusammenhang mit dem Wasserkraftausbau und der Schiffbarmachung der Flüsse erfolgte Entwicklung großer beweglicher Wehre, bei denen nahezu die ganze Staufläche beweglich ist, schon den typischen Charakter der Großtechnik. Auch diese werden in einer sehr detaillierten und trotzdem anschaulichen bedienbaren Modellserie erläutert, die Zugsegment, Klappe, Hakenschütz und Dachwehr zeigt. Die ersten beiden Formen haben sich im Laufe der Zeit durchgesetzt, während die letzteren – so geistreich sie auch waren – als Überentwicklung und für die Verhältnisse im Fluß zu kompliziert, inzwischen kaum noch gebaut werden.

Wehre und insbesondere bewegliche Wehre sind Konstruktionen, die direkt dem strömenden Element ausgesetzt sind und daher auch der dynamischen Beanspruchung in Formgebung und Bemessung entsprechen müssen. Das wird in einer etwa dem Gerinne einer Wasserbau-Versuchsanstalt entsprechenden – wiederum also das Wasser selbst ins Bild bringenden – Modellreihe an der Längswand sehr anschaulich vorgeführt, auf die das Besucherpublikum in der ganzen Sammlung auch am meisten anspricht. Gezeigt werden ein Sektorwehr, das nicht heraushebbar, sondern wie das Klappenwehr an der Sohle angelenkt ist, sowie ein Walzenwehr und ein Schütz mit Klappe, die angehoben werden können, außerdem der seltene Fall eines automatischen Heberwehres. Abgesehen von diesem ist für den Besucher besonders instruktiv der Betrieb des hydraulisch gesteuerten Sektorwehres, den er sich selbst vorführen kann. Das Sektorwehr ist aus Gründen des Landschaftsschutzes heute wieder sehr beliebt. So wurde die ganze Moselstaukette mit Sektorwehren ausgerüstet, die wegen ihres hydraulischen Antriebes keine hochliegenden Antriebsmaschinen mit entsprechenden Bauten benötigen. Ähnliches gilt

118: Talsperre Glockner–Kaprun im Bau, 1950–1955.

auch für das Klappenwehr, während das gute alte Walzenwehr trotz seiner Robustheit wegen seines baulichen Aufwandes ganz in den Hintergrund getreten ist.

Diese Modellserie, in der wir also auch wieder lebendiges Wasser sehen, erlaubt
auch eine Vorführung des Effektes, den das Zusammentreffen zweier Wasserstrahlen eines geteilten Wehres, hier des Schützes mit Klappe, für das Unterwasser hat.
Ebenso kann sich hier auch der Laie die Wirkung des sogenannten Tosbeckens
unterhalb der Wehre, das die beim Ausfluß freiwerdende kinetische Energie umsetzt und damit die Flußsohle unterstrom schützt, selbst vorführen. Hilfreich für
den geschulteren Besucher wären vielleicht einige Prinzipskizzen zur Theorie der
dynamischen Vorgänge am Wehr und im Tosbecken. Bei den hebbaren Verschlüssen dieser ‹lebenden› Modellserie darf man sich nicht durch das schnelle Abfallen
des Oberwassers beim Öffnen des Sohlendurchflusses täuschen lassen. Dabei kann
sich nämlich die Pumpe des Umlaufsystems der bei Spaltbildung hohen Abflußleistung nicht mehr anpassen bzw. war kein Platz für entsprechend große Ausgleichsbecken hinter den Kulissen zu beschaffen. Hier kann eben ein Museum dem Aufwand eines Wasserbaulaboratoriums nur schwer folgen.

Im nächsten Raum kommen dann an der gleichen Wandseite die Talsperren mit
einer Reihe von herrlichen Dioramen in klassischem Stil des Deutschen Museums
zur Geltung, eine Darstellungsform, die noch immer bei den Besuchern ankommt
und hier die wasserbauliche Arbeit in der gewaltigen Umwelt auch ohne Worte gut
zum Ausdruck bringt und dabei im Fall Kaprun auch die Verniedlichung durch das
sonst recht glücklich gewählte Relief für Kaprun verhindert (Abb. 118). Die Steigerung in den Dioramen: Wildbachverbauung – alte Triftklause (Abb. 119) – mo

119: Erzherzog-Johann-Klause. Stauanlage für die Holzdrift an der Brandenburger Ache, Tirol, um 1900.

derne Großtalsperre ist zwar der Sache nach nicht ganz logisch, für die Laien aber gut eingängig.

Sehr eindrucksvoll sind auch die beiden Exponate Kugelschieber und Flachschieber für Hochdruckauslässe in natürlicher Größe. Sie vermitteln dem Betrachter durchaus ein Gefühl für die großen statischen Lasten, die sie tragen müssen. Indessen spielen hier die hydrodynamischen Vorgänge eine noch größere Rolle als bei den Wehren. Sie lassen sich aber in keiner Weise vorführen, weil jede Modelleinrichtung solcher Art sehr aufwendig wäre und trotzdem zur Verniedlichung führen müßte. Hierfür würden für den Laien einige Großfotos von derartigen Ausflußstrahlen unter hohem Druck, vervollständigt durch solche aus Kegelstrahlschiebern, die leider überhaupt fehlen, und für geschulte Besucher eine Ergänzung der Prinzipskizzen im Pult davor durch Strömungsbilder und Druckfiguren vereinfachter Art ausreichen.

Leider fehlt indessen ein Hinweis auf die wasserwirtschaftlichen Aufgaben der Talsperren, nämlich Speicherung für Niederwasseranreicherung, Hochwasserschutz, Trinkwasser und Bewässerung. Der Besucher kommt in Gefahr, die Talsperren nur als Energiespeicher anzusehen. Dagegen wird er über die möglichen konstruktiven Lösungen für die Sperrenbauwerke am Tisch durch gute Beispiele und Skizzen unterrichtet. Vielleicht kommt dabei die moderne Bauweise der Staudämme – geschüttet aus Erde oder Steinen –, die z. B. in Bayern vorherrscht, etwas zu kurz weg.

Auf der gegenüberliegenden Seite finden wir dann eine praktisch lückenlose Darstellung der Wasserkraftnutzung, in der sehr klar an Hand kleiner Dioramenmodelle die Ausbauformen wie Laufkraftwerk, Hochdruckkraftwerk, Pumpspeicherwerk und Gezeitenkraftwerk sowie deren Beziehung zur Turbinenart gezeigt werden. Auch hier noch einmal der Versuch, das Wasser selbst einzubringen in den kleinen Plexiglas-Wandmodellen für den Druckstoß und die Grundgleichung der Wasserkraft ($N \sim Q \cdot H$). Diese Lehrmodelle sind durchaus deutlich, nur vielleicht etwas zu klein und in Farbe, Beleuchtung und Beschriftung nicht didaktisch optimal ausgestattet. Bei der abnehmenden Bedeutung der Wasserkraft – mit Ausnahme in der Dritten Welt! – ist auch dieser Teil der Sammlung im gegebenen Rahmen gut dosiert und gestaltet, soweit es die Technik betrifft.

Aber gerade im Zusammenhang mit Talsperren und Wasserkraft, natürlich auch später bei den Wasserstraßen, fällt auf, daß das heute so wichtige und kontroverse Thema ‹Wasserbau und Umwelt› in keiner Weise angesprochen ist. Dabei steht heute jede derartige Baumaßnahme oft jahrelang im Kreuzfeuer von Bürgerinitiativen und Medien. Man denke z. B. an den Rhein-Main-Donau-Kanal, den Rheinausbau, die Staustufe Hainburg an der Donau und auch den Assuan-Hochdamm. Zu diesem Thema gibt es heute bei den maßgebenden Organisationen sehr viel instruktives Fotomaterial mit Vergleichsbildern (vorher und nachher), Landschaftsplänen etc. Es sind auch schon ursprünglich bekämpfte wasserbauliche Maßnahmen nachträglich unter Naturschutz gestellt bzw. als Vogelschutzgebiete angenommen. Auch die Eigenschaft als Erholungsgebiet muß wohl angesprochen werden. Weiterhin fehlt in dieser Abteilung jeglicher Hinweis auf das Bewässerungswesen in der Dritten Welt, das doch eines der wichtigsten Mittel im Kampf gegen den Hunger ist und in das über die Entwicklungshilfe hohe Beträge auch unserer Steuerzahler investiert werden.

III.

Wenn wir nun ein Stockwerk tiefer steigen, so befinden wir uns im Bereich des Küstenschutzes und der Landgewinnung. Dazu steht links das größte wasserbelebte Exponat, das Wellengerinne. Leider ist es fast nie in Betrieb, wozu die Besucher selbst beigetragen haben, indem leichtfertig oder bösartig von oben Fremdkörper, Abfall und vor allem schaumbildende Mittel eingeworfen wurden. Das ist um so bedauerlicher, als dieses Gerinne durch die Vorführung auslaufender Wellen in durchaus beachtlichem Maßstab jedem Besucher die dynamische Komponente des Wasserbaues vor Augen führt. Auch empfand der Verfasser bei früheren Besuchen das in der ganzen Abteilung hörbare Geräusch der Brandung als durchaus zur Atmosphäre einer Wasserbau-Abteilung beitragend.

Die gezeigten Pläne und Fotos über Küstenschutzmaßnahmen und besonders über die holländischen Landgewinnungsbauten leiden naturgemäß an der eingangs erwähnten Unmöglichkeit, solche gewaltigen Dimensionen in einem Museum einigermaßen konform vorzutragen. Das dürfte sich kaum ändern lassen. Zur Aktualisierung könnten Großfotos der Sperrwerke und vielleicht auch noch eine Darstellung des Kampfes um die Existenz der Insel Sylt, ähnlich wie oben gegenüber der Treppe die Luftfotos vom Verschwinden der Insel Lysch, beitragen.

Schließlich sind in diesem Kellerraum noch zwei recht große Exponate: eine Gezeitenrechenmaschine von 1939, die nichts vom Wasserbau, aber eine große Menge Eisen zeigt, und ein Diorama einer Rhein-Main-Donau-Staustufe, aus dem nichts zu lernen ist und das auch gegen die anderen sozusagen klassischen Dioramen der Ausstellung negativ absticht. Beide Exponate nehmen viel kostbaren Platz weg und sollten diesen zum Nutzen besserer Objekte freigeben.

IV.

Wieder im oberen Stockwerk, finden wir längs der Treppe eine Modellserie über Bauschiffe von unterschiedlicher Bauart und Alter für Fluß- und Kanalbau, die erstens instruktiv ist und zweitens anzeigt, daß wir uns nun im Einflußbereich der Schiffahrt befinden.

Folgen wir der linken Längswand, so finden wir zunächst behelfsmäßige Prinzipmodelle von Schiffshebewerken, die alle praktisch üblichen Lösungen erfassen. Nur sind einige von ihnen mit einer Antriebseinrichtung versehen, die beim Besucher falsche Vorstellungen erzeugen muß. In Wirklichkeit haben diese Hebewerke Spindelantriebe, die hier durch Magnete ersetzt werden, die ein Gewicht in Trogmitte einsetzen bzw. abnehmen. Nur wenige Besucher können dieser Darstellung folgen. Dann folgt eine Reihe wiederum sehr detaillierter und betriebsfähiger Modelle der üblichen Arten von Schleusentoren, die ähnlich gut ist wie die vorher bei den Wehren geschilderte. Dagegen vermißt man ein einfaches betriebsfähiges Schleusenmodell aus Plexiglas, das es dem Laien ermöglicht, das Prinzip der Schleuse und den Füll- und Entleerungsvorgang wirklich zu sehen und zu verstehen. Dabei käme auch hier noch einmal das Wasser selbst zur Geltung und der Wert der schönen Serie über die Schleusentore würde noch weiter erhöht. Ursprünglich war diese Aufgabe wohl dem vorerwähnten Rhein-Main-Donau-Diorama im Basement zugedacht, wo sie allerdings nicht erfüllt wird.

Konsequent folgt dann an derselben Wand ein Bericht über die Entwicklung der Binnenhäfen, unterstützt durch nochmals zwei der klassischen Dioramen, die auch die Veränderung in der Welt der Schiffahrt zeigen, die Dioramen des alten Hafens von Würzburg (Abb. 120) und des Duisburger Hafens.

120: Würzburger Lände, um 1840.

Vollständig fehlt aber eine Darstellung des deutschen Binnenschiffahrtsnetzes, unter anderem auch des Europa-Kanals, ebenso auch ein typischer Kanalquerschnitt mit Darstellung der Dichtung. Des weiteren fehlt ein Beispiel einer Kanalbrücke und schließlich ein Hinweis auf die Beziehung zwischen Fahrzeug und Kanalgerinne sowie auf die Fahrdynamik in derartigen Gerinnen.

Die Mitte dieser dem Verkehrswasserbau gewidmeten Hälfte der Halle nimmt ein ziemlich langes Relief der Elbmündung von Hamburg bis zur See ein. Dabei werden sowohl die schwierige flußbauliche Situation einer Tidemündung mit ihren Erschwernissen für die Seeschiffahrt vor Augen geführt wie auch die Mittel, eben diese Erschwernisse durch eine umfassende Ausstattung mit Seezeichen und Befeuerung überwinden zu helfen. Dieses Reliefmodell ist durchaus eindrucksvoll und hat merkwürdigerweise auch keinen Vernietlichungseffekt. Unterstützt wird es durch an beiden Kopfenden installierte Seezeichen und Leuchtfeuereinrichtungen in natürlicher Größe, die ihrerseits auch wieder die Schiffahrtsatmosphäre untermalen. Eindrucksvoll ist auch die an einen Pfeiler gezeichnete Schnittdarstellung eines großen Leuchtturmes, die die Größe eines solchen Bauwerkes deutlich macht, wobei eine Angabe der Gesamthöhe noch helfen könnte.

Auf der rechten Wandseite finden wir zunächst als Beispiel von Seekanälen den Panamakanal und den Suezkanal. Das Reliefmodell des Panamakanals, ergänzt durch eine weiter ausgreifende Karte an der Wand darüber, vermittelt ebenso wie vorher das der Elbmündung in für ein Museum optimaler Weise die Größe der Maßnahme. Dazu gehört hier aber unbedingt ein Längsschnitt, der die Schleusen und vor allem die Bedeutung und Wirkung des großen Stausees von Gatun dem Laien erst verständlich macht. Die kartenmäßige Darstellung der Verkürzung des Seeweges durch die Seekanäle ist wegen fehlender Farbe wirkungslos.

Dann folgen als Beispiele großer Seehäfen die durchleuchteten großen Luftaufnahmen von Bremen und Bremerhaven. Sie wirken zweifellos viel instruktiver und lebendiger als die früher üblichen Hafenmodelle ähnlichen Maßstabes. Durch ihre Leuchtwirkung ziehen sie auch die Besucher an. Dasselbe gilt für den eigentlichen Schlußpunkt dieser Sammlung, den durchleuchteten Hafenplan von Hamburg.

Bei den Bremer Häfen wird das Detail durch eine Serie von durchleuchteten Wechselbildern vorgetragen. Beim Hamburger Hafen ist das mit einigen Fotos hinter dem beleuchteten Plan nicht erreicht, weil einmal diese Bilder überhaupt nur teilweise sichtbar sind und dann auch nicht glücklich gewählt wurden. Dagegen steht gegenüber dem Hamburger Plan im Rücken des Besuchers eine mit sehr gut gewählten Bildern aus der Geschichte des Hamburger Hafens bestückte Wand, die leider infolge mangelnder Beleuchtung von den Besuchern nicht angenommen wird, die ganz im Bann des schönen Leuchtplanes bleiben.

Als letzte Exponate stehen rechts am Ende der Halle vier klassische Modelle von Hafenausschnitten, die nach guter alter Museumssitte lebendig und leicht verständlich vier verschiedene Formen des Hafenbetriebes illustrieren: Stückgut, Bananen, Getreide und Kohle. Sie werden trotz ihrer Randlage in der Sammlung von den Besuchern eifrig angenommen und diskutiert. Nur müßten sie unbedingt durch ein fünftes Modell für den Containerbetrieb ergänzt werden, der sonst viel zu kurz kommt. Ein paar Bilder reichen für diesen wichtigen Hafenbetriebszweig heute sicher nicht mehr aus.

267

V.

Wenn im Vorstehenden verhältnismäßig oft liebevolle Kritik geäußert wurde, so sollte man, abgesehen von den drei eingangs geschilderten Einschränkungen der Möglichkeiten eines Museums, beachten, daß der Verfasser als einer der damaligen Konzepteure der Sammlung sich damit auch selbst kritisiert. Außerdem darf man nicht vergessen, daß der Wasserbau nun einmal nicht zu den mondänen und mediengerechten Wissenschaften gehört und daß die Mittel des Deutschen Museums traditionsgemäß knapp sind und durch Schicksalsschläge, wie z. B. den Brand in der Schiffahrtsabteilung und die allgemeine Kostensteigerung über Gebühr beansprucht werden. Vielleicht fehlt es auch bei den am Wasserbau Interessierten und ihren Organisationen ein wenig an Initiative und Spendenbereitschaft, obgleich doch der Wert einer sachlichen Selbstdarstellung gerade gegenüber der unter den Museumsbesuchern sehr stark vertretenen jungen Generation durchaus genügend Anlaß dazu sein sollte.

Anhang

Literaturverzeichnis

Albrecht, Peter: Urartu–ein vergessenes Königreich. In: Die Karawane, Heft 1, 1972, S. 53–78.

Amiran, Ruth: The Water supply of Israelite Jerusalem. In: Jerusalem Revealed, Archeology in the Holy City, 1968–1974, The Israel Exploration Society, Jerusalem 1975, S. 75–78.

Annen, Günther: Das Zusammenwirken von Flußsystemen im Ruhrgebiet. In: Schriftenreihe des Deutschen Verbandes für Wasserwirtschaft und Kulturbau e. V. (DVWK), Nr. 69, Bonn 1984, S. 147–161.

Bader, Wolfgang: Die Verbindung von Rhein und Donau. In: Deutsches Museum, Abhandlungen und Berichte, Heft 2, 1982, S. 1–100.

Baumgartner, Albert und Eberhard Reichel: Die Weltwasserbilanz. München 1975.

Beck, Theodor: Beiträge zur Geschichte des Maschinenbaus. Berlin 1899; 2. Aufl., Berlin 1900.

Bell, Barbara: The oldest records of the Nile floods. In: The Geographical Journal CXXXVI, London 1970, S. 569–573.

Benson; Harland und Pinkerton: The ancient Maduru Oya Sluiceway. Hrsg.: Ministry of Mahaweli Development. Sri Lanka 1982.

Biswas, Asit: History of Hydrology. Amsterdam, London 1970.

Blind, Hans: Wasserkraftmöglichkeiten in Deutschland. In: Schriftenreihe österr. Wasserwirtschaftsverband, Heft 57, 1983, S. 93–108.

BMI: Was Sie schon immer über Wasser und Umwelt wissen wollten. Hrsg.: Bundesministerium des Inneren. Stuttgart 1984.

BMV: Bundeswasserstraßen und Schiffahrt 1982.
Hrsg.: Der Bundesminister für Verkehr. Bonn 1983.

Bonneau, Danielle: Le nilomètre, aspect architectural. In: Archeologica Warszawa 27, 1976.

Borchardt, Ludwig: Nilmesser und Nilstandsmarken. In: Abh. der Königl. Preuß. Akad. der Wissenschaften, Berlin 1906, S. 1–55.

Breasted, J. H.: Geschichte Ägyptens. Zürich 1936.

Camp, Spraque L. de: Die Ingenieure der Antike. Düsseldorf 1964.

Caton-Thompson, Gertrude und Elinor W. Gardener: Recent Work on the problem of Lake Moeris. In: The Geographical Journal, LXXIII, London January 1929, S. 20–60.

Christiansen-Weniger, Fritz: Alte Methoden der Wassergewinnung für Bewässerungszwecke im Nahen und Mittleren Osten unter besonderer Berücksichtigung der Kanate. In: Wasser und Nahrung. Jg. 6, Heft 1/2, 1961.

Clodius, S.: Schema des Wasserkreislaufs. Wasser im Jahre 1969. Hrsg.: Bundesministerium des Inneren. Bonn 1974.

Doxiadis, Constantinos A.: Water and Environment, International Conference on Water for Peace, Washington, D. C. 1967. In: Water Resources of the World. Ed. by Frits van der Leeden. Water Information Center Inc., Port Washington, N. Y. 1975.

Dreyer, Günter und Horst Jaritz: Die Arbeitsunterkünfte am Sadd-el-Kafara. In: Mitt. aus dem Leichtweiß-Institut für Wasserbau der TU Braunschweig, Heft 81, Anhang B.

Eck, Werner: Die Gestalt Frontins in ihrer politischen und sozialen Umwelt. In: Wasserversorgung im antiken Rom. 2. Aufl., München 1983, S. 47–62.

Eck, Werner: Organisation und Administration der Wasserversorgung Roms. In: Wasserversorgung im antiken Rom. 2. Aufl., München 1983, S. 63–77.

Emschergenossenschaft, Lippeverband: Wasser, Natur und Technik. Essen, Dortmund 1982.

Erbkam, G.: Über den Möris-See in der ägyptischen Provinz Fayum. In: Zeitschrift für Bauwesen, Jg. 15, Berlin 1865, S. 68–76.

Fahlbusch, Henning: Vergleich antiker griechischer und römischer Wasserversorgungsanlagen. Diss. TU Braunschweig, 1982.

Fahlbusch, Henning: Über Abflußmessung und Standardisierung bei den Wasserversorgungsanlagen Roms. In: Wasserversorgung im antiken Rom. 2. Aufl., München 1983, S. 129–144.

Fleming, Hans Walter: Weltmacht Wasser. Göttingen 1967.

Föhl, Axel und Manfred Hamm: Die Industriegeschichte des Wassers. Düsseldorf 1985.

Forbes, R. J.: Studies in Ancient Technology. Leiden 1965.

Framji, K. K. und Holy: Assessment of the World Water Situation – Irrigation Systems in Total Water Management. ICID-Paper, UN Water Conference, Argentinia, 1977.

Frontinus, Sextus Julius: De Aqueductu Urbis Romae (Über die Wasserversorgung der Stadt Rom. Übers. von G. Kühne. In: Wasserversorgung im antiken Rom. 2. Aufl., München 1983, S. 79–128.

Garbrecht, Günther: Wasserwirtschaftliche Probleme beim Ausbau internationaler Flüsse, aufgezeigt am Beispiel des Euphrat. In: Zeitschr. für Bewässerungswirtschaft, Jg. 6, Heft 2, 1971, S. 157–173.

Garbrecht, Günther: Bewässerungswirtschaft in der Geschichte (Urartu, 900–600 v. Chr.). In: Zeitschr. für Bewässerungswirtschaft, Jg. 10, Heft 1, 1975, S. 63–80.

Garbrecht, Günther: Wasserwirtschaft in Wassermangelgebieten. In: Wasserwirtschaft, Jg. 66, Heft 1/2, 1976, S. 49–57.

Garbrecht, Günther: Die Nutzungen des Wassers. In: Kongreß Wasser Berlin '77, 1977, S. 65–82.

Garbrecht, Günther: Wasserspeicher im Altertum. In: Wasserwirtschaft, Jg. 67, Heft 7/8, 1977, S. 190–197.

Garbrecht, Günther: Die Madradag-Leitung nach Pergamon. In: Antike Welt, Heft 4, 1978, S. 40–49.

Garbrecht, Günther: Gewässerausbau in der Geschichte. In: Wasser und Boden, Jg. 33, Heft 8, 1981, S. 372–380 und Jg. 34, Heft 1, S. 10–16.

Garbrecht, Günther: Die Wasserversorgung des antiken Pergamon. In: Mitteilungen der Technischen Universität Carolo Wilhelmina zu Braunschweig, Jg. XVII, Heft II, 1982, S. 5–19.

Garbrecht, Günther: Überregionaler Wasserausgleich. In: Schriftenreihe des Deutschen Verbandes für Wasserbau und Kulturbau e. V., Heft 59, 1983, S. 1–48.

Garbrecht, Günther: Der Nil und Ägypten. In: Schriftenreihe des Deutschen Verbandes für Wasserbau und Kulturbau e. V., Heft 69, 1984, S. 59–105.

Garbrecht, Günther und Heinz-Ulrich Bertram: Der Sadd-el-Kafara. In: Mitteilungen aus dem Leichtweiß-Institut für Wasserbau der TU Braunschweig, Heft 81, 1983, S. 1–128.

Garbrecht, Günther und Gerd Holtorff: Wasserwirtschaftliche Anlagen des antiken Pergamon, die Madradag-Leitung. In: Mitteilungen aus dem Leichtweiß-Institut für Wasserbau der TU Braunschweig, Heft 37, 1973.

Garde, R. J.: Irrigation in Ancient Mesopotamia. ICID Bulletin, Vol. 27, No. 2, July 1978, S. 11–22.

Golubev, Genady: Environmental Issues of large Interregional Water Transfer Projects. In: Water Supply and Management, Vol. 2, Pergamon Press, 1978, S. 177–185.

Golubev, Genady und Oleg Vasiliev: Interregional Water Transfers as an Interdisciplinary Problem. In: Water Supply and Management, Vol. 2, Pergamon Press, 1978, S. 67–77.

Gressmann, Hugo (Hrsg.): Altorientalische Texte zum Alten Testament. Berlin, Leipzig 1926.

Hartung, Fritz: Altiranische Großwasserbauten. In: Wasser- und Energiewirtschaft, Nr. 4, 1972, S. 117–132.

Hartung, Fritz: Fluß und Flußbau, ein Rückblick und Ausblick. 1. und 2. Fortbildungslehrgang für Gewässerbau, Deutscher Verband für Wasserwirtschaft und Kulturbau e. V. (DVWK), 1976 und 1977.

Herodot: Neun Bücher der Geschichte. Übersetzung von Heinrich Stein. Essen o. J.

Heron: Vermessungslehre und Dioptra. Leipzig 1903.

Heuser, Hans Heiner: Frachtschiffe auf Binnenwasserstraßen. Jahrbuch der Hafenbautechnischen Gesellschaft. Berlin 1983.

Hirschberger, Johannes: Geschichte der Philosophie. Freiburg 1957.

Issar, Arie: The evolution of the Ancient Water Supply System in the Region of Jerusalem. In: Israel Exploration Journal, Jg. 26, 1976, S. 130–136.

Jaritz, Horst und Manfred Bietak: Zweierlei Pegeleichungen zum Messen der Nilhöhen im Alten Ägypten. In: Mitteilungen des Deutschen Archäologischen Instituts, Abteilung Kairo, Bd. 33, 1977, S. 47–62.

Jürss, Fritz u. a.: Geschichte des wissenschaftlichen Denkens im Altertum. Berlin 1982.

Kalinin und J. A. Shiklomanov: USSR National Contribution for IHD. Leningrad 1974.

Kang, Shin Theke: Irrigation in Ancient Mesopotamia. Water Resources Bulletin (AWRA), June 1971.

Kienast, Hermann J.: Der Tunnel des Eupalinos auf Samos. In: architectura–Zeitschrift f. Geschichte der Baukunst, München, Berlin 1977, Bd. 7, H. 2, S. 97–116.

Kienast, Hermann J.: Die Wasserleitung des Eupalinos auf Samos. In: Wasser und Boden, Heft 8, 1983, S. 361–365.

Kienast, Hermann J.: Zur Wasserversorgung griechischer Städte. In: Wohnungsbau im Altertum. Deutsches Archäologisches Institut Berlin, 1979, S. 114–125.

Klaffenbach, Günther: Die Astynomeninschrift von Pergamon. Berlin 1954.

Knauss, Jost, Bert Heinrich und Hansjörg Kalcyk: Die Wasserbauten der Minyer in der Kopais–die älteste Flußregulierung Europas. Bericht Nr. 50 des Instituts für Wasserbau und Wassermengenwirtschaft, TU München, 1984.

Koerner, Reinhard: Zu Recht und Verwaltung der griechischen Wasserversorgung. Diss. Humbold-Universität, Berlin 1970.

Koldewey, Robert: Das wieder erstehende Babylon. 6. Sendschrift der Deutschen Orient-Gesellschaft, 4. erweiterte Aufl., Leipzig 1925.

König, Friedrich Wilhelm: Handbuch der chaldischen Inschriften. Archiv für Orientforschung. Beiheft 8. Graz 1955.

Kranz, Walther (Hrsg.): Die Fragmente der Vorsokratiker. Griechisch und Deutsch von Hermann Diels. Zweiter Band. Dublin, Zürich 1969.

Kreuter, Franz: Der Wasserbau. 6. Band: Der Flußbau. Leipzig 1910.

Kuros, Ch. R.: Kanate. In: Kultur & Technik. Deutsches Museum, München, Jg. 6, Heft 4, 1982, S. 240–246.

Lamprecht, Heinz-Otto: Opus Caementitium, Bautechnik der Römer. Düsseldorf 1984.

Lang, Mabel: Water Works in the Athenian Agora. Excavations of the Athenian Agora, Picture Book Nr. 11, American School of Classical Studies at Athens, Princeton, 1968.

Lauth: Der Möris-See. In: Das Ausland, 56. Jahrg., Stuttgart 1883, Heft 36, S. 687–691.

Lehmann-Haupt, Carl-Friedrich: Der Menuas-Kanal. Armenien, einst und jetzt. Berlin, Leipzig 1926.

Leonardo, Künstler, Forscher, Magier. Hrsg.: Ladislao Reti. Frankfurt a. M. 1974.

Lexikon der antiken Welt. Zürich, Stuttgart 1965.

Lloyd, Seton: Ruined Cities of Iraq. Oxford University Press 1945.

Maré, Lennard de: Resources–Needs–Problems, an assessment of the world water situation by 2000. University of Lund/Schweden, Rep. No. 2, 1976.

Matschoss, Conrad: Große Ingenieure. München 1954.

McNown, John S.: When time flowed. In: La Houille Blanche, Jg. 31, No. 5, 1976, S. 347–353.

Merckel, Curt: Die Ingenieurtechnik im Altertum. Hildesheim 1969, reprograph. Nachdr. der Ausg. Berlin 1899.

Mermel, T. W.: Major dams of the World–1983. In: Water Power and Dam Construction, August 1983, S. 43–49.

Mitteilungen aus dem Leichtweiß-Institut für Wasserbau der TU Braunschweig: Wasser im antiken Hellas. Heft 71, 1981.

Mitteilungen aus dem Leichtweiß-Institut für Wasserbau der TU Braunschweig: Historische Wassernutzungsanlagen im östlichen Mittelmeerraum. Heft 81, 1984.

Nace, Raymond L.: History of Hydrology–a brief summary. In: Nature and Resources, Vol. X, No. 3, 1974, S. 2–9.

Partl, R.: Die Wasserkraft in internationaler Sicht. In: Östereichische Wasserwirtschaft, Heft 11/12, 23. Jg., 1971, S. 228–236.

Pazwash, Hormoz und Gus Mavrigian: Millenial Celebration of Karaji's Hydrologie. In: ASCE, Journal of the Hydraulic division, Vol. 107, No. HY 3, March 1981, S. 303–309.

Platon: Spätdialoge II. Übertragen von Rudolf Rufener. Zürich, München 1974.

Plinius Secundus (maior), Gaius: Ins Deutsche übersetzt und mit Anmerkungen versehen von G. C. Wittstein, 6 Bände, Leipzig 1881/1882.

Posener, Georges: Le canal du Nil á la Mer Rouge avant les Ptolémées. In: Cronique d'Egypte, 1938, S. 259–273.

Prelini, Charles: Some dams of the Ancient. In: engeneering News Record, Vol. 87, No. 14, 1921, S. 556–557.

Prokop von Caesarea: Bauwerke. Buch 2, Kap. 3.

Radt, Wolfgang: Pergamon. Archäologischer Führer. Deutsches Archäologisches Institut Istanbul, 1978.

Rao, K. L.: Conspectus of the project for interlinking of rivers in India. In: Water World, Vol. II, No. 1, New Delhi 1979, S. 5–42.

Reti, Ladislao (Hrsg.): Leonardo. Künstler, Forscher, Magier. Frankfurt a. M. 1974.

271

Reymond, Arnold Frédéric: History of the Sciences in Greco-Roman Antiquity. New York 1926.

Rouse, Hunter und Simon Ince: History of Hydraulics. Iowa Institute of hydraulic Research. State University of Iowa 1957.

Schenkel, Wolfgang: Die Bewässerungsrevolution im Alten Ägypten. Deutsches Archäologisches Institut Kairo, 1978.

Schmökel, Hartmut: Ur, Assur und Babylon. Stuttgart 1955.

Schnitter, Nikolaus J.: The evolution of the Arch Dam. In: International Water Power and Dam Construction, Vol. 28, No. 10, Oct. 1976, S. 43–40; No. 11, Nov. 1976, S. 19–21.

Schnitter, Nikolaus J.: Römische Talsperren. In: Antike Welt, Heft 2, 1978, S. 25–32.

Schnitter, Nikolaus J.: The evolution of Buttres Dams. In: Water Power and Dam Construction, Vol. 36, No. 6, June 1984, S. 38–42, No. 7, July 1984, S. 20–22.

Schnitter, Nikolaus J.: Altgriechischer Wasserbau. In: Schweizer Ingenieur und Architekt, Heft 24, 1984, S. 479–486.

Schweinfurth, Georg: Auf unbetretenen Wegen in Ägypten. Hamburg,Berlin 1922.

Simson, John v.: Kanalisation und Städtehygiene im 19. Jahrhundert. Technikgeschichte in Einzeldarstellungen, Nr. 39, Düsseldorf 1983.

Smith, Norman: A History of Dams. London 1971.

Smith, Norman: Mensch und Wasser. München 1978.

Snyder, N. W.: Water from Alaska. In: The California Conference on ‹A High Technology Policy for US Reindustrialization›. Los Angeles 1980 S. 1–13.

Strabon: Geographie. Übersetzung von K. Kärcher. Stuttgart 1829.

Straub, Hans: Die Geschichte der Bauingenieurkunst. Basel 1964.

UN-University:Report of the UN-Experts Group on the Use and Management of Natural Resources. Tokyo, December 1975.

Vercoutter, Jean: Semna South Fort and the Records of the Nile Levels at Kumma. In: KUSH, Journal of the Sudan. Ant. Serv. Vol. XIV, Khartoum, 1966, S. 125–164.

Vitruv: Zehn Bücher über Architektur. Übersetzung von C. Fensterbusch. Darmstadt 1976.

Voropaev, G. V.: The scientific Principles of large scale areal redistribution of Water Resources in the USSR. In: Water Supply and Management. Vol. 2, Pergamon Press, 1978, S. 91–101.

Wasserversorgungsbericht (Bericht über die Wasserversorgung in der Bundesrepublik Deutschland). Hrsg.: Bundesminister des Inneren. Bonn 1982.

Wasserversorgung im antiken Rom. Hrsg.: Frontinus-Gesellschaft e. V., 2. Aufl., München 1983.

Wasserwirtschaftsjahr 1983. Hrsg.: Bundesministerium für Ernährung, Landwirtschaft und Forsten, Referat Wasserwirtschaft. In: Wasser und Boden, Heft 6/7, 1984, S. 286–325.

Wilkinson: Ancient Jerusalem, its Water Supply and Population. o. O., o. J.

Winckler, Hugo (Übers.): Die Gesetze Hammurabis, Königs von Babylon, um 2250 v. Chr. Vierte verb. Aufl., Leipzig 1906. In: Der alte Orient, gemeinverständliche Darstellungen. Hrsg.: Vorderasiatische Gesellschaft. 4. Jg. Heft 4.

Wittmann, Heinrich: Tulla, Housell, Rehbock. Lebensbilder dreier Wasserbauingenieure am Oberrhein. Berlin 1949.

Wittfogel, Karl A.: Die orientalische Despotie. Köln, Berlin 1962.

Wolff, Walther: Die Welt der Ägypter. Stuttgart 1955.

Personen- und Sachregister

Bildquellen

1 Tafel von G. Garbrecht, Braunschweig
2 Tafel von G. Garbrecht, Braunschweig
3 Tafel von G. Garbrecht, Braunschweig
4 Zeichnung von G. Garbrecht, Braunschweig
5 Tafel nach C. A. Doxiadis: Water and environment, International Conference on Water for peace, Washington, D. C. 1967. In: Water resources of the world (Hrsg. van der Leeden). Water Information Center Inc., Port Washington. N. Y. 1975, S. 445
6 Tafel von G. Garbrecht, Braunschweig
7 Foto: G. Garbrecht, Braunschweig
8 Zeichnung von G. Garbrecht, Braunschweig, nach Angaben in Fr. Christiansen-Weniger (Alte Methoden der Wassergewinnung für Bewässerungszwecke im Nahen und Mittleren Osten unter besonderer Berücksichtigung der Kanate. In: Wasser und Nahrung, Schriftenreihe für Bewässerung, Beregnen und Berieseln mit Wasser und Abwasser, Jg. 6, H. 1/2. Düsseldorf, Droste 1961) und Gh.-R. Kuros (Kanate. In: Kultur und Technik, Zeitschrift des Deutschen Museums München, Jg. 6. München 1982 H. 4)
9 Foto aus Gh.-R. Kuros: Kanate. In: Kultur und Technik, Zeitschrift des Deutschen Museums München, Jg. 6. München 1982. H. 4, Titelblatt
10 Tafel von G. Garbrecht, Braunschweig, nach Angaben in Fr. Christiansen-Weniger (Alte Methoden der Wassergewinnung für Bewässerungszwecke im Nahen und Mittleren Osten unter besonderer Berücksichtigung der Kanate. In: Wasser und Nahrung, Schriftenreihe für Bewässerung, Beregnen und Berieseln mit Wasser und Abwasser, Jg. 6, H. 1/2. Düsseldorf, Droste 1961) und R. J. Forbes (Studies in ancient technology. Leiden, E. J. Brill 1965)
11 Sargonidisches Rollsiegel – um 2500 v. Chr. Musée National du Louvre, Paris. Foto des Museums
12 Assyrisches Relief aus Ninive – um 695 v. Chr. British Museum London. Foto des Museums
13 Foto: G. Garbrecht, Braunschweig
14 Foto: A. Noell, Hilden
15 Foto: G. Garbrecht, Braunschweig
16 Ägyptische Auslaufwasseruhr (Neues Reich, 18. Dynastie, Amenophis III. – etwa 1403 bis 1365 v. Chr.). Centre of Documentation and Studies on Ancient Egypt, Cairo
17 Zeichnung nach J. S. McNown: When time flowed. The story of the Clepsydra. In: La houille blanche. Revue internationale de l'eau (neue Serie), Jg. 31. Paris, Sociétée Hydrotechnique de France 1976. H. 5, Abb. 3, S. 349
18 Karte von G. Garbrecht, Braunschweig
19 Karte von G. Garbrecht, Braunschweig
20 Relief (bemalter Kalkstein) – etwa 1303–1290 v. Chr. Tempel des Königs Sethos (Neues Reich, 19. Dynastie) in Abydos. Fondation Egyptologique Reine Elisabeth, Bruxelles (Foto Prof. Jean Capart)
21 Tafel von G. Garbrecht, Braunschweig
22 Sog. Palermo-Steine mit Aufzeichnungen von Nilwasserständen – etwa 3000–2290 v. Chr. (Altes Reich, 1.–5. Dynastie). Museo archeologico nationale, Soprintendenza alle Antichità per le Provincie di Palermo e Trapani, Palermo. Fotos des Museums
23 Foto: G. Garbrecht, Braunschweig
24 Foto: G. Garbrecht, Braunschweig
25 Foto: G. Garbrecht, Braunschweig
26 Karte von G. Garbrecht, Braunschweig
27 Gesetzesstele des Hammurabi aus Susa – um 1700 v. Chr. Musée National du Louvre, Paris. Foto des Museums (Ausschnitt)
28 Zeichnungen von G. Garbrecht, Braunschweig
29 Foto: G. Garbrecht, Braunschweig
30 Foto: G. Garbrecht, Braunschweig
31 Foto: G. Garbrecht, Braunschweig
32 Karte von G. Garbrecht, Braunschweig
33 Karte von G. Garbrecht, Braunschweig, nach Angaben von Prof. Dr. Lauth (Der Möris-See. In: Das Ausland. Wochenschrift für Länder- und Völkerkunde, Jg. 56. Stuttgart und München 1883. H. 35, S. 687–691)
34 Foto: G. Garbrecht, Braunschweig
35 Karte von G. Garbrecht, Braunschweig, nach G. Caton-Thompson u. E. W. Gardener (Recent work of the problem of Lake Moeris. In: The Geographical Journal, Jg. 73. London, Royal Geographical Society 1929)
36 Satellitenfoto der NASA

Baukunst, Bd. 7 – Hrsg. W. Müller-Wiener, W. Schirmer, G. Hersey. München, Berlin, Deutscher Kunstverlag 1977, H. 2, Abb. 6, S. 101)

55 Foto Deutsches Archäologisches Institut, Istanbul-Taksim (G. Hellner)

56 Zeichnung von M. Koch (nach dem Berliner Pergamonpanorama von A. Gips u. M. Koch) aus: Denkmäler des klassischen Altertums zur Erläuterung des Lebens der Griechen und Römer in Religion, Kunst und Sitte, Bd. 2 (Hrsg. A. Baumeister). München, Leipzig 1889. Abb. 1402, Taf. 36 (Ausschnitt)

57 Karte von G. Garbrecht, Braunschweig

58 Foto: G. Garbrecht, Braunschweig

59 Foto: G. Garbrecht, Braunschweig

60 Karte aus S. J. Frontinus: Wasserversorgung im antiken Rom (Hrsg. Frontinus-Gesellschaft e. V.). München, Wien, R. Oldenbourg Verlag 1982. Anhang

61 Ölgemälde von Zeno Diemer – 1913. Aus den Sammlungen des Deutschen Museums München; Fachgebiet: Ingenieurbau; Bereich: Wasserbau. Foto Deutsches Museum München, Bildstelle

62 Foto: G. Garbrecht, Braunschweig

63 Foto: G. Garbrecht, Braunschweig

64 Foto: G. Garbrecht, Braunschweig

65 Römische Bleirohre – um 100 n. Chr. Museo Nazionale Romano–Terme di Diocleziano, Rom. Foto: G. Garbrecht, Braunschweig

66 Karte nach J. Wilkinson: Ancient Jerusalem, its water supply and population.

67 Karte nach A. Mazar: Survey of the Jerusalem aqueducts. In: Mitteilungen aus dem Leichtweiß-Institut für Wasserbau der Technischen Universität Braunschweig, H. 82 – Vorträge der Tagung Historische Wassernutzungsanlagen im östlichen Mittelmeerraum. Braunschweig 1984

68 Foto: G. Garbrecht, Braunschweig

69 Foto: G. Garbrecht, Braunschweig

70 Foto: G. Garbrecht, Braunschweig

71 Karte nach N. Schnitter: Römische Talsperren. In: Antike Welt. Zeitschrift für Archäologie und Kulturgeschichte, Jg. 9. Feldmeilen, Raggi-Verlag 1978. H. 2, S. 28

72 Foto: G. Garbrecht, Braunschweig

73 Foto: G. Garbrecht, Braunschweig

74 Zeichnung nach N. Schnitter: Römische Talsperren. In: Antike Welt. Zeitschrift für Archäologie und Kulturgeschichte, Jg. 9. Feldmeilen, Raggi-Verlag 1978. H. 2, S. 28

75 Foto: N. Schnitter, Nußbaumen

37 Karte nach J. Knauss, B. Heinrich und H. Kalcyk (Die Wasserbauten der Minyer in der Kopais – die älteste Flußregulierung Europas. In: Bericht Nr. 50 des Instituts für Wasserbau und Wassermengenwirtschaft. München, Technische Universität 1984)

38 Karte von G. Garbrecht, Braunschweig

39 Foto: G. Garbrecht, Braunschweig

40 Foto: G. Garbrecht, Braunschweig

41 Karte von G. Garbrecht, Braunschweig

42 Rekonstruktion des Aquädukts von Sanherib (etwa 700 v. Chr.) in Jerwan, Mesopotamien. Aquarell von Seton Lloyd. Foto: Oriental Institut, University of Chicago

43 Karte von G. Garbrecht, Braunschweig

44 Zeichnung von G. Garbrecht, Braunschweig

45 Karte von G. Garbrecht, Braunschweig

46 Zeichnung von G. Garbrecht, Braunschweig, nach: Heronis Alexandrini Opera, quae supersunt omnia, Bd. 1 (Bibliotheca scriptorum graecorum et romanorum – Teubneriana). Leipzig 1899. S. 230

47 Zeichnung aus F. M. Feldhaus: Die Technik der Antike und des Mittelalters. In der Reihe: Museum der Weltgeschichte (Hrsg. P. Herre), Bd. 1. Potsdam 1931. Abb. 176, S. 145

48 Foto G. Garbrecht, Braunschweig

49 Zeichnung nach Th. Beck: Beiträge zur Geschichte des Maschinenbaues. Berlin 1899. Abb. 56, S. 49

50 Zeichnung aus Fr. Hartung: Alfiranische Großwasserbauten. In: Wasser- und Energiewirtschaft, Jg. 64, Zürich 1972. H. 4, S. 132

51 Foto: G. Garbrecht, Braunschweig

52 Zeichnung aus C. L. Sagui: La meunerie de Barbégal (France) et les roues hydrauliques chez les anciens et au moyen âge. In: Isis. An international review devoted to the history of science and civilization, Bd. 38 (Hrsg. G. Sarton). Cambridge (Massachusetts), The History and Science Society 1947. S. 226

53 Zeichnung von G. Garbrecht, Braunschweig, nach H. J. Kienast (Der Tunnel des Eupalinos auf Samos. In: architectura, Zeitschrift für Geschichte der Baukunst, Bd. 7 – Hrsg. W. Müller-Wiener, W. Schirmer, G. Hersey. München, Berlin, Deutscher Kunstverlag 1977. H. 2, Abb. 18, S. 109)

54 Zeichnungen von G. Garbrecht, Braunschweig, nach H. J. Kienast (Der Tunnel des Eupalinos auf Samos. In: architectura, Zeitschrift für Geschichte der

76 Foto: G. Garbrecht, Braunschweig

77 Zeichnungen von G. Garbrecht, Braunschweig

78 Foto: H. Fahlbusch, Lübeck

79 Foto: G. Garbrecht, Braunschweig

80 Foto: G. Garbrecht, Braunschweig

81 Foto: G. Garbrecht, Braunschweig

82 Foto: G. Garbrecht, Braunschweig

83 Foto: G. Garbrecht, Braunschweig

84 Zeichnung aus C. Merckel: Die Ingenieurtechnik im Alterthum. Berlin 1899. Abb. 134, S. 371

85 Kolorierte Federzeichnung von Heinrich Gross (um 1550) aus seiner Bildfolge: La Rouge myne de Sainct Nicolas. Bibliothèque de l'École Nationale Supérieur des Beaux Arts, Paris. Bl. 17 (Ausschnitt). Hier aus H. Winkelmann: Bergbuch des Lebertals. Wethmar, Gewerkschaft Eisenhütte Westfalia 1962

86 Karte von G. Garbrecht, Braunschweig nach: Leonardo. Künstler, Forscher und Magier (Hrsg. L. Reti). Frankfurt a. M., S. Fischer Verlag 1975

87 Zeichnungen von G. Garbrecht, Braunschweig

88 Ölgemälde von Peter Birmann (etwa 1830): Blick vom Isteinerklotz rheinaufwärts gegen Basel. Öffentliche Kunstsammlung, Kunstmuseum Basel. Foto des Museums

89 Karte aus: Die Regulierung des Rheins zwischen Basel und Straßburg. In: Mitteilungen des Amtes für Wasserwirtschaft – Eidg. Departement des Innern, Nr. 24. Bern 1929. Taf. 10 (Ausschnitt)

90 Tafel aus J. v. Simson: Kanalisation und Städtehygiene im 19. Jahrhundert. In der Reihe: Technikgeschichte in Einzeldarstellungen, Nr. 39. Düsseldorf, VDI-Verlag GmbH 1983. Abb. 2, S. 14

91 Stahlstich aus W. Müller: Die Francis-Turbinen und die Entwicklung des modernen Turbinenbaues in Deutschland, der Schweiz, Österreich–Ungarn, Italien, Frankreich, England und den Vereinigten Staaten von Amerika. Hannover 1901. Abb. 1, S. 6

92 Peltonturbine – 1930. Aus den Sammlungen des Deutschen Museums München; Fachgebiet: Kraftmaschinen; Bereich: Wasserkraftmaschinen. Foto Deutsches Museum München, Bildstelle

93 Tafel von G. Garbrecht, Braunschweig

94 Karte nach israelischen Veröffentlichungen

95 Karte nach amerikanischen Veröffentlichungen

96 Zeichnung aus: Wasserstatistik 1982 (94. Wasserstatistik für die Bundesrepu-

blik Deutschland). Bundesverband der deutschen Gas- und Wasserwirtschaft

97 Tafel aus: Bundesstraßen und Schiffahrt 1983. (Hrsg. Der Bundesminister für Verkehr – Referat BW 15). Bonn 1983. Anlage 3

98 Tafel aus: Bundesstraßen und Schiffahrt 1983 (Hrsg. Der Bundesminister für Verkehr – Referat BW 15). Bonn 1983. Anlage 21

99 Tafel von G. Garbrecht, Braunschweig, nach Unterlagen der Harzwasserwerke, Hildesheim

100 Zeichnung aus S. Clodius: Schema des Wasserkreislaufs. Wasser im Jahre 1969. Bonn. Bundesministerium des Inneren 1974

101 Karte von Ruhrverbänden

102 Zeichnung vom Ruhrverband-Ruhrtalsperrenverein, Essen

103 Karte vom Ruhrverband-Ruhrtalsperrenverein, Essen

104 Karte von der Emschergenossenschaft und dem Lippeverband, Essen

105 Karte vom Ruhrverband-Ruhrtalsperrenverein, Essen

106 Karte von der Emschergenossenschaft, Essen

107 Karte vom Lippeverband, Essen

108 Tafel nach C. A. Doxiadis: Water and environment, International Conference on Water for peace, Washington, D. C. 1967. In: Water resources of the world (Hrsg. van der Leeden). Water Information Center Inc., Port Washington. N. Y. 1975, S. 482, 7–7

109 Karte von G. Garbrecht, Braunschweig

110 Karte von G. Garbrecht, Braunschweig

111 Tafel von G. Garbrecht, Braunschweig

112 Karte nach N. W. Snyder: Water from Alaska. In: California conference on «A high technology policy for US reindustrialization». Los Angeles 1980. Abb. 1, S. 4

113 Karte aus K. L. Rao: Conspectus of the project for interlinking of rivers in India. In: Water world, Bd. 2. New Delhi 1979. Nr. 1, Abb. 3, S. 12

114 Karte nach G. V. Voropaev: The scientific principles of large-scale areal redistribution of water resources in the USSR. In: Water supply and management, Bd. 2. Oxford, New York, Pergamon Press 1978, Abb. 5, S. 96

115 Tafel nach G. Golubev: Environmental issues of large interregional water transfer projects. In: Water supply and management, Bd. 2. Oxford, New York, Pergamon Press 1978. Abb. 9, S. 184

116 Plan des Erdgeschosses des Deutschen Museums München mit dem Fachge-

biet: Ingenieurbau; Bereich: Wasserbau. Zeichnung des Graphischen Ateliers des Deutschen Museums München

117 Raumplan des Fachgebietes: Ingenieurbau; Bereich: Wasserbau. Zeichnung des Graphischen Ateliers des Deutschen Museums München

118 Oberstufe Glockner-Kaprun im Bau (1950–55). Diorama aus den Sammlungen des Deutschen Museums München; Fachgebiet: Ingenieurbau; Bereich: Wasserbau. Foto Deutsches Museum München, Bildstelle

119 Erzherzog-Johann-Klause an der Brandenberger Ache in Tirol – um 1900. Diorama aus den Sammlungen des Deutschen Museums München; Fachgebiet: Ingenieurbau; Bereich: Wasserbau. Foto Deutsches Museum München, Bildstelle

120 Würzburger Lände – um 1840. Diorama aus den Sammlungen des Deutschen Museums München; Fachgebiet: Ingenieurbau; Bereich: Wasserbau. Foto Deutsches Museum München, Bildstelle

Tabellen

1 Zusammengestellt von G. Garbrecht, Braunschweig

2 Nach N. Smith: Mensch und Wasser. Wasserversorgung von den Pharaonen bis Assuan. München, Pfriemer Verlag 1978, S. 132 f

3 Zusammengestellt von G. Garbrecht, Braunschweig

4 Zusammengestellt von G. Garbrecht, Braunschweig

5 Aus J. v. Simson: Kanalisation und Städtehygiene im 19. Jahrhundert. In der Reihe: Technikgeschichte in Einzeldarstellungen, Bd. 39. Düsseldorf, VDI-Verlag 1983. Tab. 1, S. 8

6 Nach L. de Mare: Resources – Needs – Problems, an assessment of the world water situation by 2000. Lund, University of Lund 1976. Rep. No. 2

7 Aus T. W. Mermel: Major dams of the world. In: Water power and dam construction – August 1983, S. 43 ff

8 Aus H. Blind: Wasserkraftmöglichkeiten in Deutschland. Schriftenreihe des Österreichischen Wasserwirtschaftsverbandes. Wien 1983. H. 57, S. 93 ff

9 Aus H. H. Heuser: Frachtschiffe auf Binnenwasserstraßen. In: Jahrbuch der Hafenbautechnischen Gesellschaft, Bd. 39 (1982). Berlin, Heidelberg, New York, Tokyo, Springer Verlag 1983. Tab. 4, S. 59

10 Nach H. H. Heuser: Frachtschiffe auf Binnenwasserstraßen. In: Jahrbuch der Hafenbautechnischen Gesellschaft, Bd. 39 (1982). Berlin, Heidelberg, New York, Tokyo, Springer Verlag 1983. Tab. 3, S. 59

11 Aus R. Partl: Die Wasserkraft in internationaler Sicht. In: Österreichische Wasserwirtschaft, Jg. 23 Wien 1971. H. 11, 12, S. 228 f

12 Zusammengestellt von G. Garbrecht, Braunschweig

13 Zusammengestellt von G. Garbrecht, Braunschweig

14 Zusammengestellt von G. Garbrecht, Braunschweig

15 Zusammengestellt von G. Garbrecht, Braunschweig

16 Aus G. Golubev und O. Vasiliev: Interregional water transfers as an interdisciplinary problem. In: Water supply and management, Bd. 2. Oxford, New York, Pergamon Press 1978, S. 67 ff

17 Aus G. V. Voropaev: The scientific principles of large scale areal redistribution of water resources in the USSR. In: Water supply and management, Bd. 2. Oxford, New York, Pergamon Press 1978, S. 91 ff

18 Aus G. Golubev und O. Vasiliev: Interregional water transfer as an interdisciplinary problem. In: Water supply and management, Bd. 2. Oxford, New York, Pergamon Press 1978, S. 67 ff

Ökologie, Umwelt, Wohnen

M. Andritzky/K. Spitzer (Herausgeber)
Grün in der Stadt
von oben, von selbst, für alle, von allen
(7464)

M. Andritzky/G. Selle (Herausgeber)
Lernbereich Wohnen
Didaktisches Sachbuch zur Wohnumwelt
vom Kinderzimmer bis zur Stadt.
Grundlagen – Materialien – Lernbeispiele
(7247 und 7248)

B. Marquardt/H. Mikelskis/C. Westhoff
Jugendlexikon Umwelt
Umweltwissen in Stichworten
(handbuch 6301)

Petra Michaeli-Achmühle
Der gesunde Garten
Der ökologische Ratgeber für den
Hobbygärtner (7421)

Mietrecht für Mieter
Juristische Ratschläge zur Selbsthilfe
(7688)

Bill Mollison/Dave Holmgren
Permakultur
Leben und Arbeiten im Einklang mit
der Natur (7905)

Helen und Scott Nearing
Ein gutes Leben leben
Gegen den Strom (7839)

Helga und William Olkowski
Selbstversorgung in der Stadt
(7892)

Heinz Rohde
Das Energiesparbuch (7857)

C 2129/2

Deutsches Museum

Kultur-
geschichte
der Natur-
wissenschaften
und der Technik

C 2061/4a

«Die große Vergiftung»

Kluge/Loeben-Furtwängler/Reichel/
Steinhilber-Schwab
Vergiftete Umwelt, gefährdete Kinder
«Die große Vergiftung» – Folge 4 (5023)

Uwe Lahl/B. Zeschmar
Kein Wasser zum Trinken
(5035)

Hans-Joachim Dohmeier/Erich Janson
Zum Töten von Fliegen und Menschen
«Die große Vergiftung» – Folge 3 (5132)

5543

5436

C 2139/2

sach-comics

C 988/7